商周文明探索叢書

主編 晁福林

張光裕問學論稿

澹煙疏雨

張光裕 著

上海古籍出版社

商周文明探索叢書編纂委員會

1990年與達生師攝於臺北孔府

1980年與容庚、商承祚二老合影於廣州中山大學

《中日歐美澳紐所見所拓所摹金文彙編》書影

2014年與饒宗頤先生合影

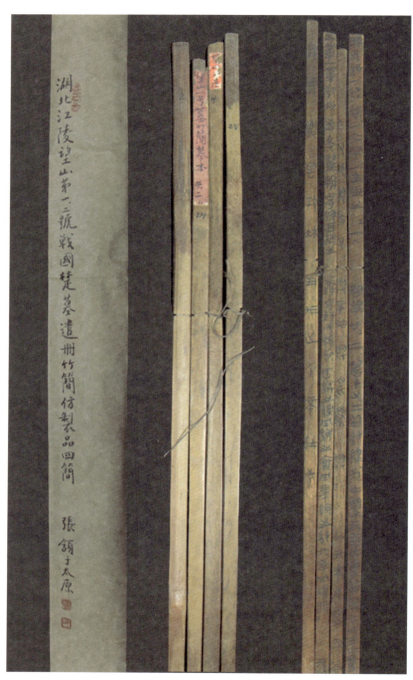

湖北江陵望山第一三號戰國楚墓遣冊竹簡仿製品四簡

張頷于太原

張頷先生臨摹之望山楚簡

2002年馬承源先生訪港並親拓私家收藏青銅器

2004年與馬承源先生攝於日本旅次

2012年2月巴納博士九十壽辰，攝於澳洲堪培拉

光裕吾弟大鑒：頃承
惠寄影印資料，謹已拜收。耑此致謝，
並候
潭福。

孔德成敬復啟 民國七十七年
七月一日

1988年達生師親筆信函

總　序

　　陳寅恪先生曾爲陳援庵校長《敦煌劫餘録》作序，其言乃謂："一時代之學術，必有其新材料與新問題。取用此材料，以研求問題，則爲此時代學術之新潮流。治學之士，得預於此潮流者，謂之預流。其未得預流者，謂之未入流。此古今學術史之通義。"斯言去今，已近百年。然若推其意及吾國古史研究之歷程，誠亦可信哉！竊觀近世吾國古史研究之變遷，外受西學之激蕩，自不待言，内實多得於新材料之發現。因其新材料，而有新問題；因其新問題，而有新方法、新學問。是故歷史之外，别興考古、文字之學。殷契、銘刻、簡牘，層見迭出，各領風騷。元典之外，更有洞天，而研治古史之風尚乃不得不爲之變。凡論古史者，其必倡言考古、文字之學。考古之於古史，變無爲有，文字之於古史，訂訛補缺，皆與近世新古史之生成緊要相關，其功至偉。故自海寧王静安後，新古之學，波瀾壯闊，群賢競起，流風餘韻，於今未歇。竊謂欲治古史者，當循新古學之規則，假考古、文字之助力，而以歷史爲鵠的，求得文明演進精神之所在。"究天人之際，通古今之變"，良史之箴言，歷史精神之凝萃，豈敢忘乎？研究中心諸君有志於此久矣，意欲寄身預流，玄覽殷周。《商周文明探索叢書》即諸君矻矻努力而取得之成果之一端。不揣窮陋，企盼學界師友教正焉。

北京師範大學歷史學院商周文明研究中心
2015 年 8 月

自　序

　　曾經用"游走於文史之間的蒼涼"來形容我大半生走過的學術之路，回望之間，自己也覺得太灰暗了。靜下心來，深思再三，回顧四十多年的學術生涯，其實是快樂無比的。在奮進的心路歷程裏，儘管也有不如人意的時光，但當中的磨練與感受，無論容易與艱辛、順適與落寞、舒暢與苦惱，自助與助人，都是無價的人生體悟，就如同在澹煙疏雨中，細細領略唯吾知足的祥和，而在動靜之間，原來一直享受著"樂在其中"的愉悅。

　　隨著歲月的腳步，有幸與北京師範大學歷史學院結緣，同時也踏進了恒生管理學院的大家庭，接受著人生裏另一場挑戰。不管得失如何，但每當我把話匣子打開，説得口沫橫飛的時候，大家都會感受到我是多麼的幸福，那不是"樂在其中"是什麼？

　　集中所收的論文，部分選自《雪齋學術論文集》和《二集》，内容則因應新材料而稍事增補，新收的也有好幾篇。雪泥鴻爪，不在乎是否出色，但是點滴的積累，卻代表著不同時期的歷練。回想那段撰寫的日子，雖然心力不勝殫耗，但收穫那份喜悦，刹那間一再恩蒙新雨的滋潤，可真的又是"樂在其中"。比如説集中談《邾公華鐘（二）銘文辨偽》，是我撰寫博士論文時遇到的一個難題，該鐘銘文九十三字，其内容與現藏上海博物館的邾公華鐘完全相同，只是銘文行款、器形及花紋皆大異其趣，上博藏器原為紀曉嵐所藏，最早見於《積古齋》著錄，其流傳之緒，有諸家著錄為證，器為真品，歷來未見異議。鐘二曾藏徐乃昌，後歸陳仁濤，兩者相較，後者應屬贗品，吳大澂亦早有所疑，但視其銘文行款則與《積古齋》著錄如出一轍，藏家與學者皆從未論證其偽，余執筆苦思逾月，不得其解，更遑論搜證辨偽了。及至某夜，更深闌靜，展卷重檢諸家著錄，正苦惱間，赫然於《積古齋》周公華鐘條下見有小注一行，"銘文首一行末一行，據原本分作兩行"。由是恍然大悟，僞銘乃據積古摹本僞刻。當其時也，雀躍展顏，真是名副其實的"樂在其中"。

又如《散氏盤三器的流傳及其真僞概述》，是我經歷了數年時間，奔波於臺北、香港、上海、長沙和北京之間，多方搜集資料的成果，每有所得，喜上眉梢的那份滿足，早就把捱更抵餓的困苦一一抛諸腦後。文中的附表是同類型文章中較早創始的形式，清晰而且實用，兼以材料豐實，論證内容穩妥，回望之間，頗爲得意。

《曾侯乙墓出土鼎鈎的啓示》，靈感是來自曾侯乙墓出土器物的感發，文章雖短，但卻是嘗試結合《儀禮》、考古與古器物學互證的成果，你說我能不"樂"嗎？談到曾侯乙墓的文物，很自然便想起1980年的初春，其時任職坎培拉國立澳洲大學，我和巴納（Noel Barnard）博士應中國社會科學院邀約訪華，當時曾侯乙編鐘剛出土不久，正在北京歷史博物館展出，承蒙館方的厚意，爲我們兩位外賓演奏了一曲"平安夜"，還特許親手試敲古鐘，那千古絕響的悠揚樂韻，如今猶縈繞腦際，是一輩子無窮之"樂"。

《〈説文〉古文中所見言字及從心從言偏旁互用例札迻》則是課堂上享受"教學相長"之"樂"的點滴成績。《從古文字"康"字釋讀談〈莊子〉之養生》是基於二十年前《古文字中的康與溰》一文的感悟與延伸。讓我得以涵詠"苟日新，日日新，又日新"的真諦，是不折不扣的體驗之"樂"。

不少冠以"新見"的論文標題，都見證著我學術路上的福緣。保員簋的發現，掀開協助馬承源館長搶救海外文物的序幕，其後穩步走過一段長達十多年興奮難忘的心路歷程。只是"湖海早知身汗漫，涼風吹散夢參差"的感喟低徊，不時仍在如夢似幻中浮現。初見智簋，否叔尊、卣和何簋那份心如鹿撞的驚喜猶歷歷在目，智簋銘文"加智曆"的"加"字，解開了一個幾近三千年的疑團。否叔尊、卣"用遣"一辭，讓我們對"遺器"稱謂有著不同的體會。何簋的"公陳殷年"一再印證金文與古史新證的價值。還有數不盡的新見情懷，那已不僅是一個"樂"字所能概括得了。

附編收有好幾則紀念詩文。我缺乏才情，不擅詩作，但無論苦吟或清思，都是出自肺腑，合律與否，也就不作計較了。重讀的時候，不期然會勾起無奈的傷感，只是回想當日能够親聆師門教誨，把握機會向前輩學者虛心問學的時光，字裏行間都讓我重拾昔日的光華，那又是"樂在其中"的寫照。讀著誌念母親的輓聯，輕喚一聲"媽媽"，眼眶含著淚水，濕潤裏是滿載著重溫母愛的好夢。向達生師細訴"我還没有停下來"的衷懷，除了小子慶幸，更是永懷師恩的烙記。是因爲馬承源館長的慧眼和對我信賴有加，讓國寶級的青銅器和楚竹書，有幸一一回歸祖國，至於能爲晚出清華簡作前期的鑑定，皆因借助前此的經驗和歷練，前塵夢影，斷鴻聲裏，回望"拾得"的喜樂，學習"捨得"的欣愉，又豈是一篇紀念短文所能道盡的呢！掩藏在心裏多年的感恩、惜緣與體悟，總在不知不覺間，緊緊伴隨那無聲的默誦，迴盪著一份難以言喻的感幸和喜悦。

"澹煙疏雨"，是真情回望的感悟，摘自臺静農老師書贈給我的對聯——"簾外澹煙無墨畫，林間疏雨有聲詩"（原作已轉送臺灣大學圖書館作永久收藏），今謹藉舊文新編，在"簾外""林間"，追念伯簡、静山、翼鵬、達生、叔岷、陸琦、清徽、子水、槃庵和祥恒諸位恩師昔日對我的呵護和鼓勵。

這本論文集得以付梓，端賴楊共樂、晁福林和羅新慧幾位老師厚意的毗勉和支持，卓異、章宁、文嘉、承慈和潔靈對內文細心的編校。無比的信任和濃郁的情誼，在澹煙墨香裏，散發著真醇質樸的"共樂"。容許我向他們再致以萬二分的謝意。

丁酉暮春，雪齋謹識於西沙帝琴灣澹煙疏雨樓

目　錄

散氏盤三器的流傳
及其真僞概述①

前　言

從清代乾隆三年（1738）吴玉搢《金石存》著録散氏盤銘（吴氏誤録作乙卯鼎，《殷周金文集成》10176②）以來，便因其字數之多（三百五十七字）而膾炙人口。只是由於該器出土來歷不明，兼且曾經數度易主，入貢清室以後，又經過一百多年的銷聲匿跡，仿製品則一再出現，故近代的中外學者，對現存臺北故宫博物院的散氏盤，究竟是否爲真品，曾表示懷疑。本文希望就筆者發現的好幾篇不同的散氏盤拓本，對故宫藏器的真贋問題，作一系統性的探究。爲了敘述上的方便，將現藏故宫的散氏盤定爲盤一，其餘則分别以盤二、盤三、盤四、盤五、盤六及盤七稱之。

現藏臺北故宫博物院的盤一（圖一、圖二），自阮元《積古齋鐘鼎彝器款識》開始，著録者不下十餘家，但盤一以外其他拓本卻鮮見學者們談及，除了這些原拓的本身委實不易看到外，傳聞中嘗稱阮元曾仿鑄兩件散氏盤，可能也使大家對這些非盤一的拓本，没有特别予以重視。本文著録的

---

　　①　本文所引用未經發表的資料，承蒙中研院歷史語言研究所及有關研究機構惠予提供，謹此致謝。
　　②　中國社會科學院考古研究所：《殷周金文集成》，北京：中華書局，2007年。本書以下簡稱"《集成》"，不再出注。

圖一　臺北故宮博物院藏散氏盤

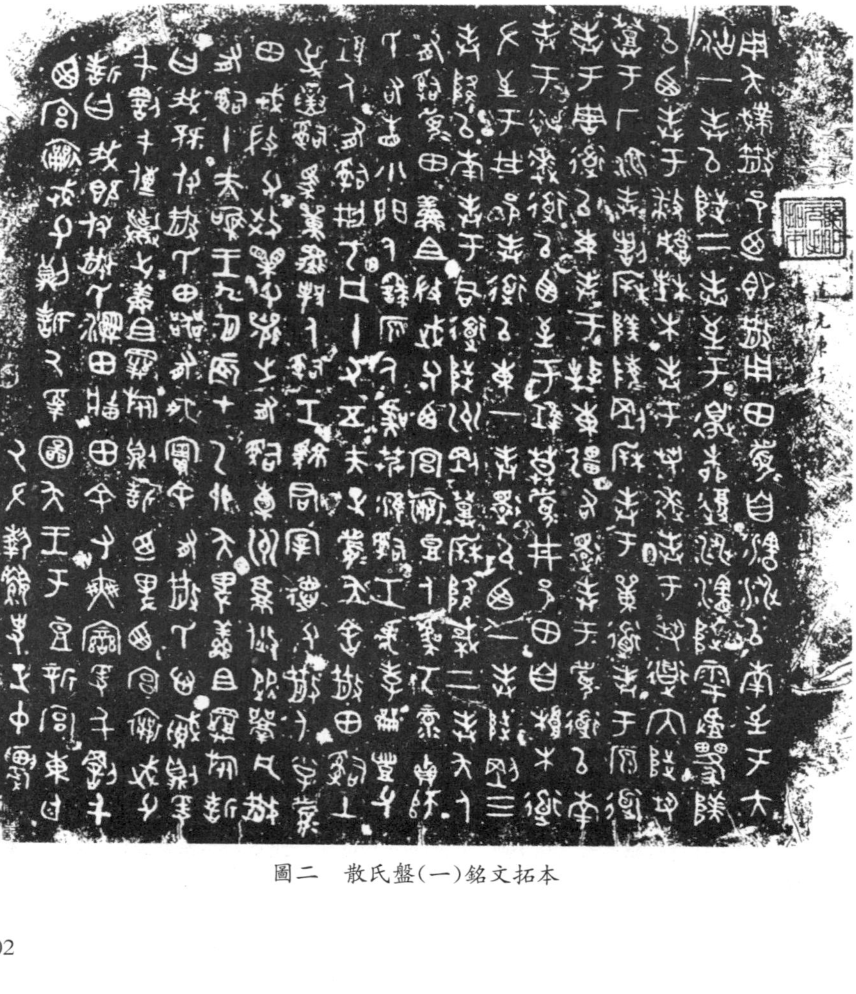

圖二　散氏盤(一)銘文拓本

圖三　散氏盤(二)銘文拓本

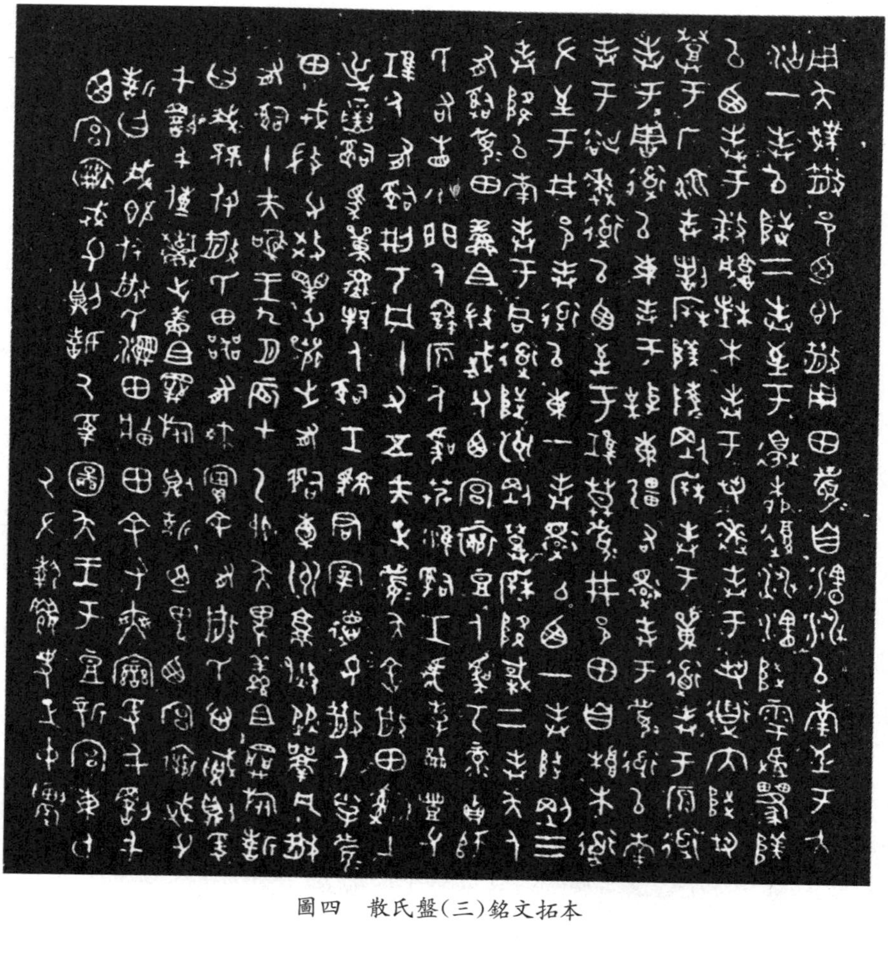

圖四　散氏盤(三)銘文拓本

盤二和盤三的原拓本（圖三、圖四），俱見於《歷史語言研究所藏舊拓册頁綜合編》第二十四册著錄。① 筆者與巴納（Noel Barnard）合作編輯《中日歐美澳紐所見所拓所摹金文彙編》一書時，②蒙史語所允許引錄，故今《彙編》六、七所錄拓本，可說是盤二、盤三正式公開著錄的開始。此外《鍾氏尊彝齋金石叢拓》第一册《商周彝鼎》收錄的散氏盤原拓，③與《綜合編》所錄盤二是同范異拓；又上海圖書館藏吳式芬《鐘鼎款識》第五册所錄散氏盤原拓，④經筆者查對，知即盤三拓本。盤二文字結體鬆散，旋經入目，即可立辨其非原構。盤三的字體稍佳，但只要跟盤一拓本作一比較，也不難判別兩者的差異。盤二及盤三拓本的發現，無疑可爲解決散氏盤真偽的問題，提供一些可資比較的材料，但最重要的還是《綜合編》所錄盤三原拓本的後頁，附有該盤外底篆刻題識的拓本，兹逐錄如下：

> 　　　按周散氏盤詳載《揚州畫舫錄》，阮芸臺《鐘鼎款識》釋文小有異同。嘉慶丙寅春，余巡鹽邗上，知爲歙人洪氏所藏，重價得之，余不敢私，厥貢天府。周彝寶物，洵爲稀世之珍，並命匠仿照舊制建鑄。此盤留藏揚州府學，俾好古者資考鏡云。長白額勒布識。（圖五）

額勒布這篇題識，是過去都沒有著錄過的，由於它明言盤三是仿作的，⑤當然不能當作偽銘來看待。過去不少文章稱述嘉慶十四年（1809）江南嘗以散氏盤進貢内府一事，固然可由這篇題識獲得旁證，但從而卻牽引出傳說中阮元是否的確曾翻砂仿鑄過兩件散氏盤，又額勒布所

---

　　① 《歷史語言研究所藏舊拓册頁綜合編》共二十八巨册，爲册頁式裝裱，收錄原拓本一千餘目，所收最早的拓本是乾隆乙卯（1795）所拓的大成殿藏器原拓。李玄伯氏舊藏。
　　② 《中日歐美澳紐所見所拓所摹金文彙編》，臺北：藝文印書館，1978 年，兩函十册。
　　③ 《鍾氏尊彝齋金石叢拓》，一函四册，鍾麗泉農部舊藏。第一册《商周彝鼎》；第二册《鏡鑒造像》；第三册《瓦當磚文》；第四册《秦漢器物》。現藏東京大學文學部中國哲學研究室。《商周彝鼎》所錄盤二資料，承松丸道雄教授影印寄示，謹此誌謝。
　　④ 《鐘鼎款識》八册，吳式芬《攈古錄金文》（光緒二十一年吳重憙刊本）底稿原拓本。書中很多題跋都是未經著錄的。
　　⑤ 這篇題識雖然沒有標明是附於盤三之上，但《綜合編》的原主人，不把它置於盤一或盤二之後，而特別裝裱在盤三的後頁，應該是有所及見的。又從該題識的大小和四周呈圓形的拓痕來揣度，它應是刻在盤的外底。在器物外底鑴刻題識，雖不常見，但也不乏其例。如日本書道博物館藏的史頌段，其外底便刻有周鴻孫一篇 228 字的題記。

圖五　額勒布題識拓本

仿之盤三是否即所謂阮氏仿製二器之一,抑所仿者是屬於第三件仿製品?
新材料的發現替我們道出了當時部分事實的真相,但同時又促使我們對
散氏盤原器的出土、收藏、仿鑄等事項重新作一番爬梳的工作。

一、散氏盤出土時間

該器出土的時間,歸納各種不同資料後,大致有下列三種説法。

（一）乾隆中葉

陳寶琛《散氏盤跋尾》："此盤乾隆中葉出土。"①

余永梁《記散氏盤》："散氏盤在乾隆中葉出土。"②

唐蘭、高鴻縉亦並主此說，唐氏更特別注明是在 1770 年前後。③

（二）乾隆初期

武樹善《陝西金石志》卷二"散氏"條："據古商蘇氏云，是器於乾隆初年出於鳳翔，由其祖經手出售。蘇氏世業金石，鮑子年曾贈匾額云'金石傳家'，今猶存在，窓齋、陶齋所購各器多出其手，故能言之鑿鑿。"④

張筱衡《散盤考釋》："清乾隆初，於鳳翔出土。"⑤

（三）康熙年間（或以前）

張廷濟《清儀閣題跋》："周散氏盤，銘分三節，凡三百五十七字。康熙時，廣陵徐約齋以萬金購於歙州程氏，徐繼歸洪氏。嘉慶十四年，齎使某貢入天府。"⑥這是說當康熙年間，散氏盤便已爲徐約齋所得，再證諸吳玉搢《金石存》（1738 年序）已錄散氏盤銘，因知它的出土下限不會晚於康熙末年。

以上三種說法以張廷濟之說最爲詳盡，也較可信。至於第二說，武氏僅稱："乾隆初年出於鳳翔。"揆諸文意，可以解釋爲在鳳翔出現，並不一定是指出土而言。張筱衡明言"出土"，如果不是別有所據，大概是因武氏的

---

① 見黃葆戉《散盤今釋》所錄散氏盤全形拓本諸家跋尾，《東方雜誌》第 27 卷 2 號，1930 年，頁 51—54。

② 余永梁：《記散氏盤》，《中山大學語言歷史研究所週刊》第 1 集 5 期，1927 年，頁 111—113。

③ 唐蘭：《懷念毛公鼎、散氏盤和宗周鐘》，《光明日報》1961 年 2 月 2 日；高鴻縉：《散盤集釋》，《師大學報》1957 年第 2 期，頁 1—90。

④ 武樹善：《陝西金石志》卷二，《續修陝西通志稿》卷一百三十六，1934 年，葉十至十五。

⑤ 張筱衡：《散盤考釋》，《人文雜誌》1958 年第 3 期，頁 68—81、88；1958 年第 4 期，頁 81—98。

⑥ 張廷濟：《清儀閣題跋》（清光緒十七年錢塘丁立誠刻本）卷一，頁 23。

"出"字而立説。只是武氏的説法與《清儀閣題跋》是有衝突的,根據張廷濟所述,從康熙年間徐氏向程氏購得該盤後,便一直留在揚州,並没有流入陝西,故不可能"於乾隆初年出於鳳翔"。因此懷疑由蘇億年之祖經手出售者,或非指散氏盤原器而言。

二、散氏盤收藏經過

(一) 康熙時曾藏歙州程氏

康熙末年以前由徐約齋向程氏購得。(見前引《清儀閣題跋》)錢大昕《潛研堂金石文跋尾》"西宮槃"下云:

> 亡友吳山夫撰《金石存》,以文有惟王九月辰在乙卯字,題爲乙卯鼎,今此器尚存廣陵人家,乃銅槃非鼎也,予改題爲西宮槃云。①

該跋尾有丁未冬日(乾隆五十二年,1787)王鳴盛的序言,可見在乾隆五十二年,散氏盤仍藏廣陵徐氏。李斗《揚州畫舫録》卷一"周太僕銅鬲"(即散氏盤)下云:

> 周器也,藏鹺商徐氏家。華秋嶽岳繪圖,楊已軍法書。其文山陽吳玉搢山夫《金石存》載之。爲釋文者,吳玉搢之後,則爲紹興俞楚江瀚、儀徵江秋史德量、曲阜孔光生、甘泉江鄭堂藩四家。②

由《畫舫録》所録江藩釋文内容,知"周太僕銅鬲"者,即是散氏盤,而李氏誤題爲鬲。李斗序言寫於乾隆六十年(1795),由此可以推見,自從康熙年間,徐約齋向程氏購得該盤後,至1795年仍爲徐氏所有。《金石萃編》録散氏盤銘云:"今藏揚州徐氏。"③《金石萃編》初稿在嘉慶六年

---

① 錢大昕:《潛研堂金石文跋尾》(《石刻史料叢書》本)卷一,臺北:藝文印書館,1967年,葉五。

② 李斗:《揚州畫舫録》卷一,臺北:學海出版社,1969年,葉五上。

③ 王昶:《金石粹編》(光緒癸巳上海寶善石印本)卷二,葉三下。

(1801)，已經完成，據此可知至 1801 年，散氏盤仍未易主。

從上述的線索，既然推知徐約齋在康熙時從程氏購藏散氏盤後，直到 1801 年猶爲徐家所有。但所謂"尚存廣陵人家"，"今藏揚州徐氏"云者，是否都是指徐約齋本人而言呢？因爲將徐氏購藏該盤的歷史計算一下，便會發現一個有趣的問題，倘若徐氏在康熙六十一年（1722）購得是盤時是二十五歲，一直到 1801 年，已經八十年，那麼徐氏豈非有一百零五歲的高齡？因此懷疑到 1801 年時，該盤的主人應是徐約齋的兒孫輩，只可惜徐約齋的生卒年，暫時仍無從查知，這個問題只好留待日後再來解決了。

（二）由徐氏再歸揚州洪氏

徐氏之後，盤爲揚州洪氏所得。諸家説法率皆根據《清儀閣題跋》，故此説極爲統一，只是洪氏獲得該盤的時間，張筱衡曾説：

> 嘉慶初，又歸揚州徐氏。①

阮元《積古齋鐘鼎彝器款識》卷八稱：

> 器藏揚州徐氏，今歸洪氏。②

《積古齋》一書刊行於嘉慶九年（1804），因知在 1804 年散氏盤已爲洪氏所有，而由上述（一）節所引《金石萃編》所提供的資料考訂，張筱衡稱"嘉慶初"者，其時間不會在嘉慶六年以前，換句話説，盤歸洪氏的時間，應在 1801 至 1804 年之間。

（三）洪氏——額勒布——進貢清室

由前引盤三"額跋"及《清儀閣題跋》知盤爲洪氏所得後，便在嘉慶十四年由鹾使某貢入內府。鄒安《周金文存》卷四附説云：

---

① 張筱衡：《散盤考釋》，《人文雜誌》1958 年第 3 期，頁 68—81、88；1958 年第 4 期，頁 81—98。
② 阮元：《積古齋鐘鼎彝器款識》（嘉慶九年序刊本）卷八，葉七。

散氏盤……器本藏洪氏，後由揚州鹺使貢入內廷，不知所終。①

故鄒安在《周金文存》卷四"金目散氏盤"下題稱"器佚"。"鹺使某"究竟是誰呢？一直都沒有人提及，何庚在《散氏盤的說明》中曾說：

未歸清室以前歷史，以張廷濟所說的爲最詳了。但是什麽人孝敬清室的，連張廷濟也說不清，近來吳士鑑曾經考了一下，他說他曾經聽王懿榮說過；據老輩的傳述，是阿林保進呈的。嘉慶十四年正是阿林保做兩江總督的時候，那年的十月又是顒琰過五十歲生日，大概他就拿這件器當作壽禮孝敬的。這個話很近情理。張廷濟所謂"鹺使某"者，恐怕就是兩江總督阿林保之誤。②

陳寶琛、張筱衡、陸和九等皆以爲是兩江總督阿林保購以入貢的。③ 但是由於前引史語所藏盤三拓本後頁所附該盤外底題識，讓我們知道了從洪氏購買散氏盤原器的"鹺使某"就是額勒布，而並非阿林保。至於余永梁稱：

散氏盤在乾隆中葉出土，迄今已逾百年，初藏揚州徐氏，旋歸洪氏，後才入阮文達家，阮元自仿鑄二器。④

散氏盤由洪氏續入阮文達家之說，也因額勒布題識的發現，而需加修正。

額勒布題識稱他在嘉慶丙寅（十一年，1806）以重價得到該盤，不旋踵即傳出將要貢入內府的消息。伊秉綬跋散氏盤云：

此周器向在揚州，嘉慶十二年將入內府，阮同年拓以見遺，轉贈芷鄰儀部，伊秉綬記。⑤

孔師達生亦嘗有跋稱：

① 鄒安：《周金文存》，見《三代吉金叢書初編》卷四，臺北：藝文印書館，1968 年，頁 46。
② 何庚：《散氏盤的說明》，《語絲》第 6 期，1924 年，頁 44—45。
③ 陳、張二氏說法見第 7 頁注①及注⑤。陸和九：《散氏盤真偽考》，《國學叢編》第 1 期第 3 冊，1931 年，葉一至二。
④ 余永梁：《記散氏盤》，頁 111。
⑤ 伊秉綬跋文原拓影印本，見《神州大觀》第 1 號，1911 年，圖版一。

　　此拓伊墨卿跋謂在揚州，仁宗十二年將入內府，説與阮氏挈經室金石十事記同。盤原藏揚州徐氏，今存故宫博物院，器十九行，三百五十七字。字體與虢季子白盤近似，與傳世各器較遠，王靜安先生曾考散之所在，余無新解，銘記表田之事，散邑之契文也。霜橋屬題，爲書如左，癸巳浴佛日。①

至於額勒布購得該盤後，可能是交由兩江總督阿林保進呈，故後人多只知阿林保入貢散氏盤，額勒布其名反而隱蔽不顯了。

　　有關額勒布其人其事，除了《大清實錄·仁宗實錄》《十朝東華錄》《東華續錄》等書有些零散的記載外，記述較爲詳備的，要數《續碑傳集》所錄包世臣的《額侍郎別傳》。《別傳》云：

　　公諱額勒布，字履豐，號約齋，姓索佳氏。先世居鄂爾坤部落，歸附後，爲滿洲正紅旗人。祖彰萊，盛京副都統。父農起，山西巡撫管提督事。任安徽布政使時，以辦災能勤民有聲。公雖世禄子，然好讀書如寒素。成童，補弟子員，旋食餼入試，不得於有司，乃棄舉子業，筮仕工部。歷筆帖式主事員外郎……道光十年八月二十有五日，卒於私第，年八十有四。②

額勒布的官職雖不甚大，爲政卻頗爲廉介，從下引《別傳》所述二三事，即可見一斑。

　　予以嘉慶丙寅夏識公於揚州，時公視淮鹺已三年，淮鹺繁富甲天下，使者驕貴簡出，出則輿從華盛倍封圻。而公常從二三騎，自策羸，穿街巷。嘗禱雨於甘泉山，步烈日中，往返至三數十里。

又：

　　戊辰秋，公被議入都，鹺賈送至王家營，環跪納會子四紙，紙鏹各十萬。公詰其所爲，僉曰："大人節官費，歲數十萬，又奏增鹽息至分

---

　　① 孔德成跋文，見劉霜橋藏真賞社影印阮元原拓本。
　　② 包世臣：《額侍郎別傳》，見繆荃孫《續碑傳集》卷九（《四庫善本叢書初編》本），臺北：四庫善本叢書館，1960年，頁六上至八上。

半,歲溢且二百萬。計大人按臨六載,衆商所受恩且累千萬,區區者誠不足言報稱。"公笑曰:"我前節官費以爲今日地,是攫察案所應有也;請增鹽息者,爲岸猾持若短長耳。若等竟以作市價,是哀民以益商,我負疚滋重,况分若肥耶,必不聽者以狀上聞矣。"

在學術上,額勒布氏則"性嗜《易》,通志堂所刻七十家易説,皆能條列而縷舉之,偶爲小詩,栩栩有蘇陸之意"。又嘗有《藤花榭刻説文》行世。① 在他主持兩淮鹽政期間(嘉慶甲子—丙寅,1804—1806),開始罹患眼疾,嘉慶十六年(辛未,1811)已失明家居。可知在他逝世前約二十年,都是在摸索的日子中度過的。他的不幸遭遇,的確令人爲之惋嘆不已。至於他購貢散氏盤,以及傳布散氏盤銘的功勞,卻又讓阿林保、阮元等享大名的人物全佔去了。還好,從他留下的一篇題識,總算使他的名字,重新與散氏盤流傳的歷史結合在一起,如他地下有知,也應該感到絲毫的安慰了吧!

(四) 散氏盤入貢内府的時間

除了上引張廷濟《清儀閣題跋》談及散氏盤是在嘉慶十四年(丁卯,1809)入貢外,方小東(朔)《枕經堂金石題跋》也説:

> 周散氏盤……初藏揚州徐氏,後歸洪氏,嘉慶九年甲子,儀徵阮文達公《積古齋鐘鼎款識》成,此器尚在揚州,迨歲丁卯,兩淮都轉,乃獻於朝,東南遂不見此重寶。②

吴士鑑《跋散氏盤全形拓》稱:

> 曩與王文敏同直,嘗言聞諸潘文勤、陳簠齋諸老,謂散盤自阿敬敏進呈後,似尚在内府。惜不知貯於何所,相與夢想者久之。越二十餘年,奉命清查各殿圖籍,而散盤原器,固存内庫,人間始重見拓本(與舊藏何夢華、趙撝叔二本校之,不差絫黍)。謹案:阮文達《積古齋款識》

---

① 《藤花榭刻説文》,原書未見。該資料是由張政烺先生提供,謹此致謝。
② 方小東:《枕經堂金石題跋》(《金石書畫題跋叢刊》本)卷一,臺北:學海出版社,1977年,頁12。

成於嘉慶九年,其時盤尚藏洪氏。張叔未《清儀閣題跋》云"嘉慶十四年,貢入天府"云云。考十四年冬,容廟五旬萬壽,申命臣工,不准進獻珠玉等件,有備進書册字畫者,准其呈遞。是敬敏之入貢,正在祝釐之時。其年方移督兩江,此盤爲江南流傳最著之物,故購諸鹺商以儕於書畫之列。文敏親聞老輩緒論,始知碻有所本。弢老所題,與余正同。至於列邦彝器,文字各有流別。楚器尚存數種:夜雨靁鎛郘原鐘,類皆恣肆雄奇,與中原諸器不同。文中所敘水名,又皆齊魯燕趙諸邦,未可以理想肊定也。戊辰先立夏日,吳士鑑識於九鐘精舍。①

各家所述散氏盤入貢內府的時間,似乎都是根據《清儀閣題跋》立説,但武樹善的《陝西金石志》卻説:

> 聞道光二十一年,貢入清宮時,江南曾仿造二盤,亦精緻可亂真。②

武氏所稱道光二十一年(1841)入貢之説,與張、方、吳諸家説法相差頗遠。額勒布題識既稱向洪氏購買散氏盤是早在嘉慶丙寅(1806),且前引伊秉綬題跋亦説 1807 年已傳出要入貢內府的消息,加上吳士鑑跋文的引證,嘉慶十四年十月是仁宗顒琰的五十壽辰,當時嘗"申命臣工,不准進獻珠玉等件,有備進書册字畫者,准其呈遞",散氏盤便是在這種情況下,混於書畫册中進呈的。因此道光二十一年入貢清室的説法,是難以令人置信的。武氏所編的《通志稿》,對金石文物出土的時間,往往都有與舊説不合的例子,如談到毛公鼎出土的時間説是咸豐八年(1858),與諸家所稱咸豐二年(1852)便有不同。③ 今對散氏盤入貢清室的時間也跟其他説法迥異,可見武氏所記,大有不實之嫌。至於劉心源《奇觚室吉金文述》卷八"矢人盤"(散氏盤)下稱:

> 右嵩竺山侍郎器……乾隆間,真者入內府,咸豐初復出,今藏於

---

① 見黃葆戉《散盤今釋》所錄散氏盤全形拓本諸家跋尾,《東方雜誌》第 27 卷 2 號,1930 年,頁 51—54。
② 武樹善:《陝西金石志》卷二,葉十五。
③ 同上書,卷一,葉二七。

嵩文仲,瑩中允拓贈此本,剪貼之。①

劉氏謂"乾隆間,真者入內府"一説,更是不知有何根據了。而散氏盤在
"咸豐初復出",並爲嵩竺山所藏一事,亦顯得離奇之至。如果我們前述散
氏盤在嘉慶十四年已入內府之説不誤,加上後文所提該盤於民國十三年
(1924)始再被發現,則嵩氏所藏必是另一僞器或仿鑄器。而事實上,將
《奇觚》著録的散氏盤銘跟盤一、盤二、盤三原拓對校之後,便可以發現彼
此確互有不同。雖然它與盤二的精神面貌極爲酷似,乍看之下,可能會令
人誤以爲是同范異拓,但經再三的仔細對校,可由盤銘第七行十一字(《奇
觚》本頁二二第二行第三字)"𥅽",及第八行第二、四、九字(《奇觚》本頁二
二第三行第二、四、九字)"降"、"南"、"陟",説明它們是兩份不同的拓本(參
看下文表一)。它們彼此的不同,如果沒有摻有剔損、拓工錯失等因素在內,
則更可判定它們是異范異拓。《奇觚》既明言該拓原器爲嵩竺山侍郎所藏,
顯見當日是確另有一盤的存在。至此,我們不妨將《奇觚》著録的拓本以盤
四稱之(圖六)。② 該器入藏嵩氏的時間,也可從吳光耀爲《奇觚》作序的
時間,推知是在光緒丁酉(1897)以前。黃鴻圖《稺棠論書雜著》云:

> 散盤釋文聚訟,嘉魚劉氏謂此盤於乾隆間,真者入內府,咸豐初
> 復出。仿鑄者以字多,就《積古》釋文酌改之。今取《奇觚室》本與通
> 行本一一審之,仿鑄之迹顯然。③

黃氏能看出《奇觚》著録是仿鑄的器,的確難能可貴。但劉心源對散氏
盤原器流傳所作錯誤的敘述,仍未予以道破,有關這點,讀者則不可不
加以注意了。至於《奇觚》多録僞器,又多翻刻拓本,前輩學者多已道
及。其翻刻者,如毛公鼎銘,即其一例。因此盤四被認爲是仿鑄器,也
便不足爲奇。

---

① 劉心源:《奇觚室吉金文述》卷八(光緒二八年石印本),葉二四下。
② 盤四銘文,見《奇觚室吉金文述》卷八,葉二一至二三著録,是剪貼本,原拓全貌已
不可見。附圖五僅刊其部分。
③ 黃鴻圖:《稺棠論書雜著·臨散盤銘跋三則》,《東方雜誌》第27卷2號,1930年,
頁19—23。

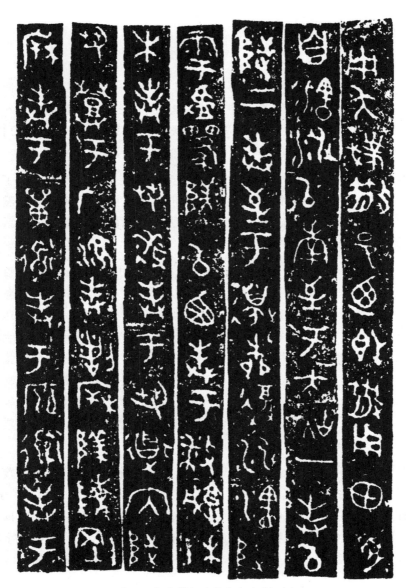

圖六　散氏盤（四）銘文拓本（部分）

（五）散氏盤原器的再發現

陳寶琛《散氏盤跋尾》稱：

> 此盤乾隆中葉出土。嘉慶十四年，江督阿林保購以充貢，世間遂尠拓本。相傳燬於咸豐庚申淀園兵火。甲子三月，內務府檢查養心殿陳設，得之庫中。初疑爲贋，耆壽民少保以所藏舊拓本校之而信。上遂命拓五十本，分賜諸臣。此紙爲試拓之本，故留予處。①

從散氏盤在嘉慶十四年（1809）貢入內府，至民國十三年（1924），經歷了一百一十四年的漫長歲月，散氏盤終於又再出現人間了。有關散氏盤在1924年以後流傳的歷史，要以丁念先氏所述最爲簡明扼要，他在《新藝林》第一卷創刊號中記述散氏盤説：

> 清室內務府檢查養心殿陳設，始得之庫中。當時因阮翻一盤誤認爲真器已鬻於海外，故轉疑此真盤爲贋器。後經耆齡以所藏舊拓本核對，始知確屬原器無誤。次年，溥儀出宮，成立故宮博物院，遂由該院接收。"九一八"事變發生，華北局勢動盪，政府決定將部份古物南遷，此盤即在其中。時故宮發生易培基盜寶案，政府另派馬衡接長故宮。運至上海天主堂街部份古物，由該院科長歐陽道範負責交接手續。編者奉行政院命派爲監盤員，首次得覩此盤真面目。抗戰軍興，故宮古物隨政府運往四川。勝利後運回南京。三十七年遷運來臺，今則經常陳列於臺北市外雙溪故宮博物院。②

筆者曾經聽商錫永先生談過，散氏盤發現後，他曾被邀請入宮，並且費了兩天的時間，將散氏盤全器施拓。在他的記憶中，散氏盤的一個"爽"字，留有刀刻的痕跡。故宮所藏散氏盤，筆者亦曾經有幸目驗。商氏所稱應是指盤銘最後第五行，"我既付散氏田器，有爽"的"爽"字而言。將該字與最後第三行的另一"爽"字比較，可知原字因范鑄不佳，以致右旁所從

---

① 見黃葆戉《散盤今釋》所錄散氏盤全形拓本諸家跋尾，《東方雜誌》第27卷2號，1930年，頁51—54。

② 丁念先：《圖版解釋》，《新藝林》第1卷1期，1969年，頁38—39。

"▨"没有顯現出來，所從"大"的下半，又經誤剔作"♙"，原拓本上所見中畫的末端，仍可看到尖細的刀鋒痕跡，在盤二、盤三、盤四及其他的翻刻拓本中，該字則俱已訛作"♚"，誤刻的鋒末已變成實筆了。另外，第九行第一字"有"作"♛"，第十三行第一字"田"作"⊞"，兩字皆有斷畫，在其他的拓本上，兩字的筆畫都是相連的。這三個字的特徵，可以用來作爲判別是否故宮藏器的標準之一。反過來說，具備前述三字的特徵的拓本，是否就能判定他是盤一呢？事實並不如是，例如下文將要提到的盤五，該拓所見"有"、"田"兩字皆有斷畫的特徵，但盤五卻是不折不扣的翻刻本。故此除了比較這三個字的異同外，還需輔以其他的證明才能下最後的結論。如從實物上去鑑定盤一，則還可注意銘文的右幅，因爲如果配合光線的明暗，隱約可見一些陽文直線。這在拓本上是無法看到的。又該盤的外底中央；有一突起的銅塊，由折斷的部位來推測，有可能是當日所配小鈴鐺上端的殘留。

三、散氏盤的翻鑄

散氏盤曾經有翻鑄的事，早就爲金石學家所熟知，傳聞中都是說阮元曾翻砂鑄了兩件散氏盤，翻鑄的時間，應當是額勒布在揚州購得該盤原器以後，貢入天府以前，即 1807 至 1809 年之間。陳寶琛《跋散氏盤原拓》云：

> 盤在揚州時，阮文達嘗翻砂鑄二器：一藏阮氏家廟，一藏北湖祠塾。赭寇之亂，藏祠塾者流徙入泰州，歸蕭山任氏，上虞羅叔蘊參事曾從借拓。藏家廟者近爲長沙某氏所得，以爲真器，重價鬻諸海外，不知真者固仍在大內也。以贈藹農吾友，幸鑒藏之。丁卯十月，寶琛識於沽上。[1]

---

[1]　見黃葆戉《散盤今釋》所錄散氏盤全形拓本諸家跋尾，《東方雜誌》第 27 卷 2 號，1930 年，頁 51—54。

前引武樹善《陝西金石志》卷二稱“江南曾仿造二盤，亦精緻可亂真”，亦當指阮氏翻鑄二器而言。余永梁在《記散氏盤》一文中説：

> 阮元自仿鑄二器，以真器進内府。所仿鑄二器，一藏之宗廟，後歸湘中葉氏，前數年日人以十餘萬金購去，因當時不知真器尚在人間也！一則在崇恩家，今歸京師葉氏。[1]

阮氏家廟藏器流往日本的時間，由陳寶琛丁卯（1927）跋文，僅知“近爲長沙某氏所得，以爲真器，重價鬻諸海外”，雖然可推見是在 1927 年以前的事，但確實的時間卻無法查考。余氏一文則於 1927 年刊登於《中山大學語言歷史研究所周刊》，但該文完稿的時間也難以知悉，因此文中提到阮氏家廟藏器爲日人購去的年份，也不能單憑“前數年”一語加以推定。還好，劉體智《小校經閣金文拓本》卷九著録的散氏盤銘，有趙氏手書引首，并附題識，該題識及所署的年月，或可爲我們解答這個問題。趙氏題識云：

> 差本盤淪異域，而古文猶在中華，安得購之勘對摩挲，慰情聊勝云爾！[2]

所稱淪於異域之盤，當指流往日本的阮氏家廟藏器，趙跋寫於癸丑八月朔日，然則該器在 1913 年 8 月以前已歸日人所有了。而該器在歸湘中葉氏以前，似乎曾一度爲吳雲所得。王惕安藏散氏盤原拓附吳雲跋文云：

> 散盤舊藏揚州徐氏，阮文達公曾仿製一器藏於家廟，髮逆東竄，揚城被陷，此器爲某貳尹所得，知余廣求阮氏遺器，畀以爲贈，留余泰州寓齋者數月。其時烽烟澒洞，道涂艱沮，器重笨難於攜帶，遂壁之，後不知流落何所。由今思之，不得見孫叔，得見優孟衣冠，亦足解嘲，深悔當日之力卻之也。此盤義醻宕縱，古致錯落，實爲三代文字中至精卓者。葂鄰主人酷嗜吉金銘拓及漢魏古本，書法亦由是大進，書此

---

[1] 余永梁：《記散氏盤》，《中山大學語言歷史研究所周刊》第 1 集 5 期，1927 年，頁 111—113。

[2] 劉體智：《小校經閣金文拓本》（1935 年石印本）卷九，葉八五下。

銘屬題，根觸前事，縱筆及之，有不勝今昔身世之感，主人或亦同此情耶。①

阮氏家廟藏器的流傳經過，猶見王福厂散氏盤跋文提及，上海圖書館藏吳式芬《鐘鼎款識》"金文原拓"第五册録散氏盤乙器，其下云：

> 道光十有三年秋八月，葉志詵持贈。
>
> 此爲阮氏仿製之盤，存阮氏家廟。庚辛之劫，爲長沙某氏所得，以爲真器，鬻諸海外，頗獲重值，陳弢盦年丈澂秋館筆記中言之甚詳，此拓雖覆本亦不易得。特識之，福厂王禔。

按該原拓本曾經筆者目驗，並取與前述三器原大拓本照片對校，可以證知與盤三是同范異拓。王禔所述的"長沙某氏"，即余永梁所稱之"湘中葉氏"，"鬻諸海外"者，即指爲日本人購得一事而言。但前述盤三的外底附有額勒布題識，日本人購買是盤，不可能没有看到，倘若知爲仿製品，一定不會出重價購買，而且由額勒布題識，知盤三入藏揚州府學，與阮氏家廟藏器自然是兩件不同的器。因此懷疑王禔由於未曾獲睹原器，又未及得見額氏題識，而純粹是因所見拓本既異於盤一原拓，遂判爲阮氏家廟藏盤，並道出其流傳原委。就阮氏家廟藏器的流傳經過而言，是極具價值的，但王禔還是錯把張冠李戴了，這一點我們是應該需要辨明的。至此，綜合以上各家的説法，知所謂翻鑄的兩件散氏盤，亦各有流傳的歷史：

> 器一：藏揚州府學，經綪寇（太平天國）之亂，流徙入泰州，爲蕭山任氏所得，上虞羅氏曾經借拓。1927 年以前，歸京師葉氏。
>
> 器二：藏阮氏家廟，曾入藏吳雲泰州寓所數月，庚辛（1900—1901）歲，爲湘中（長沙）葉氏所得，1913 年 8 月以前，日人即以重價（十餘萬金）購往東瀛。

過去只知阮元曾仿鑄二器，而不知額勒布亦翻鑄一器，倘阮元確曾仿鑄二器，加上額勒布留藏府學一器，便是當時曾翻鑄三器了。但前輩學者的敘述皆不曾提及三器。且年代較早的吳雲在散氏盤跋文中，亦只稱阮

① 王懷安（祖錫）藏散氏盤原拓影印本，見《神州大觀》第 1 號，頁 5—10。

元仿鑄一器藏於家廟。因此懷疑前引陳太傅（寶琛）跋文所稱一藏北湖祠
塾的仿鑄器是因"府學"一詞而誤，而額勒布當時的仿鑄，則可能是央請阮
元代辦的。阮元乃同時再鑄一器藏於家廟。由於阮元是主其事者，且知
名度較高，世人遂只知阮氏仿鑄二器，額勒布的一番心意，反而佚而不開
了。但是除了額、阮二氏的仿鑄器外，是否還有其他仿鑄器的存在呢？張
廷濟《清儀閣題跋》云：

> 周散氏盤……貢入天府，墨本在人間者日少，而覆鑄仿鐫不止一
> 本，此是原器精拓，可珍也。……籀莊徐甥能識古文奇字，於此器亦
> 有考證，其速輯成書，以爲嗜古者助可耳。癸未十二月十八日。①

張氏此跋題於癸未，即道光三年（1823），距離散氏盤原器入貢之年
（嘉慶十四年，1809），只不過相隔十四年，而"覆鑄仿鐫"已"不止一本"，這
句話確是耐人尋味的。不過在沒有找出更多資料來加以説明以前，我們
目前只能説，除散氏盤原器以外，曾有實物存在過的仿鑄品只有兩件或三
件。其中一件即額勒布所仿的盤三，亦即當日入藏府學的一件。第二件
即流往日本的阮氏家廟藏器。如果盤四，即劉幼丹所云"嵩竺山藏器"，與
阮氏家廟所藏並非同一器，則應屬第三件仿製品，否則仿鑄之盤仍是兩
件。但盤二的拓本跟盤四極爲酷肖，由常理推測，若非盤二仿自盤四，便
是盤四仿自盤二，故此有可能盤二原來就是阮氏家廟藏器的拓本。可是
盤二只是一份原拓本，它是從原器拓下來，抑或只是一份翻刻本，目前也
不敢隨便論定，因此惟有將日本那件散氏盤找到後，取與盤二和盤四的拓
本相對照，才可以獲得進一步的解答。

四、散氏盤的拓本

銅器的拓本，大別可分爲三種，一是銘文拓本，二是花紋拓本，三是全
形拓本。一件銅器如果是帶有銘文的，在全形拓本中，自然會將花紋和銘

---

① 張廷濟：《清儀閣題跋》，頁 23。

文都包括在内。本章所要談的,是偏重於散氏盤銘文的拓本。

現藏臺北故宮博物院的散氏盤銘文拓本,已多散見於各種不同的著錄中,但原拓本卻仍然是不易得到,黄葆戉曾在《東方雜誌》第二十七卷第二號裏,發表過一份散氏盤全形拓,據他説:

> 此全形拓本,丁卯十月,吾師陳弢庵太傅八十賜壽後,題跋寄贈。器之真贋顯晦,跋語綦詳。盤形爲周康元後拓。銘乃當日内府試拓之本,出於名家之手,字在肥瘦之間,墨花深淺,古色盎然,視召匠命拓分賜諸臣者,紙墨雖精,而鋒芒漸露,字畫臃腫,遠勝多矣。若持校吾鄉陳氏猗文閣藏鄭谷口贈高江邨舊拓本,暨貴池劉氏畏齋藏,揚州洪氏未進大内以前拓本,則彼善於此。可知同此一器,拓之先後,工之良窳,相去不可以道里計也。近見故宫博物院新拓,洗剔尤甚,若從新範出者,更不足取。此三代鼎彝未剔以前之拓本,士林爭相寶貴,良有以也。①

在前引的陳寶琛散氏盤跋尾裏,談到耆壽民亦藏有一散氏盤舊拓,並賴以印證養心殿庫房所發現之盤,即當日貢入内府之原件,它的價值當然更高了。

自從散氏盤再發現後,消息不脛而走。由於那篇鑄有三百五十七字的銘文,爲古史提供了一些重要的資料,士人爭相傳誦。那些有眼光的商人,更利用人們寶愛原拓本的心理,趁機會仿造一些翻刻本出售,以達到他們牟利的目的。可是傳聞中阮元仿製的兩件散氏盤,能親見原器的人實在不多,這兩件仿製器的原拓本,如果亦混入翻刻本裏,一般學者如要一一分辨,便存在著一定的困難。雖然在上文已提到過四種不同的散氏盤拓本,而且已經將盤一、盤二、盤三、盤四都分辨開來了,但據筆者訪查的結果,還有三種不同的拓本,以下將分别以盤五、盤六及盤七稱之。除了盤六未敢推斷是屬於翻刻抑拓自仿製器外,盤五及盤七都可以肯定是翻刻本,且盤五更非拓自原器物,而是利用鋅版翻製的,兹將盤五、盤六及盤七分别介紹如下:

---

① 見黄葆戉《散盤今釋》所録散氏盤全形拓本諸家跋尾,《東方雜誌》第 27 卷 2 號,1930 年,頁 51—54。

盤五、盤六及盤七的原拓本(圖七、圖八、圖九),首見於王氏金雲齋。[①] 王氏所藏散氏盤拓即此三種,其一是盤五的原拓,第二、三兩種是盤六和盤七的原拓。北京圖書館(現中國國家圖書館)收藏的商周青銅器拓本第一函第廿八號,共收有七份散氏盤原拓,其中六份(28.1—28.6)經與盤五原大照片對校,得知俱是同范異拓,其中 28.1 號拓本,除了原題"散氏盤翻刻本"外,在該拓的左右空白處,分別有墨書跋文兩段,其一云:

圖七　散氏盤(五)銘文拓本

①　王氏金雲齋,所藏以碑帖最爲大觀,其真實姓名暫不欲透露。筆者蒙主人不棄,折節論交。所藏散氏盤原拓三種,皆讓我拍攝了照片,其中盤五原拓更不吝相借,使我有機會取與其他拓本作詳細比較,拳拳盛意,謹此誌謝。

圖八　散氏盤(六)銘文拓本

圖九　散氏盤(七)銘文拓本

自古物南遷,散盤亦隨之涉行,搨印多張,好事者更以原攝片用鋅版印之,較真跡毫髮無訛,此即是也。丁丑秋,重陽前三日記。

又云:

有鋅版搨法盛行,從此碑帖真偽,益難辨矣。是日又記。

跋文的作者沒有署名,但他所提供的資料卻非常重要,它讓我們知道在丁丑(1937)前後,作偽者已別出心裁,以原拓片用鋅版鑄製,然後再從鋅版上將銘文拓出,故此原拓上的缺損部位,墊片痕跡,皆一一在翻刻本中出現。這種魚目混珠的拓本,確難立予分辨。不過作偽者的技巧無論如何高妙,總會有疏忽的地方,只要取與原器拓本仔細覆校,作偽之跡仍然隱約可尋。例如,從北京圖書館所藏六份翻刻本(28.1—28.6)考察,由於拓工不夠仔細,竟將鋅版左右的邊緣也拓了出來,在 28.2 號的左上、左下方;28.3 號的右上方;28.5 號及 28.6 號的左右兩端,都可以看到鋅版邊緣的痕跡。從這些痕跡的根尋,便可以量度出該鋅版原來的寬度和大小了。

盤六,即金雲齋藏散氏盤拓第一種,這份拓本製作頗爲精細,乍看之下,跟盤一最爲接近,但細察仍可發現它的神韻遠遜,某些筆畫頓挫之間,竟又類似採用蝕刻方法所爲,特別是第七行"以東一𣒱"的"一"字,又隱而不見,找到這些毛病以後,再與前述五種拓本一一比較,自然可以判別他們之間的不同了。但盤七拓本酷肖盤一的程度卻更是令人驚訝,因爲除了銘文筆畫極盡形似外,盤一所有的墊片痕跡、缺損、裂縫等特徵,大部分都在盤七裏出現,雖然稍有微異,但在一些同范異拓裏也可能會出現類似的現象。因此若要讓人信服它和盤一是異范異拓,可也真不容易呢!還好,我們利用前述鑒別盤一的方法,卻發現了盤七銘文第九行的"有"字、第十三行的"田"字,都沒有斷畫的特徵,再加上第九行第一二兩字"有嗣"的"嗣"字所从"𠂤"旁,缺少了一畫寫作"𠂢",盤五此字亦缺筆,顯見並非拓墨掩去字畫所致;第五行首字"𣒱",中畫歪斜,並且一筆分作兩筆,與盤一作一直筆者相異;再者,第一行"迺即散用田"的"用"字寫作"𠙹",中畫上端與右邊第一橫畫相交處是平整的,盤一的"用"字則作"𠙻",中畫上端卻是突出的。另外一點不容易覺察的相異處,是第十三行“燮从嗀”的“燮”字所从“攴”旁,在盤七已訛作“ㄢ”,“从嗀”二字點畫之間亦異於盤一。至此我們才能肯定的判決盤一與盤七是異范異拓。盤七的另外一份拓本,見北京圖書館藏商周青銅器原拓本 28.7 號,該拓原題“翻本”,可見盤七雖然是一份製作極精的翻刻本,但亦早經前賢識破了。

以上所提到的七種散氏盤拓本,都是筆者在近年訪查中所知見的,如果還有其他不同的拓本,希望將來有機會時再予以補録。有關這七種拓本的主要著録,包括原拓本庋藏所在,現在選其重要者分列如下:

盤一:現藏臺北故宮博物院

一般著録:《積古》(1804) 8.3—8

《攈古》(1850±) 3.3.37

《愙齋》(1896) 16.4—8

《周存》(1915/21) 4.1

《永壽》(1920—30?) 3.10—13

《圖録》(1935) 127

《小校》(1935) 9.85—88

《三代》(1936) 17.20—22

平凡(1954) 1.80—81,191

河出(1956) 1.85

《故宮》(1958)下、上,210

二玄(1963/64) 304.305

《通釋》(1968) 139

《彙編》(1978) 5

《集成》(2007)10176①

① 《積古》:阮元《積古齋鐘鼎彝器款識》
《攈古》:吳式芬《攈古録金文》
《愙齋》:吳大澂《愙齋集古録》
《周存》:鄒安《周金文存》
《永壽》:佚名《永壽靈壺齋吉金文字》
《圖録》:郭沫若《兩周金文辭大系圖録》
《小校》:劉體智《小校經閣金文拓本》

(轉下頁)

原拓本著録、收藏：

　　故宮博物院藏全形拓

　　《歷史語言研究所藏舊拓册頁綜合編》

　　　　二十四册散氏盤一原拓

　　北京圖書館藏商周青銅器原拓本

　　　　30 號　　全形拓，左下角鈐"希丁手拓散盤"印

　　　　490 號　　鈐"故宮博物院古物館傳拓金石文字之記"

　　　　501 號　　鈐印同上

　　　　822 號　　鈐"養心殿精鑒璽"

　　中國歷史博物館(現中國國家博物館)藏金文原拓

　　泰州寶氏收藏散氏盤原拓本

盤二：現藏(?)

一般著録：《彙編》(1978) 6

原拓本著録、收藏：

　　《歷史語言研究所藏舊拓册頁綜合編》

　　　　二十四册散氏盤二原拓

　　東京大學文學部中國哲學研究所藏

　　　　《鍾氏尊彝齋金石叢拓》第一册《商周彝鼎》收錄散氏盤原拓

盤三：額勒布仿鑄器，現藏(?)

一般著録：《彙編》(1978) 7

原拓本著録、收藏：

（接上頁）《三代》：羅振玉《三代吉金文存》

　　平凡：平凡社《書道全集》

　　河出：河出書房《書道全集》

　　《故宮》：《故宮銅器圖録》

　　二玄：二玄社書跡名品叢刊《金文集》

　　《通釋》：白川静《金文通釋》

　　《彙編》：巴納、張光裕《中日歐美澳紐所見所拓所摹金文彙編》。（按：《彙編》著録盤一時，誤將《奇觚》著録在内，宜予更正。）

　　《集成》：《殷周金文集成》

下文稱引以上書目時，除特殊情況外，均使用簡稱，不再出注。

《歷史語言研究所藏舊拓冊頁綜合編》
二十四冊散氏盤三原拓
上海圖書館藏金文原拓
吳式芬《鐘鼎款識》第五冊録散氏盤原拓

盤四：嵩竺山侍郎藏器。現藏(?)
一般著録：《奇觚》(1902) 8.21—29

盤五：翻刻本。現藏(?)
原拓本著録、收藏：

北京圖書館藏商周青銅器原拓本

28.1 號　原題"散氏盤翻刻本"，附跋文兩段

28.2 號

28.3 號

28.4 號

28.5 號

28.6 號

王氏金雲齋藏散氏盤原拓第一種

盤六：翻刻本(?)。現藏(?)
原拓本著録、收藏：

王氏金雲齋藏散氏盤原拓第二種

盤七：翻刻本。現藏(?)
原拓本著録、收藏：

王氏金雲齋藏散氏盤原拓第三種
北京圖書館藏商周青銅器原拓本

28.7 號　原題"翻本"，拓本中間有破損。右下角鈐"簠
齋"、"萬印樓"等印

爲了讓讀者更容易明瞭這七種散氏盤拓本彼此的分別，兹將一些可以作爲判別異同的主要特徵挑選出來，列表比較如下，由於各拓本之間差相酷似，比對的時候，是需要多花點時間的。今後對不同的散氏盤拓本的判別，也可以此作爲參考的依據。

表一 A

	盤一	盤二	盤三	盤四	盤五	盤六	盤七
第一行：散邑							
第一行：（迺）即散用田							
第九行：录貞、師（氏）							

表一 B

	盤一	盤二	盤三	盤四	盤五	盤六	盤七
第七行：（以東一弄							
第八行：降以南							
第十二行：小子							
第十五行：有爽							

此外，在《湖社月刊》曾刊有一份廓填法的穎拓散氏盤，根按金潛庵（北樓）的題識說：

> 此本爲長白寶沈庵先生所藏，拓墨至精，殆尚是在閩中時所拓，嚴眉岑以贈陳壽卿，沈庵蓋得之簠齋後人者。蒲圻張海若君以廓填法臨而拓之，歷兩月始蕆事，對照原本，絲毫不爽，天門周少樸先生稱爲"指頭神通不可說，雕鐫造化回日月"，信然。潛庵識。[①]

該穎拓散氏盤雖然費了不少心力，而且跟盤一的原拓相比較也是形神俱似。但我們仍然無法完全確定，他所摹做的藍本，就是盤一的原拓。因爲根據上述鑑別盤一的方法，穎拓本第九行的"有"字，第十三行的"田"字，都沒有斷畫的特徵。這是否張海若施以穎拓時，故意補全所致，抑所據藍本確是如此，便無由得悉其詳了。故此這份難得的穎拓，我們只能把它當作一件藝術品來欣賞，而不能遽爾拿它作爲辨別真僞的依據。

五、散氏盤真僞之謎

臺北故宮博物院所藏散氏盤，雖然經過不少學者的研究鑑定，但由於在養心殿庫房發現以前的歷史多隱晦不明，兼且又受了傳聞阮元曾仿製二器的影響，故此部分的學者便對故宮的藏器提出懷疑，陸和九氏即其最著者。他在《散氏盤真僞考》一文中，曾經加以問難，我們不妨把他的理由轉錄如下：

> 余所見流傳拓本有三：一爲故宮博物院所拓，一爲吳熙載所藏，一有徐戊生所藏。三本文字，大略相間，而點畫微有異處。是否有阮氏元翻鑄二器，羼入其中。未見原器，殊難懸斷其真僞也。竊以爲金器之真僞，當以其流傳之文字，可通與不可通爲斷，可通者則信其爲真，不可通者則信其爲僞，此一定之理也。今取散盤各拓本之文字，

---

① 《湖社月刊》第 69/70 期，1930 年，頁 13。

參考各家學説,而爲之校訂,知故宮博物院所藏之散盤,決非《揚州畫舫録》所載江藩解釋洪氏所藏之散盤也。且疑故宮博物院所藏之散盤,或爲阮氏翻鑄僞器之一也,何以云然也?首段用矢戡散邑自錢大昕、趙秉沖,以至羅振玉、王國維諸氏,皆無異説。惟江藩謂爲周太僕散邑,此可疑者一。末段誓曰:我遂付散氏田器有爽。實余有散氏心,賦則爰千罰千,又誓曰:我遂付散氏淫田牆田,余有爽戀,爰千罰千。自錢大昕、趙秉沖,以至羅振玉、王國維諸氏,亦無異説。惟江藩釋文,於迺卑西宮襄戎父誓曰句下,只有戎父則誓,而少遂付散氏以下數字,此可疑者二。考《揚州畫舫録》成於乾隆六十年,阮氏元作序,在嘉慶二年,其作《積古齋款識》,在嘉慶九年。阿林保購此盤貢入内府,在嘉慶十四年。何以積古齋所釋盤文,與江藩所釋盤文,其不同竟至於此。豈阮氏元作《揚州畫舫録》序之時,未注意於江藩釋文耶?此可疑者三。如以故宮博物院藏盤爲真,則揚州洪氏所藏者即僞器也。如以揚州洪氏藏盤爲真,則故宮博物院所藏者即僞器也。如以阿氏所貢,購自揚州洪氏,而非鑄自揚州阮氏,何以文字不同若是?一真一僞,鑑賞家必有能辨之者矣。更進而論其器名:錢、趙、江三家皆定爲鬲,羅、王二家定皆爲盤。今審其形,盤似也。而其花文,則非蠟模所鑄也。論其官名:豆人之虞,名乇。堆人之有司,亦名乇乇。名或同也。而小門人則非周代官制所有也。論其地名,《周金文存》之説剛若各地,隸屬於蜀。《觀堂集林》之説矢散各地,隸屬於秦。而濾沽各水,究竟屬蜀屬秦,今爲何地之水,亦殊堪研究也。以名言則近僞,以器言則失真,吾不敢言故宮博物院所藏之盤,定爲阮氏翻鑄也。吾亦不敢信其爲揚州洪氏所藏之原盤也。願以質之海内外治金文學家。①

陸氏質疑的立論,很多地方都顯得極爲牽强,經仔細復閲再三,大致上可得出下列幾點不同的意見:

　　(一)銅器銘文的是否能够通讀,固然可以作爲辨僞的標準之

---

① 　陸和九:《散氏盤真僞考》,《國學叢編》第 1 期第 3 册,1931 年,葉一至二。

一,但卻不是絶對的。例如好些新出土的器物,便不見得都一定能够順利通讀。"不可通者則信其爲僞",持論是過於偏激了。

（二）江藩釋文與諸家不同,只能歸咎於江氏金文素養的深淺。清人對金文釋讀的能力,往往拘宥於所聞,兼且見器未廣,對金文的考釋遂多憑臆斷,這種例子在清人的著述中不乏其例。再者,如江藩當日所見原器或原拓是未剔本,字畫之間則或許有不够清晰的地方,他誤讀"用矢㦰散邑"爲"周太僕散邑"是不足爲怪的。因此不能僅憑一家之説來作真僞判别的依據。

（三）金文中所見的地名、官名,至今未曾獲得解决者仍多,不獨散氏盤爲然。

（四）陸氏稱散氏盤花紋"非蠟模所鑄",語焉不詳,筆者所見該盤花紋决非後來加刻,故僅憑疑似之言,便説"以器言則失真",誠失諸公允。

要之,陸氏用以作爲辨僞的基礎是站不住腳的,無怪乎他的文章刊登多年以來,皆没有獲得有關讀者的共鳴。

外國的學者中,亦有對散氏盤的真僞持不同意見的。十年前(1972)筆者與巴納氏在故宫目驗散氏盤後,巴納氏即曾表示該盤有可能是仿造的,到今天他仍然是抱著同等的懷疑態度。他主要是就銅器的鑄造方法著眼,認爲散氏盤是失蠟法所製,與一般的西周以塊范法製作者大不相同。當然,如果能够證明該盤確是失蠟法所鑄,無疑是值得我們繼續深入探究的。只是散氏盤銘文的部分,遍佈了墊片的痕跡。一般來説,失蠟法的鑄器是毋須使用墊片的,相反的,以塊范法鑄製的商周青銅器,卻曾大量使用墊片,因此該盤是否採用失蠟法鑄製,仍需再加討論。將來故宫博物院倘能對散氏盤作一次詳細的 X 射線透視,或者可以獲致較正確的解答。不過,對故宫藏器不利的證據還是存在的,北京大學圖書館藏《吴縣潘氏攀古樓款識册校記》下册"散氏盤"（摹本）條下云:

翻鑄器,原器未貢,或仍在阿雨窗家。①

---

① 《吴縣潘氏攀古樓款識册校記》,二册,潘祖蔭手稿本。

阿雨窗即阿林保,也就是當時將散氏盤原器進貢內府的清室大員。這條資料的出現,真使故宮藏器陷入撲朔迷離之境。《校記》是潘祖蔭本人的手稿本,寫定的時間可由該稿自述年月求得:

> 光緒元年乙亥四月丁卯朔,寄首冊至,四日讀畢,復以此錄校一過,七日夜。
>
> 五月四日庚子,寄續冊至,次日讀畢校此。
>
> 丙子正月讀畢,寫存之。二月晦壬辰記。

丙子是光緒二年(1876),"原器未貢"的説法,在丙子以後也曾被人一再提起。王惕安藏散氏盤原拓所附吳退樓的題跋云:

> 此盤……(見前引)原器云在阿雨窗處,壽卿説也,並記之,統備他日遇合云。丁丑初夏,愉庭吳雲。①

又在另一段跋文中重複説:

> 散氏盤或云未貢內府,在阿雨窗家,不知後歸何人,近日求一真拓,不啻景星鳳皇,此本致不易得也。陳壽卿云 𡗒 即吳字,當名爲吳盤。壽卿喜辨考訂金石文字,每出新義如此。退樓吳雲記。

王惕安本人則題云:

> 今夏北方肇亂,西軍陷京,乘輿出狩,重寶古器,悉被航海而西,此盤曩年如果貢入內府,亦當與之俱西矣。將來欲再見脱本,更不可得,每一念及能無感痛。庚子鞠秋,惕庵王祖錫偶志。

庚子是光緒廿六年(1900)。王氏所題固然是因吳雲的跋文有感而發,但他説"如果貢入內府,亦當與之俱西矣"卻是難以令人置信的,因爲庚子之亂,宮中許多寶物,並非皆"與之俱西",故王氏之疑,可以不辯。至於最早提及"原器未貢"者,雖是潘祖蔭,但其消息來源,可能得自陳壽卿,但遍檢《簠齋尺牘》及陳氏有關著述,都找不到隻字片語涉及此事。要之,如果陳、潘、吳諸氏的説法屬實可靠,現藏故宮的散氏盤豈非真的不是揚州洪

---

① 王惕安(祖錫)藏散氏盤原拓影印本,見《神州大觀》第 1 號,頁 5—10。

氏的原物？當日陳寶琛，耆壽民等老前輩的校對，豈不是都白費了勁？固
然，從另一角度來看，陳氏等人的説法，可能是傳聞之誤説。根據一些老
前輩的看法，據説凡是貢入天府的文物，特別是書畫一類，很多都是以摹
本冒充進貢的，由於有此觀念之作祟，故陳氏等以爲散氏盤入貢以前也採
用同樣手法處理，亦未可知。但另一項接踵而來的困擾，卻是《積古齋》對
散氏盤的説明，該書的卷八"散氏盤"條下云：

> 右散氏盤銘，三百五十七字，末一行蝕其半。器藏揚州徐氏，今
> 歸洪氏。制如盤。銘曰：鬲。《説文》："鬲，歷也。古文亦爲鬲字。"此
> 器有三足，與款足之鬲迥異，當是敵鬲之類。許氏解敵云："三足鍑。"
> 解鬲云："三足釜。"字並从鬲，是鬲之屬。今從錢氏《潛研堂金石跋
> 尾》定爲盤，據搨本摹入。①

阮元是仿鑄散氏盤的當事人之一，他當日所見的散氏盤如確有三足的話，
何以今日所見故宮藏器卻是圈足的呢？何庚在《散氏盤的説明》一文，即
曾就此點加以解説：

> 阮元也是揚州人，他對於這件器，非但摩挲過，而且還仿鑄了供
> 在他的家廟裏。所以人家疑心這件器是他的，由他"貢入天府"的。
> 但是我有一點懷疑，他既然做考釋，又且仿鑄過，一定看見這原器了。
> 何以他書裏説"此器有三足"，而現在我們所見的並沒有三足呢？難
> 道他做書的時候，還沒有見原器，還沒有仿鑄，就隨便聽人傳説的話
> 著錄，後來也就忘記改了嗎？他這部書本來多半是朱爲弼這般人替
> 他做的，或者他並沒有理會過，也未可知。②

何庚的解釋也不能説沒有道理，而事實上阮元《積古齋》的序言是寫於嘉
慶九年，歲次甲子中秋，那是説額勒布在嘉慶十一年購買散氏盤之前，《積
古齋》一書已經編成。阮元有可能還沒有見過原器，由"今從錢氏《潛研堂
金石跋尾》定爲盤"一語，也隱約顯示他對原器似乎是未曾寓目的。但無

---

① 阮元：《積古齋鐘鼎彝器款識》（嘉慶九年序刊本）卷八，葉七。
② 何庚：《散氏盤的説明》，《語絲》第 6 期，1924 年，頁 44—45。

論如何,書中既稱"器藏揚州徐氏,今歸洪氏,制如盤","器有三足,與款足之鬲迥異"等語,言之鑿鑿,總不免爲後人留下一個難以解開的結。

由於前述幾種反面材料的影響,可能更會令人想到當日耆壽民出示的散氏盤舊拓,究竟是揚州洪氏藏盤的原拓本,抑或是另一仿鑄器的拓本? 如果我們無法確定這點,而"原器"又是"未貢",加上"三足盤"與"圈足盤"的牴牾,促使故宮所藏散氏盤的真僞問題,令人倍加關心。不過,總而言之,經由前面對諸疑點的解説,並且在這些懷疑未經全部證實以前,就散氏盤銘文内容的本身,以及整個流傳歷史的經過來考察,目前故宮的藏器,仍然是有其必然的價值的。

後記:

本文寫成以後,看到史樹青、傅大卣《冰社小記》一文(1981 年 9 月山西太原中國古文字研究會第四屆年會論文),提到烏氏小玲瓏山館所藏散氏盤全形拓本,款屬嘉慶年,當是現在所知最早的一份散氏盤全形拓。如果能夠親見該原拓,取與上述七種散氏盤拓本比較,對散氏盤原器的鑑定,一定會有一個令人更爲滿意的解答。

(原載《馮平山圖書館金禧紀念論文集》,香港:香港大學馮平山圖書館,1982 年。)

補記:

1985 年曾於湖南省博物館目驗一件複製的散氏盤,鑄製較粗劣,真僞易辨,然極具參考價值。

2015 年 11 月 5 日獲郵寄中國嘉德 2015 秋季拍賣會"古籍善本"圖録,内有周散氏盤銘文拓本(清中期未入内府前拓本),原爲畢沅、冀橙、孫伯淵、趙烈文、潘景鄭、壺中室舊藏。拓本右上角有葉昌熾題"周散氏銅盤銘原本",並有能静居士趙烈文題記及跋文。跋文云:

古搨本仁和龔叟孝拱所藏,其前題云:"此鈔籍,陝督畢沅家真本,至難得。""畢沅家"三字挂"真本"字旁,"得"字在下旁,又注云"前去諸印，留孫伯淵"八字，皆書於裝褙別紙上，破爛不可復存，孫伯淵印亦損少半矣。頃又見龔題阮氏著錄此盤上云，"嘉慶丙寅，鹽院額勒布從揚州洪氏購以充貢，阮文達借至家，精橅二器而歸之，所摹畢肖，人莫能辨。余以原摹三揭，明窗省視，始得一二小小不同處，嘗以此別真偽"云。所指原揭即是本也。龔叟歿，光緒己卯揭歸於天放樓。辛巳六月屬楊濠叟爲書釋文，因重裝之。壬午三月偶取展閱，錄龔之言。時濠叟下世亦八閱月矣。故舊凋零，黯然不已。　　能靜居士

其中所提"鹽院額勒布從揚州洪氏購以充貢，阮文達借至家，精橅二器而歸之，所摹畢肖，人莫能辨"數語，可與本文互參，至爲珍貴。

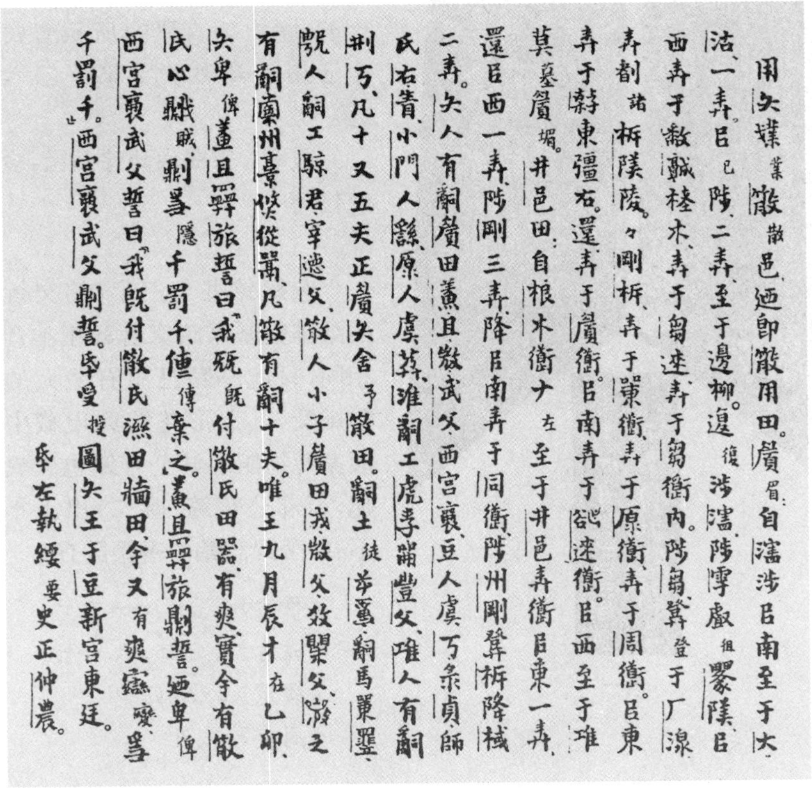

圖十　散氏盤釋文（錄自郭沫若《兩周金文辭大系》）

邾公華鐘(二)銘文辨偽

圖一

著録:《金匱論古初集》頁六十五、歷史語言研究所藏善齋藏全形拓本卷軸善字第一〇六號(圖一)

收藏:曾藏南陵徐乃昌,後歸陳仁濤

左鐘銘九十三字,銘文行款的編排與歷來諸家著録拓本皆不相同,只此一點已犯有絕大的偽作嫌疑,其器形花紋與現藏中國國家博物館的邾公華鐘也大異其趣,原邾公華鐘(圖二)出土年月不詳,著録該銘的書籍計有:

《積古》三、十八—二十
《攈古》三之二、六—七
《綴遺》二、廿四①
《周存》一、五

---

① 《綴遺》:方濬益《綴遺齋彝器款識考釋》。下文稱引該書時,使用簡稱。

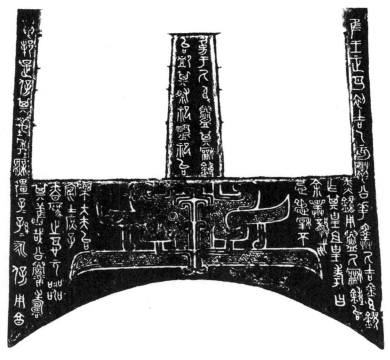

圖二

《小校》一、九十
《三代》一、六十二
《集成》245

從諸家著録的記載,有關郑公華鐘本身的歷史,皆有脈絡可尋。由《積古》著録知該鐘在清代爲紀曉嵐藏器,其摹本最早見於《積古》著録(據紀氏舊藏拓本摹入),《綴遺》稱:

河間紀文達公舊藏,今歸潘伯寅。

今檢潘氏《攀古樓彝器款識》(同治十一年壬申,1872 年成書)並未著録此銘,可見潘氏獲得該器是在 1872 年以後,光緒二十年甲午(1894)《攗古》成書以前。

　　《金匱》藏器原拓本，曾見歷史語言研究所藏善齋藏全形拓本善字第一〇六號，該拓本鈐"南陵徐乃昌藏器"一印，因知是器曾爲徐乃昌所藏。及民國三十四年（1945）爲陳氏所得，此外未見諸家著録，但《金匱》一書卻把上述諸家著録和他的藏器混爲一談是宜作更正的，雖然該器在 1945 年才入藏《金匱》，但這並不能説明該僞銘是 20 世紀初期的產物，因爲善齋藏全形拓拓本既有此僞銘，顯見該僞銘在 19 世紀中晚期已經存在，而且遠在癸酉（1873 年）窓齋已知有僞郮公華鐘的出現，他在是年一月與廉生書云：

　　　　《積古齋》郮公華鐘尊處如有拓本乞借一觀，比見此器亦係僞器，然與《積古》所刻無異，想即河間物也。

又光緒乙亥（1875）4 月簠齋與廉生書云：

　　　　郮公鐘何其似伯寅齊鑄鐘，真則俱真，僞則俱僞，非祺所能知矣，吾二人討論而已，勿使多言多失之咎也。

由這兩段書信，知吳大澂當日曾見一僞鐘，銘文與《積古》所刻相同，簠齋亦曾疑爲僞器，容庚《通考》嘗引簠齋是語，而後稱：

　　　　然陳氏辨之嚴，不無疑而過，如于郮公鐘云……（按見上引）又云：陸高之孫郮公鈚似不成文理（按，見乙亥九月與廉生書）。于而姬壺云……是也。

但簠齋所稱"郮公鐘"，並沒有指明即郮公鈚鐘，而且容氏所引兩段書信一在四月，一在九月，簠齋的稱述並不一定是同指一事，只是容氏以爲陳氏所云"郮公鐘"是指郮公鈚鐘言，故有是評而已。現在經由《金匱》藏器的説明簠齋所稱的"郮公鐘"或許就是郮公華鐘，他的懷疑和窓齋所言是相暗合的，不過還另有一郮公鐘三（見歷史語言研究所藏善齋全形拓拓本善字第一〇八號），故簠齋所指仍有待於證實。此外，秦更年於《金文辨僞》（五）郮公華鐘條下云：

　　　　吳窓齋嘗見之謂爲僞器。余見黃小松藏金文册，此器有舊人題識，亦云僞作。

可惜舊人云者,未知所指。無論如何,僞邾公華鐘的出現,是早爲方家所識的了。窳齋所見的僞鐘,"與《積古》所刻無異",現在拿《積古》和《攈古》著録與《金匱》藏器相較,三者行款確是完全相同,但《積古》在周公華鐘之下有小注一行稱:

> 銘文首一行末一行,據原本分作兩行。

《攈古》著録所注亦同,因知原本和摹本之間的差別,是有人爲的因素在内,今從《周存》以下諸家著録,該器原銘首一行及末一行,都是位在鐘鉦的兩側,可見《積古》"據原本分作兩行"是有所憑依的。今《金匱》藏器行款,卻與《積古》《攈古》經"分作兩行"的摹本相同,無疑是自我宣判其爲僞制的最好證明。顯然地,這位僞銘的作者,並未見過原銘拓本,根據摹本作僞時,更沒有注意及小注的説明,故露出了僞作的破綻而不自知。不過陳仁濤還是受騙了,以爲該鐘即紀文達原來的藏器。

著録邾公華鐘摹本的有《積古》《攈古》兩家,而其行款和僞銘完全相同。經仔細的對校後,《攈古》的摹本較《積古》正確,但部分在《積古》出現且經誤摹的字形卻一一在僞銘裏出現,例如:

> 右鼓第一行的"𤯌"字缺去左上角"屮"形
> 第三行"穌"字所從"禾"字偏旁作"木"與原銘作"木"不同
> 鉦間第一行"鐘"字所從"童"誤作"𧶠"。

由此更進一步證明了該銘是仿《積古》摹本的僞作。據《金匱》著録,是鐘高 57 厘米,闊 29 厘米,其形制較之國博藏原鐘高 36、舞縱 11、舞橫 14.2、于縱 13.4,于橫 18.2 厘米者爲大,這從拓本所見鼓身面積的大小也可以看出來。

《積古》刊於嘉慶九年甲子(1804),故該銘的僞作應在是年之後,復由窳齋的指證它在同治十二年癸酉(1876)一月以前已經出現了,1873(癸酉)窳齋是年卅九歲,根據他一己常識的判斷,認爲該器"想即河間物也"。"河間"當指原器藏者紀曉嵐而言,可見吳氏雖然將僞銘辨認了出來,但還是與原器混淆了。由目前所見資料的顯示,僞鐘在 19 世紀末期曾一度出現後,便銷聲匿跡,至民國三十四年才爲陳仁濤所得,未知是器至今是否仍在陳家？

至於史語所所藏善齋全形拓本善字一〇八號的邿公華鐘三經與鐘一（原鐘銘）及鐘二（僞鐘銘）對校後，顯而易見是刪截原銘的僞作，而"邿""龢"兩字的作法更與鐘二極爲類同，故很可能也是仿自《積古》之作，説不定還與鐘二有著密切關係呢！從善齋藏拓及鐘二的旁證，它也應該是19世紀中晚期的産物。

（原載《僞作先秦彝器銘文疏要》，香港：香港書局，1974年，頁303—309。）

補記：

吳鎮烽編著《商周青銅器銘文暨圖像集成》（上海：上海古籍出版社，2012年）第35卷附録4"僞銘、僞器"類W026著録邿公華鐘，即指本器而言，惟只稱："鐘似爲真品，銘文顯係仿真器僞作，字體與另一件邿公華鐘不類。"並未作其他解説。

丁酉（2017）四月，余又得見僞邿公華鐘全形拓乙紙。器右側有吳昌碩題跋，茲補録如下，比見當日僞銘仍未爲人識破。

鐘不知誰氏庋藏，銘文辭義與阮儀徵所藏之周公華鐘、兩罍軒所藏之周公牼鐘大略相似。審安字作☐實晏字，他器中往往釋爲安，或即《堯典》"欽明文思安安"，有作晏晏者邪！且《釋名》云："安，晏也。晏晏然和喜無動懼也。"詠韶舊雨以爲然不！

甲辰八月吳俊卿昌碩客滬

論兩篇僞作的毛公鼎銘文

　　毛公鼎(《集成》2841)的真僞問題,多年以來,曾在國内外引起不少爭辯,但都没有獲致令人滿意的結果。筆者很幸運地發現了兩篇僞作的毛公鼎銘拓本,其酷肖的程度,幾乎與現藏故宫的毛公鼎銘完全一樣,經過一再的爬梳證明,反證了故宫的藏器,確是當日陳介祺所獲的原器。希望藉著這篇短文,使大家對毛公鼎真僞的問題,重新有一番正確的認識。同時,對真假毛公鼎銘的鑑别,今後亦將可有一遵循的準則。

著録:鼎二,《陳乾藏吉金文字》(圖一)
　　　鼎三,二玄社《金文集三・西周》(圖二)
　　二鼎銘文各四百九十七字。無論行款及字形,皆與現藏故宫毛公鼎銘文幾乎完全一樣,甚至殘缺的字畫、字裏行間不同部位的銹斑、泐蝕以及破損等特徵也幾乎完全相合,苟非經過仔細的逐字逐行校對,簡直就分不出它們是另外兩個異范的拓本。筆者蒙故宫博物院將所藏毛公鼎提件目驗,更證成了鼎二、鼎三是出於僞製。今以故宫藏器爲鼎一,陳乾藏拓爲鼎二,《金文集》著録拓本爲鼎三,將它們三者的關係述説如下。
　　鼎二的原拓本,只見於日本京都大學人文科學研究所藏《陳乾藏吉金文字》著録(圖一),是拓分左右兩幅,呈雙韡形,每幅俱分作三段施拓,與今所見鼎一拓本每幅多作一次施拓者大異其趣。右幅及左幅的右下角,分别鈐有"肇一藏三代文字"及"陳乾""肇一"印鑑,並在拓本四周另外剪貼"半生林下田間"、"海濱病史"、"陳介祺印"、"簠齋藏古"及

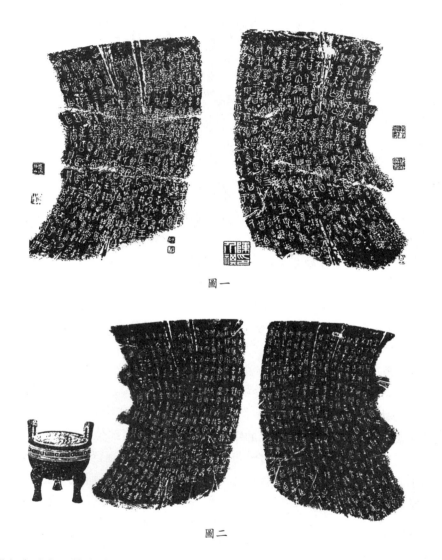

圖一

圖二

"文字之福"等印多方,倘若未見原拓,乍見簠齋數印,很多人都會誤以爲即簠齋自藏的拓本,故就此數方剪貼之印而言,是拓的藏者已犯有意圖矇混之嫌,復經查證它與鼎一爲異范之後,這種掩人耳目的手法更是昭然若揭了。

　　鼎三拓本見於二玄社 1964 年出版的《金文集三・西周》葉卅九—四十二（圖二）。由於該拓與鼎一極爲形似，因此十年多來，一直沒有被人發現它竟會是另一異范之拓。今由鼎二拓本之發現，它自然難逃經仔細校對後的審判。但鼎二、鼎三酷似的程度卻是出人意表的，不過足以辨別它們兩者爲異范的特徵，還是讓我們找出來了。現在爲了更清楚地說明鼎二和鼎三必是出於僞製，茲將它們和鼎一的主要不同特點，闡析如次：

　　一、右幅第七行“大縱不靜”，“縱”字首部損痕的形狀不同。

鼎一　　　　　　　　鼎二　　　　　　　　鼎三

　　鼎二、鼎三雖因拓紙的關係，破損痕稍經伸展，從左半完整的一角仍可辨別它們相異之處。

　　二、右幅第七行，“烏虖遏余‘小子□（圉）’湛于艱”。

鼎一　　　　鼎二　　　　鼎三

　　鼎二、鼎三（《書目季刊》錯印爲“二”，據《雪齋學術論文集》更正爲“三”）“子”“圉”兩字之間的距離與鼎一不同，經查對原器，這不會是施拓造成的結果。

三、右幅第十二行"母折'𢦏'"。

鼎一　　　　　　鼎二　　　　　　鼎三

"𢦏"字所從"系"形，鼎一最末兩筆疑因范鑄緣故，兩端下垂筆畫缺失，字畫呈一字形，鼎二、鼎三行筆皆見下垂，鼎三更出現斷畫。

四、右幅第十三行"'印'邵皇天"。

鼎一　　　　　　　鼎二　　　　　　　鼎三

"印"字的筆勢各異。由於鼎二、鼎三極爲酷似，故或許有人以爲鼎三連筆之作是誤剔字畫的緣故，但這種說法是不能成立的，因爲從鼎二所見該字的字畫極清楚，毋須予以剔畫，拓工亦不會造成類似連接的錯誤，故這點的不同，仍可作爲判別鼎二、鼎三的標準之一。它們和鼎一的相異，則更是顯然易見了。

五、左幅第五行，"毋敢湎'于'酒"。

鼎一　　　　　　　鼎二　　　　　　　鼎三

鼎一"于"字下半雖遇漶蝕痕，但仍可清楚看出中一直畫是靠左拐的。鼎二、鼎三則反作右拐。

從上列五點，已足以作爲判別三者各異的標準，固然只從拓本上作比較,某些字畫上的差別,大可用異拓,甚或剔損來作解,可是將鼎二、鼎三拓本與故宮原器對校之後,這種懷疑都可一一予以澄清。而鼎二、鼎三雖然極端相似,但由三、四兩點的説明,加上右幅二行"配我有周"的"周"字,鼎二作圖,鼎三則作圖,又第十五行首一"政"字,鼎二作圖,鼎三則作圖,"正""攴"之間更益以小畫相連接,取與鼎一參對,無疑是誤以原銘銹斑爲字畫所致。準此數點,鼎二、鼎三宜爲兩器便無須置疑了。它們非故宮原器的拓本,於焉亦可大明。今經證明它們爲三種不同的拓本後,自然可以發現更多的不同點,於此便不另述説了。

　　毛公鼎的真偽問題,聚訟已久。前此張之洞在《廣雅堂論金石札》卷三,曾譏評陳簠齋以千金買贋鼎,然其立論毫無根據,可以不辨。迨1936 年,衛聚賢在《中國考古學史》中又明指陳介祺爲偽造毛公鼎的幕後主持人。1958 年高貞白亦在《中國歷史文物趣談》一書裏,懷疑故宮藏器並非陳介祺所得原物。20 世紀 70 年代開始,澳洲國立大學的巴納博士復孜孜於毛公鼎辨偽的研究,並於《答覆張光遠駁論澳洲巴納博士誣偽之説》中,進一步列舉十三項疑點,支持他懷疑毛公鼎是出於偽造的説法。由於毛公鼎出現以前的歷史,過於曖昧不明,簠齋以重資購藏以後,又秘不示人,而且傳聞之中亦稱陳氏家中曾仿鑄兩件偽毛公鼎專供借祭之用,故處處都令人懷疑毛公鼎的真實性。因爲兩件借祭的毛公鼎原器已不知所在,懷疑毛公鼎爲偽的箭頭,遂一齊指向現藏故宮的原器,巴納先生甚至懷疑它就是出自陳介祺之手所偽。幸而現在發現了另外兩件仿製極精的毛公鼎拓本,正好爲故宮所藏原器的真實性作一申辯。

　　1973 年,張光遠先生在《故宮季刊》第 7 卷第 2 期發表了《西周重器毛公鼎——駁論澳洲巴納博士誣偽之説》,已率先爲毛公鼎作辯,文中取材豐富,對瞭解毛公鼎的歷史淵源很有幫助,並且有好幾點論證,都能針對巴納先生的弱點予以申駁,只可惜對巴納先生部分的原文產生誤解,加上引用資料的疏忽,致反遭巴納先生無情的反擊。① 他們的意見,俱見彼

---

　　① 　Noel Barnard, *Mao Kung Ting: A Major Western Chou Period Bronze Vessel*, *A Rebuttal of a Rebuttal and Further Evidence of the Questionable Aspects of Its Authenticity*. Canberra, 1974.

此的著述，想讀者自有定評，在此便不再贅説了。現在只就僞製的鼎二、鼎三相關的問題，以及證明故宮所藏毛公鼎確即當日陳介祺所購的原器，而並非出自陳介祺僞造等事，略作申論。

陳育丞在《簠齋軼事》一文中嘗稱：

> 簠齋所藏吉金，首推毛公厝鼎，此器係道光末年於陝西岐山縣出土，估人蘇兆年獲之，銘文達四百九十六字，儼然一篇《尚書》典誥文字，爲從來所未見。歸簠齋後，深有“懷璧”之懼，秘不示人，僅請陳畯爲拓十餘紙，除自考釋外，並分寄吳式芬、徐同柏兩人，請其考釋，故《攗古録金文》及《從古堂款識學》兩書中，有其釋文。簠齋自撰之《周毛公厝鼎考釋》亦徵引兩家之説融會而貫通之，藏稿于家，雖至交如吳大澂（愙齋），亦從未一告。緣在舊社會中，因懷寶而賈禍者，比比皆是，故不得不然。終簠齋之世，無人得見此器。①

又劉心源《奇觚室吉金文述》》“毛公鼎考釋”（卷二“毛公鼎一”）中云：

> 陳氏所藏古器，其精拓皆有價目可購得之，惟此鼎秘不示人，有以五十金購其打本者，亦不能得，同輩以此妬之，至謗爲贋鼎。此石印本，膠州柯鳳蓀編修劭忞所贈，原式行數不可知也。

由於簠齋的毛公鼎不輕易示人，原拓亦不多見，故在 19 世紀中晚期和 20 世紀早期之間，毛公鼎拓的複本紛紛出現，鮑康《續觀古閣叢稿》“跋毛公鼎摹拓本”稱：

> 秦中出土銅器不可枚數，要以虢季子白盤、盂鼎、毛公鼎三器爲最，一時罕有其匹。盤出寶雞村，人以之飲馬，徐傳兼明府燮鈞見而異之，購得，以專車載歸南中。兵燹後，爲劉省三軍門所有。盂鼎乃岐山宋氏物，周雨蕉明府賡盛豪奪去，雨蕉逝，鼎復出，仍在秦中。獨是鼎較小，而文至四百八十一字又重文九字，空格二字，前半尚隱隱有闌，自來文字之多無逾於是者。咸豐壬子蘇億年載入都時，陳壽卿尚供職詞館，以重資購藏，秘不示人。初出土時，余在秦，嘗拓存一紙，顧不綴，

---

① 陳育丞：《簠齋軼事》，《文物》1964 年第 4 期。

壽卿復拓贈一紙,此外無獲觀者。李竹明為余裝池,遂分去其一。同
治壬申,潘伯寅始見之,愛弗置,屬胡石查鉤摹鐫版以傳,洵大快事。
余乞搨十餘紙,分餉同好,都人士尚有疑其贗者,余亦不與辨也。

又日本藤井有鄰館所藏石潛石印毛公鼎全形拓附宣統三年(1911)陸恢跋云:

> 惟悉近時有複刻本,亦一偽《尚書》也。但古之偽則字句不同,今
> 之偽刻則點畫無二,毫釐千里,鑒者慎諸。

此外,史語所載全形拓本卷軸善字一二八號"毛公鼎拓",亦有羅振玉跋:

> 顧近有複本。辛酉(1921)七夕。

足見毛公鼎銘的複刻本在當日是流行一時的,屈師翼鵬見告,嘗在山東見
一毛公鼎木刻本。很可能就是陸、羅二氏所稱的複本之一。孔師達生亦
稱毛公鼎的複本,除木刻者外,猶有錫鑄以及洋灰做的複製品,今所見鼎
二、鼎三兩拓,則絕不類木刻,或許有人會懷疑它們的原銘,是否見於完整
的鼎形器,這一點固然仍有待於證實,但從它們本身的施拓方法,以及見
於《金文集三》著錄的鼎三全形拓(圖二)看來,仍很有理由相信鼎二、鼎三
兩拓本,是拓自與鼎一形制完全相同的器物。

有關鼎二、鼎三偽作年代的考訂,大致上是有跡可循的。由於這兩個
偽本仿製得實在太好了,我們相信如果只根據原器的拓本,是難以收到如此
效果的。故它們理應是對照著原器的製作。能按原器來仿製的,當然只有
曾擁有原鼎的物主了。但自從宣統二年(1910)原器歸端方以後,皆未聞有
仿製毛公鼎的事,而傳聞中卻稱陳家曾仿鑄了兩件毛公鼎,專供借祭。簠齋
生前,曾雇有不少修補銅器的工人,其中不乏鑄造銅器的能手,如王西泉、田
雨帆、何昆玉等即其佼佼者。又高貞白《中國歷史文物趣談》云:

> 現在臺灣的毛公鼎,是否真鼎,我不敢說。……據我所知,陳介
> 祺雇有很多熟練工人,親(《書目季刊》作"觀",據高氏《聽雨樓隨筆》
> 卷八頁178原文改作"親",牛津大學出版社2012年版)自督導他們
> 複製古物。他所以如此,並非牟利,而是用以應付權貴。假如陳介祺
> 複製毛公鼎幾個的話可靠,那末,今日在臺灣的那一個,也許就是假

做的,真的説不定還深藏在山東地下,將來也許會有真的毛公鼎出現在大陸,那就真有趣了!

因此的確很有理由使人懷疑偽鼎是出自陳介祺之手。但是毛公鼎原器"終簠齋之世,無人得見"。(見前引《簠齋軼事》)簠齋生前既絕不以毛公鼎輕易示人,流傳的原拓本亦僅十餘紙,當然更談不上從事仿鑄,自尋煩惱了。據此可證專供借祭的兩件偽器,一定是陳氏歿後的製作,説不定仿製精妙絕倫的鼎二、鼎三就是該兩件借祭器的拓本,因爲亦唯有這樣惟妙惟肖的製品,才能取得他人的信賴。要之,鼎二、鼎三出現的上限,必然是在光緒十年甲申(1884)七月,簠齋謝世以後。鼎二的下限更可從著錄原拓的《陳乾藏吉金文字》一書中求得。

陳乾字肇一,生平事跡不詳,他與簠齋之間是否有親戚關係更無從猜測。雖然陳書並無出版年月,但在引首篆題"古文大觀"四字之後,附有俞雲爲肇一所繪的"天咫行寓讀金圖",俞氏署款己未(1919),因知鼎二在1919年以前已經出現。鼎三的來源,筆者曾去信林巳奈夫(《書目季刊》誤作"已",今正)先生代查出處,經函覆稱,據《金文集》編纂者白川靜先生云,該拓是從其友人處輾轉借得者,持有人姓名不詳。不過今由鼎二、鼎三兩拓酷似的程度,應可相信它們應是同時或先後出現的產物。由前述自宣統二年(1910)鼎一歸端方後,即未聞再有仿鑄之事,本可據此將鼎二、鼎三俱定爲1910年以前的偽作,但爲慎重計,還是暫時依據俞雲的署款——己未(1919)作爲它們出現的下限比較妥當。

至於今藏故宮的鼎一,是否即當日陳介祺所得的原物?這也是可以得到滿意的解答的。在咸豐二年壬子(1852)五月陳介祺所作的一篇《毛公鼎題跋》裏,[①]提到鼎銘"每字界以陽文方格",鮑康曾於毛公鼎初出土時在陝西拓存一紙,亦稱其"前半尚隱隱有闌"(見前引),這是辨明故宮藏器即陳介祺所得原物最重要的關鍵。[②] 毛公鼎銘行款間所見的"陽文方

---

① 陳育丞:《簠齋軼事》,《文物》1964年第4期。

② 雖然簠齋的題跋與他本人的筆跡迥然兩樣,或許有人會懷疑它的可信程度,但即使非簠齋的親筆,仍無礙它的真實性,且從前引《簠齋軼事》裏提及"藏稿于家"一語正可解決這點疑惑。這篇題跋與劉階平先生於民國十九年夏,在濰縣丁氏十笏園所見毛(轉下頁)

格",在普通一般的著錄都極不容易看到。考其原因,不外是原拓施墨過濃,或印刷的技術使然。故此若要證明陳、鮑二氏所言屬實,便非得多看原拓或目驗原器不可。今藏故宮原器,確是具有"陽文方格"的特徵,張光遠《西周重器毛公鼎》53頁稱:

> 陳氏指出毛公鼎銘的行款之間,"每字界以陽文方格",真不愧爲行家慧眼!余嘗再三細審毛公鼎內腹壁上所鑄之五百銘文,其字裏行間,隱約凸現陽文的縱橫格線,若非定神,與光線特別映射,很難辨視,其縱行格線,垂直整齊,較爲清晰;橫線者,上部出現平紋,漸近腹下窪處,則右半篇幅改呈右向斜紋,不易看出;左半篇幅,則幾無橫線痕跡可尋。

在《歷史語言研究所藏舊拓册頁綜合編》第八册中,收錄了一份極爲精妙的毛公鼎淡墨拓本(圖三,原拓四分之一),是拓作四韡形,行款間的陽文界線,清晰可辨。筆者曾取與故宮原器對校,無論其縱橫起迄,皆絲毫不爽,因此可以斷言該拓必出自故宮原器。考《綜合編》所收舊拓,多達千種,其中包括乾隆三十三年(1768)欽頒大成殿彝器拓本,還有釋六舟、陳介祺、曹秋舫、葉東卿、張廷濟、劉燕庭、朱善旂等人的原拓,以及道光辛卯(1831)至丙午(1846)十數年間徐同柏手寫釋文等,這是一份極具參考價值的資料。該册頁乃李玄伯先生早年在北平琉璃廠所得,原物主人已無可考,但從册中的內容及其精工的裱拓看來,必定是一位對金石學有濃厚興趣的名士。上述拓本既被收在册內,它出現的時間當然不至於過晚,大概應在19世紀的中晚期內。毛公鼎的精拓,除此本外,又見史語所藏全形

(接上頁)公鼎立軸的簠齋釋文及題記相彷彿,懷疑它們可能同是一物,可惜劉氏現存該拓的照片極模糊,未能確實對證,倘若《文物》所刊,是取自拓本上的題跋,當然不應以"藏稿"稱之了。它與常見的簠齋手跡不同,無疑是旁人代書所致。筆者曾見上海博物館藏張玄暨妻陳氏墓誌(北魏晉泰元年刻)照片一幀,其上有簠齋題云:"此直似宋時擅蠟,明以後無此拓也。"其筆跡即與《文物》所刊題跋相同,疑即同出一手所書。且當聞諸孔達生師言,簠齋後人時有冒其祖之名作書者。又云毛公鼎最初的拓本,只有條幅拓(見《三代》四、四十六),四韡或雙韡形的拓本,都是較後出的。今題跋所署咸豐二年,乃簠齋初得毛公鼎之年,固不宜有此四韡形之拓,故簠齋的釋文和題跋出現其上,自然很有問題了。這種筆跡不符及拓本形制與題跋署款時間的矛盾,益發使人深信,該釋文及題跋是根據簠齋"藏稿"代書的。

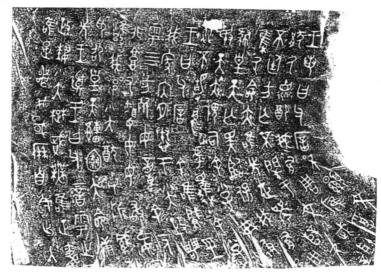

圖三

拓本卷軸善字一二八號，是拓鈐"平生有三代文字之好""簠齋藏三代器""集秦斯之文觀""簠齋先秦文字""海濱病史"諸印，倘若它們不是出於簠齋後人所鈐，該拓當即簠齋自藏本。另有劉階平先生藏毛公鼎拓本，亦呈四韡形，乃得自其師丁叔言先生者。這兩份精拓，施墨雖然稍濃，但細察仍可見字間的陽文界格。今由這三份早期的精拓，並結合簠齋咸豐二年的題記，以及鮑康的見證，在在可以證知鼎一即陳介祺當日所得原物，更絕非出自簠齋的偽造。因爲如果鼎一是後來所偽造的話，那陽文的界格，絕不可能如此脗合。鼎二、鼎三仿製之精，幾可亂真，但陽文的界格卻絕不一見，便是一個最好的例子。前此的學者，懷疑故宮所藏毛公鼎或非陳介祺原物，甚至以爲出自簠齋所偽，至此應可一掃而空了。何況如果能將《簠齋尺牘》仔細通讀一過，更可瞭解無論從做人、治學等方面觀察，簠齋絕不會是作偽的藏家，而是一位治學嚴謹、虛懷若谷、鑑別能力極強的長者。當然最好的藏家也不免收有偽器，簠齋也不例外。同治十一年壬申（1872）簠齋《與子年書》云：

　　近卅年偽刻吉金，前此不如是之甚，弟亦存之，以示來兹之意，未審可否？

足見他雖收有僞器，但卻是別具懷抱的。倘若從多方面的觀察後，仍要堅持簠齋是作僞的藏家，那真是非愚即誣了。

此外，"陽文界格"的特徵更可加強鼎一流傳歷史的真實性。鼎一自宣統二年庚戌（1910）歸端方後，直至民國十四年乙丑（1925）爲馮恕、鄭洪年、葉恭綽三人共得之。[①] 馮恕在《馮氏金文研譜》一、卅二收錄了一篇由郭希安所刻的毛公鼎銘（圖四），最可注意的是那行款間的界欄，它的縱橫起迄，與前述淡墨拓及故宮原器所見，亦若合符節，從這一點的體現，除了得見郭氏刻工的精細外，更可推知，他應是根據毛公鼎原器來摹刻的，從而也證明了馮氏三人合購的毛公鼎，即現藏故宮的原器，這不啻爲毛公鼎流傳的歷史，平添一重要的佐證。

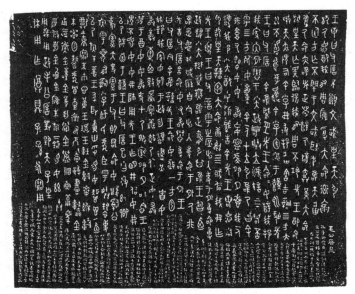

圖四

---

① 《馮氏金文研譜》一、卅三"毛公鼎跋"云："乙丑（1925）余與友人共有之，旋爲大力者挾往春申。"友人即指鄭洪年、葉恭綽二人而言。

最後要附帶一提的是毛公鼎原器出土時間的問題。在翻檢所有提及毛公鼎的記載後,發現毛公鼎出土的時間,至少有三種不同的説法:

一、清道光末年陝西岐山縣出土。一般舊説皆如此。劉階平著《陳簠齋先生與毛公鼎》則稱"毛公鼎道光三十年庚戌(1850)間出土於陝西岐山縣",①亦同此説。

二、"咸豐辛亥,器出陝西岐山縣,壬子歸陳壽卿"。(《馮氏金文研譜》)

三、"按是鼎咸豐八年出土,由爛銅鋪在鄉間收置運省,以備鎔化,爲蘇億年瞥見,以市錢六千購得之,運京出售,希世之寶乃得流傳"。(武樹善編《續陝西通志稿》卷一百三十五"金石")

按陳氏獲得毛公鼎是在咸豐二年壬子(1852),諸家皆無異説,故一、二兩説在時間上,雖稍有出入,但還是相接近的,以舊日文士紀事的習慣而言,這種情形並不足怪,這與簠齋獲得毛公鼎的時間也無衝突。至於"咸豐八年出土"之説,則與舊説大相逕庭,參稽簠齋獲鼎時間的記載,這無疑是編纂者沿傳聞之説而誤記。但有關毛公鼎在簠齋收購以前的部分情形,卻以《續陝西通志稿》的記述最爲詳細,不可因此而抹殺其參考的價值。

容庚嘗在葉公超先生藏毛公鼎精拓上跋稱:

《徐籀莊年譜》道光二十三年云:"得張石匏秦中書,寄示岐山所出周鼎雙鉤本。"是爲毛公鼎著録之始。自宋以來彝器之出土者以萬數,鼎之出土者以千數,然其文字之多,文辭之雅,當必以此爲巨擘。于咸豐二年,估人蘇億年載以入都,時濰縣陳介祺供職詞垣,以重資購藏,秘不示人。宣統間歸于端方寶華厂。然其宣統元年所編《陶齋續録》中尚未收入也。

其實年譜所稱"周鼎",是指盂鼎而言,容庚不察,故有"是爲毛公鼎著録之始"一説。李棪齋先生《金文選讀》第一輯(葉五十)亦重蹈覆轍,以爲《年譜》所述,"即此鼎(裕案:指毛公鼎)也"。又張光遠先生《西周重器毛公

---

① 劉階平:《陳簠齋先生與毛公鼎》,《書目季刊》第7卷第3期,1973年。

鼎》(頁50)更沿容庚之誤,推定毛公鼎出土於清道光二十三年(1843),只要翻檢年譜原書,及《從古堂款識》書末所附汪鍾霖跋尾,當可明白其中真相。有關此點巴納先生已經辨明,①於此便不多説了。

(原載《書目季刊》第8卷第4期,1975年,頁41—47。)

補記:

本文是四十五年前舊作,當日初涉金文,學步前賢辨偽之學,偶有所得,乃大膽公諸同道。多年以來仍不斷搜尋偽作毛公鼎資料,乃知有以鋅版仿作毛公鼎銘文,復墨拓鋅版銘文以圖魚目混珠者;又曾得見全器偽造,而收藏者仍沾沾自喜,以爲坐擁國寶者。偽作手法雖層出不窮,然檢諸本文所述鑑別原銘關鍵特徵,皆立可破解。故仍不避揣陋,據原稿重刊,期亦有助辨偽參考云爾。

續補:

本書付梓之前,得見《吉金留影——青銅器全形摹拓揟存》(西泠印社編著,上海:上海書畫出版社,2014年)著録毛公鼎全形拓兩幅,甲本見頁12—13,有王襄、鳳山及楊魯安題跋,拓本右下方鈐"文字之福""平生有三代文字之好",左下方鈐"簠齋藏三代器""海濱病史"及"十鐘主人"諸印。乙本見頁14—17,其中頁16—17爲鼎銘放大本,無題跋;銘拓鈐"半生林下田間""簠齋藏古"兩印,全形拓右下鈐"平生有三代文字之好",左下鈐則"海濱病史""半生林下田間"二印。經細審,並揗諸本文辨偽標準字樣,赫然發現乙本全形拓應係偽作,與本文所述之鼎三爲同范異拓。而傳聞中"陳家曾仿鑄了兩件毛公鼎,專供借祭",似亦非虛語也。是爲記。

---

① Noel Barnard, *Mao Kung Ting: A Major Western Chou Period Bronze Vessel*, *A Rebuttal of a Rebuttal and Further Evidence of the Questionable Aspects of Its Authenticity*. Canberra, 1974.

錯金攻敔王劍銘獻疑

    本文論述之攻敔王劍的器影和介紹，最早見於 *Unearthing China's Past*（譯名：《發掘中國的過去》，1973 年，頁 92，圖 38）著録，①劍銘兩行十二字。陳夢家先生早於《壽縣蔡侯墓銅器》曾稱引率斿劍有"攻敔王"一辭，②然而並無載録劍銘全文，亦無提及出處，今案率斿劍即本文所指之錯金攻敔王劍。

    事隔多年，李家浩《攻五王光韓劍與虞王光趄戈》再次引用該劍銘，③並重新釋讀，認爲"'光趄'與'光韓'是同一個人名的不同寫法"，並讀"率斿"爲"光軗"，又云："'軗'字在古文字中多用爲'韓'，故本文逕將此字寫作'韓'。"該文末段云：

>   容庚先生曾經指出，"光趄"即吳王光，但他又説吳王光稱"光趄""未見於他書"。既然是吳王光稱"光趄""未見於他書"，那末，"光趄"到底是不是吳王光呢？ 我們認爲容庚先生的推測是正確的。在古代的人名中有這樣一種情況，單名或作雙名時，即在單名之後加一個字，如吳王壽夢的別名"乘"，或作"乘諸"，"鄭子嬰"或作"鄭子嬰齊"。在古代的國名中也有類似的情況，如"邾"或作"邾婁"，吳王光的名字或作"光趄"、"光韓"，與此情況相同。

---

①   Jan Fontein & Tung Wu, *Unearthing China's Past*, Boston：Museum of Fine Arts，1973.

②   《考古學報》1956 年第 2 期，頁 111。

③   《古文字研究》第 17 輯，北京：中華書局，1989 年。

李文論證予人有極大之啟發,然全文並未將劍銘原來字形引錄。今年年初有緣得見劍銘放大照片,對銘文字形結構,頗有感悟。事實上當日陳夢家將劍銘隸作"率旂",亦無引錄原銘。至於劍銘第五字能否隸作"率"固有可議,而第六字隸作"旂"則據原銘釋讀,本無可厚非,如依李文隸爲"旟"(韓)而逕讀爲"矤"並與"趕"字相提並論,則似有可商。

　　引用《攻敔王劍銘》的論著,除上述(1)陳夢家:《壽縣蔡侯墓銅器》,1956 年;(2)《發掘中國的過去》,1973 年;(3)李家浩文(見上引),1989 年外,猶有以下幾種:(4)董楚平:《吳越徐舒金文集釋》,浙江古籍出版社,1992 年;(5)曹錦炎:《從青銅器銘文論吳國的國名》,《東南文化》1991 年第 6 期(又見《吳越歷史與考古論叢》,文物出版社,2007 年);(6)施謝捷:《吳越文字彙編》,江蘇教育出版社,1998 年;(7)陳佩芬:《夏商周青銅器研究》(東周篇上),上海古籍出版社,2004 年,頁 279;(8)鍾柏生等編:《新收殷周青銅器銘文暨器影彙編》,臺北藝文印書館,2006 年。

　　今案以上八種引錄,僅(4)、(6)、(8)附有摹本,而(4)之摹本則旁注"李家浩先生寄贈",經比對兩種摹本,又各有差異,(4)摹本"金"字僅摹作"小"形,而(6)及(8)則將第二字"敔"添加"口"形,又第五字"🦅"(圖一)誤摹作"🦅",字中且多添一小畫。復有進者,(3)、(4)皆將該劍藏所誤記爲"現藏荷蘭波斯頓博物館"。(7)更稱:"此外,美國華盛頓弗利爾美術館、荷蘭波斯頓博物館各藏一件。"其實,(1)之著錄乃美國波斯頓博物館舉辦文物展覽之圖錄,圖 38 攻敔王劍乃借展之文物,非波斯頓博物館所藏;又波斯頓市在美國,不在荷蘭;(6)及(8)著錄稱現藏"美國華盛頓弗利爾美術館",又(6)並以括弧注明原爲"美國賽克勒氏 Arthur M. Sackler 舊藏"最爲正確,惜摹本仍有差誤耳!

　　案查檢金文著錄所見署名"吳王光"之兵器計有:

圖一

（A）吳王光劍八字，1964 年山西原平峙峪出土（《文物》1972.4，《集成》11620）

（B）攻吳王光劍十二字，1978 年安徽南陵出土（《文物》1982.5，《集成》11654）

（C）攻吳王光劍十六字，1974 年安徽廬江出土（《文物》1986.2，《集成》11666）

（D）吳王光劍鳥書八字，香港徵集，現藏上海博物館。

（E）大（吳）王光亘戈（一）八字，現藏上海博物館（《集成》11255）

（二）八字（《集成》11256，《周金》6.16.1—2）

（三）八字（《集成》11257，《周金》6.15.1—2）

（F）攻吳王光戈存四字（《集成》11029，《録遺》564）

（G）攻吳王光戈六字，于省吾舊藏，現藏北京故宫博物院（《集成》11151）

本文之錯金攻𠤳王劍（或稱率旂劍、攻吳王光韓劍）能否視爲吳王光所作，似仍有待考究。蓋就劍銘本身即有數事值得考慮：

圖二

其一，劍銘首字"攻"，所從偏旁"攴"書作"又"（圖二），遍檢各"攻敔王"劍銘，皆無一從"又"作者。至於施謝捷《吳越文字彙編》頁 331 著録攻敔王夫差劍五，摹本所見"攻"字從"又"，然檢視銘文拓本，"攻"右旁字畫已爲拓墨所掩，從"又"摹本未知何據。

其二，傳世"攻敔王劍、戈"銘，"敔"字書作"𠤳"（圖三），僅見此銘。

其三，銘文第四、五字自李文隸作"光""軧"，學者間雖有所認同，然查對上舉（A）、（B）劍銘及（G）戈銘"光"字分別書作：

與本劍銘"象"字結構有頗大差別（圖四）。又上引（4）文引用吳王光鑑（《集成》10298、10299）"光"字銘"象"，稱"與此相仿"，然以"相仿"作準，亦難饜人意。蓋其他古文字中的"光"字，如"光"（中山王鼎［《集成》2840]），"光"（虢季子白盤［《集成》10173]），"炎、炎"（"先王之耿光"《清華簡》壹《皇門》07 簡、"上帝臨下之光"《清華簡》壹《耆夜》08 簡），"炎"（《說文》古文）等，諸"光"字上端無論如何變化，仍得見從"火"之形構，本器"象"形上端既不象"火"形，橫畫之出現更是令人狐疑，王者名字豈容如此更作。

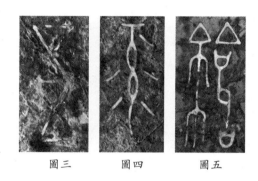

圖三　　　圖四　　　圖五

其四，經檢視本劍銘末最後一字"鐱"（鐱）（圖五），其形構則更是前所未見，雖云古文字未定形，往往存在訛變現象，然同時代衆多"劍"字，無論筆勢如何變化，"金"、"僉"二形至爲穩定，何況本劍銘原有"吉金"二字，"金"字亦作常態書寫，故於同篇銘文中，該"鐱"字偏旁"金"形，似無由擅加變化，亦毋須將"鐱"字形構別作更易。是器"劍"字既啓人疑竇，故對第四（"象"）、五（"軋"）兩字是否釋爲"光"、"軋"，則更必須重新加以考慮。

今年（2013）3 月因緣赴美，得見美國紐約寇斯汀春季拍賣目録，[①]該劍圖版，赫然在目。同年 3 月 18 日於預展中親睹原物，該器環形劍首修補拙劣，手捧錯金劍銘反復摩挲之餘，復別有所體會，故借此機會與大家

①　Christie's New York，*Fine Chinese Ceramics and Works of Art*，Part 1，Thursday 21 and Friday 22 March 2013，p.122‑123.

分享及商討。而在思考過程中，也不斷想起與琳儀兄一起切磋學問那段美好的時光。

後記：

　　本文乃爲紀念何琳儀先生而作。曾在"紀念何琳儀先生誕辰 70 周年暨古文字國際學術研討會"（2013 年 8 月 1—3 日，合肥）宣讀。

　　（原載安徽大學漢字發展與應用研究中心編：《漢語言文字研究》[第一輯]，上海：上海古籍出版社，2014 年，頁 116—118。）

故宮博物院藏𠨍其三卣筆談

　　學者間對𠨍其卣三器之真偽問題每多聚訟。李棪齋先生《晚殷𠨍其卣三器考釋》一文論之最詳。[1] 而於三器之定名，李學勤及孫稚雛兩先生均注意及六祀𠨍其卣（《集成》5414）之作器者爲作册"𡪄"，故以爲宜改稱"𡪄子卣"，[2]所論至爲恰當。然一般學者已習慣𠨍其三卣之稱謂。今後對三器之稱名，不妨自行調整。

　　二祀（《集成》5412）及四祀𠨍其卣（《集成》5413）兩器，除蓋、器有"亞𤎩，父丁"對銘外，二祀卣外底另有銘文三十七字。四祀卣外底則有銘四十二字。銘文出現在器外底雖非絶無僅有，然確屬鮮見。且兩器曾經修補，故引起不少有關三器真偽之討論。

　　余於 1982—1983 年間，曾有緣目驗三器，就記憶所及，二祀卣幾近三分之二經修補，棗皮紅底子亦後加。四祀卣之提梁及器身獸首皆後來配補。六祀卣（𡪄子卣）則器身完整，外底有陽文格欄。[3]

　　李棪齋先生於《考釋》一文嘗稱二祀卣曾藏黄濬尊古齋，其他兩器則

---

　　[1]　李棪齋：《晚殷𠨍其卣三器考釋》，《壽羅香林教授論文集》，香港：萬有圖書公司，1970 年。

　　[2]　李學勤：《𠨍其三卣與有關問題》，《全國商史學術討論會論文集》（《殷都學刊》增刊），安陽：《殷都學刊》編輯部，1985 年；孫稚雛：《金文著錄簡目》，北京：中華書局，1981 年。

　　[3]　當日據王文昶先生見告，二祀卣曾經張效彬修治。四祀卣於 40 年代於安陽出土時已殘破，經修復後，先後爲陳鑒塘、蘇體仁和章乃器所藏，後歸故宮。六祀卣則曾一度流落上海云。

061

嘗爲固始張氏所得。① 尊古齋從事青銅器買賣，又精於修補。當日估人爲求善價，每藉修補技術將殘破器物修復，甚至不惜使用不同類型殘器拼湊成器，以達出售之目的。倘非經目驗，估人之言多不能遽爾相信者，職是之故，學者間流傳二卣有經黃氏移花接木之可能，甚至進而懷疑三器銘文之真實性。然時至今日，三卣之銘文內容似乎已爲大多數學者采信。唯一懸而未決者，乃二卣及四祀卣，既經修補，其銘文部分與現今器形是否原器原配？抑銘器俱真，或本分屬兩器而再經拼湊始成今形？其實今日科技發達，可請故宮博物院以 X 射線從不同角度對三卣加以檢視，即可立知端倪，今後毋需再爲真僞問題聚訟矣！

至於六祀之器身正前方，外口沿與蓋相合之內緣正中，有一米粒大小凹形，而蓋口沿下方則有一外突小點與之相配，該類似卯合之設計，如非目驗，勢難知曉。② 近年因眼緣所及，除得續見數件具 V 形卯合設計之青銅卣外，亦注意及漢代青銅壺、奩等器，往往于蓋、器接合處，刻有 X 形記號，其花紋及鑄製特精者，更于銅器正前方，位當蓋、器上下相合處，特意刻製鹿形或馬形記號。倘放置不當，鹿、馬圖形固然身首異處，蓋、器亦無法密合。設計雖云細小，然已充分表現青銅器鑄製者巧思所在。

（原載《故宮博物院院刊》1998 年第 4 期，頁 6。今稍事修改。）

補記：

2015 年 10 月重訪故宮，據悉三卣已經 X 射線測檢，期待報告能早日發表。

---

① 李棪齋：《晚殷切其卣三器考釋》，《壽羅香林教授論文集》，香港：萬有圖書公司，1970 年。

② 張光裕：《商周 V 形卯合設計的青銅器》，《文物》1991 年第 12 期。

新見智簋銘文對金文研究的意義

　　1999 年 6 月，友人購得智簋乙器。器爲低體，侈口，口沿下飾回首夔龍紋，圈足有弦紋兩道。兩耳下有勾珥。通高 11.8、口徑 21.3、底徑 17.8、連耳寬 28 厘米（圖一）。西周中期器。器內底有銘文 51 字（圖二）。銘文爲：

　　　　隹四月初吉丙午，王
　　　　令智，易載市、冋黄**ᵰ**于**放**
　　　　曰，用吏（事），嗣（司）奠駱馬，叔

圖一　智簋及其口沿下部紋飾拓片

(父？)加智曆，用赤金

一匀（鉤），用對揚王休，乍寶

簋，子＝孫＝其永寶。

銘文內容主要記述時王册命智，並給予賞賜。但辭例及用字則與一般銘文稍異，兼且"加智曆"一語的首次出現，對研究金文中所見"蔑曆"一辭的解讀，意義甚爲重大，茲將主要內容簡介如下。

"王令智"，"智"是本器的製作器者，以"智"爲名的作器，在金文中所見不下 10 件，諸器的年代由西周穆王、恭王延伸至孝王、夷王時期，可見在不同的時期確曾出現了同名爲"智"的人物。今按時代先後將有關器名、內容（摘錄）及所任官職列表如下（表一）。①

圖二　智簋銘文拓片

表一

穆、恭王	智簋	"王令智，易……曰，用吏（事）"	嗣奠駱馬
懿王	智鼎（《集成》2838） 智尊（《集成》5931）	"[王]若曰：智，令女更乃且考嗣卜事" （"智"名凡十七見） "智乍文考日庚寶尊器"	司　徒

———————————

①　本文有關銅器年代的擬定，主要參考馬承源主編：《商周青銅器銘文選》，北京：文物出版社，1988 年。

孝、夷王	吏智爵（《集成》9041）	"吏智乍寶尊彝爵"	吏
	僟匜（《集成》10282）	"乃以告吏敔，吏智于會"	吏
	克鐘（一）（《集成》204）	"王乎士智召克"	士
	克鐘（二）（《集成》205）	"王乎士智召克"	
	克鐘（三）（《集成》206）	"王乎士智召克"	
	智壺蓋（《集成》9728）	"井公内（入）右智"	司　徒
		"更乃祖考作冢司徒"	
		（"智"名凡四見）	
	大師盧簋（《集成》4252）	"王乎宰智易大師盧虎裘"	宰
	蔡簋（《集成》4340）	"宰智入右蔡，立中廷"	宰
		（"智"名凡二見）	

由表一可知不同時期的"智"，曾擔任吏、士、司徒及宰等不同的官職。《商周青銅器銘文選》242 智鼎（《集成》2838）銘釋文注三云：

> 此智稱其祖考司卜事，智壺之銘稱其祖考爲成周八師之冢司徒，說明各自祖考職官不同，因而此智和智壺之智雖同名而非一人。

又 296 智壺蓋（《集成》9728）銘釋文注一云：

> "井公内（入）右智"，此智與智鼎之智非同一人……智後由司徒提升爲宰，稱宰智，見大師盧簋。

又 294 克鐘（《集成》206、207）銘釋文注二云：

> "士智"，此士智與宰智應是同一人。士、宰均是官名，此士當是《周禮·夏官司馬》之"司士"，其職"掌群臣之版，以詔其政令"，說明司士是主管官員的名籍，能"詔王治，以德詔爵，以功詔禄，以能詔事，以久奠食"，"正朝議之位"，並"掌國中之士詔，凡其戒令"。王使士智召克任命官職，身份與司士相似。因爲都是宫廷的文職大臣，故智後可兼職或任職爲宰，稱宰智。則此等制度又不可以《周禮》硬套。但此與智鼎之智非爲一人，智鼎銘"王命智更乃祖考司卜事"。智壺銘："更乃祖考作冢司徒于成周八師。"知其祖考所官完全不同，故智鼎之智與士智及智壺之智，是不同的兩個人。

　　根據上述理由,分屬懿王及孝、夷王時期的"曶"既非同一人,雖然知道他所擔任的職務,但所任的官職則並無明示,固然其身處年代宜屬穆、恭時期(見後文陳述),然是否與曶鼎的"曶"同爲一人,則仍不敢遽爾論斷。

　　由下文"曰,用吏(事),嗣(司)奠駱馬"知"王令曶"是説王對曶有所任命。這種陳述語氣無疑是關乎册命的記述。金文中的册命銘文大多見於西周成王、康王以至幽王之間,春秋以後便絶少出現,而記述册命之典最詳細的要數西周晚期的頌鼎(簋、壺,《集成》2827—2829、4332—4339、9731—9732)及善夫山鼎(《集成》2825),但是這種典禮儀式,在西周初期已經開始孕育,或許曾承襲殷制,然後再慢慢形成一套固定的形式。從金文的記述更明顯得見這套儀節已成爲西周禮制的一部分。只有由於時代的差異或人爲記録的因素,有關記載亦有繁簡的不同。大致而言,較早期的金文通常只簡單記述有册命這回事,儀節詳情大多省略。西周穆王以後的册命銘文則分別將册命地點(王在某某),册命時間(旦),王各大室,即位,以至受册命者入門,"右者"右之,受册命者立中廷,北嚮受册命書,反入瑾璋等儀節一一載録。① 因此從册命銘文記述的詳略,亦可以作爲銘文斷代的一項參考標準。曶簋銘文内容雖然是册命,但是對册命的儀節皆未見道及。因此,相對於其他西周中期具備册命定式的銘文,其所屬年代應該較早。且銘文"王令曶"後,先述賞賜,再補述任命曶管治奠(鄭)地"駱馬"。類似這種形式的記述,西周中期以後很少見到,但卻曾見於昭王時期的部曶簋(《集成》4197):"王各于大室,康公右部曶,易哉(織)衣,赤❺市,曰:用嗣乃且考事,作嗣(司)土(徒)。"同時,曶簋的器形、紋飾均具西周早期的特徵。因此,曶簋應該屬於西周中期偏早,介於穆、恭之間的器物。

　　"易載市、同黄⿱于⿰"。"載市、同黄"是西周册命銘文中常見的賞賜物。"載"從韋,戈聲,或讀爲緇,字書未見載録。"市",《説文》云:"韠也。上古衣蔽前而已,市以象之。"篆文作"韍"。"韠",《説文》云:"韍也,

------

　　① 參張光裕:《金文中册命之典》,《香港中文大學中國文化研究所學報》第10卷下册,1979年。

所以蔽前。"即今所謂"蔽膝"。《説文·糸部》緇下云:"帛黑色也。"韋,義指爲皮革,故"韍市"應是黑色皮製的蔽膝,亦即《禮經》所稱的"爵韠"。①

"冋"下一字作"荃",應是黄字的簡寫。"冋黄",學者間主要有兩種説法。有主張是佩玉之屬,"黄"讀爲"衡",經籍即書作"衡"。《禮記·玉藻》:"一命緼韍幽衡,再命赤韍幽衡,三命赤韍葱衡。"鄭注:"衡,佩玉之衡也。""衡",《毛詩》多書作"珩",如《小雅·采芑》:"有瑲葱珩。"郭沫若云:

> 凡言佩玉者多著玉之色,黄言"朱黄""幽黄""恩黄",兂亦言"朱兂""幽兂",均著其色,則師旟簋之"金黄"、趩曹鼎等之"冋黄",亦當以金冋著其色,蓋言金色之黄與冋色之黄也。冋當讀爲薘,其黄蓋以褐色之玉而爲之。②

至於唐蘭則認爲"冋黄"非佩玉,而是指"絅橫",類同秦漢時的"綬"。韍上的衡,是繫韍的帶,可以用苘麻織成,也可以絲織,染成葱、幽、金、朱等色。③

"冋黄"下三字,除"于"字外,其餘兩字由於范鑄較淺,難以釋讀。第三字從"广",似爲地名之屬。

"曰,用吏(事),嗣(司)奠駱馬"。"用事"一辭大多書於賞賜物之後,張振林先生曾歸納"用事"之辭例,提出三點説明:

> 1. 多數銘文在賜物之後有"用事"之説,也有一部分銘文在賜物之後無"用事"之説。……

> 2. "用事"的意義爲,在册命時説明職司和賞賜物品後,勉勵受封受賜者勤于政事。有一部分銘文在記述册命前先記賞賜,則在賜物後補稱職司並告誡勉勵之。

———————

① 見孫詒讓:《古籀餘論》卷三,頁6;陳夢家:《西周銅器斷代(六)·趩曹鼎》,《考古學報》1956年第4期;馬承源主編:《商周青銅器銘文選》,190廿七年衛簋,釋文注三;唐蘭:《毛公鼎"朱韍、葱衡、玉環、玉琫"新解》,《唐蘭先生金文論集》,北京:紫禁城出版社,1995年,頁86—93。

② 郭沫若:《金文餘釋·釋黄》,《金文叢考》,北京:人民出版社,1954年,頁172。

③ 唐蘭:《毛公鼎"朱韍、葱衡、玉環、玉琫"新解》。

3. "用事"的内容可分爲祭祀、田獵與征伐和具體職司内的工作三類。……①

穆王時期的金文中已經開始使用"用事"一辭,例如趞鼎銘(《集成》4266):"王若曰:趞,命女乍㪔自、家、嗣馬,易……用事。"而在穆王以前則少有"用事"者。但類似的用辭則見於前引昭王時期郚舀簋(《集成》4197)"隹元年三月丙寅,王各于大室……易……曰:用嗣……"在册命賞賜之後只稱"用嗣……"而不作"用事"。倘從"用事"一辭的使用早晚作參證,舀簋的年代不應早於昭王。

"奠"宜讀爲"鄭",金文"鄭"字多不從"邑"。《説文》云:"鄭,京兆縣。周屬王子友所封。從邑,奠聲。宗周之滅,鄭徙溍洧之上。今新鄭是也。"本銘的"奠",或即姬姓之"奠",地處西周王畿附近。"奠"下一字僅知從"馬",右方所從不清。按金文中與此字近似的有"駒"、"駱"二字。但從本銘所見"駝"字暫無法肯定是否與"駒"、"駱"二字有關。要之,銘文中記述周王任命舀去管治鄭地馬政,並且特別强調"駝馬",或許"駝馬"是一種重要的馬種,因此需要專人負責管理。而舀所擔任的官職,銘文裏雖然没有明示,但有可能與"司馬"的職位相若。

"叔𤔟𠂤(父?)加舀曆"。"𤔟"當爲人名,字不可釋。"𠂤"字所從"亻"下方過於平直,故是否能釋爲"父",似仍可商榷,但讀爲"叔×父"或"叔××"皆無礙文意。今因其字形與"父"字相似,且金文中稱"××父"的例子甚爲多見,故暫讀爲"父"字。

"蔑曆"金文中常見,最早的例子之一曾見於成王時期的保卣(《集成》5415),其他大都屬於西周中期或稍早,中期以後則鮮有出現。"蔑曆"的"曆",多讀爲"歷",訓爲歷行、功勞或功績,學者間並無太大歧異,只是"蔑"字的解讀頗具争議。因此,有關"蔑曆"一辭的論辯,説者不下三十餘家,②除部分學者認爲宜與軍功有關外,從文意上看大抵皆同意是上級對

———————

① 張振林:《彝銘中的"日"與"易"……"旂×日用事"鄙見》(稿本),中國古文字研究會第四屆年會論文,廣州,1981年。

② 唐蘭:《"蔑曆"新詁》,《唐蘭先生金文論集》,頁224;邱德修:《商周金文蔑曆初探》,臺北:五南出版社,1987年。

下屬嘉許黽勉之辭,故衆説中仍以"黽勉"①"懋勉"②"勉勵"③"嘉勉"④諸
説較易爲學者接受。今智簋"加智曆",對"蔑曆"一辭的釋義有極大的啓
發作用。"加""蔑"二字形構雖異,但是從句式及内容比對,兩者用意應無
大别。《説文》云:"加,語相增加也。"因此,"加智曆"可以理解爲時王褒獎
和增添"智"的功績。"加"亦與"嘉"相通,如虢季子白盤(《集成》10173):

> 王孔加(嘉)子白義。

"嘉"又可引申爲美善,如沇兒鎛(《集成》203):

> 孔嘉元成,用盤飲酒。

《詩·豳風·東山》云:

> 親結其縭,九十其儀。其新孔嘉,其舊如之何?

又《小雅·鹿鳴》云:

> 我有嘉賓,鼓瑟吹笙。

"嘉"亦有表彰、嘉許、贊美之意。如《小雅·節南山》云:

> 民言無嘉,憯莫懲嗟。

《尚書·大禹謨》云:

> 予懋乃德,嘉乃丕績。

《左傳·桓公十七年》:

> 秋,蔡季自陳歸于蔡,蔡人嘉之也。

均可説明"加智曆",可以讀爲"嘉智曆",故時王因而賞賜智"赤金一勻"。
這種讀法亦可應用於其他有關"蔑曆"的銘文上。至於不用"蔑曆"而單用

---

① 阮元:《積古齋彝器款識》,卷五。
② 《攈古録金文》卷三之二,頁 16 引翁祖庚。
③ 于省吾:《雙劍誃吉金文選》卷上之二,頁 24。
④ 魯實先:《特别金文班講解》,見王讚源:《周金文釋例》頁 127 引(臺北:文史哲出版社,1970 年);管燮初:《西周金文語法研究》,北京:商務印書館,1981 年,頁 63。

"穆"的例子也曾出現過。例如免盤（《集成》10161）："免穆静女王休。"倘若直接讀作"免嘉静女王休"，解釋爲免向静女嘉美時王賞賜的厚意，也没有任何不妥之處。至於唐蘭先生讀"蔑"爲"伐"，並引《小爾雅·廣詁》"伐，美也"説解，①意義上也與"嘉美"近同。

（原載《文物》2000 年第 6 期，頁 86—89。今稍事修改。）

補記：

有關本器銘考釋，請參閱羅新慧主編《首陽吉金疏證》15. 智簋，上海古籍出版社，2016 年，頁 70—79。

---

① 唐蘭：《"蔑曆"新詁》，《唐蘭先生金文論集》，頁 230。

新見保晶簋銘試釋

　　1990 年 8 月，友人寄示青銅器拓本乙份，審視之餘，知未曾見於著録，且其内容及辭彙亦有助於金文及古史之研究者。10 月初旬，復獲睹原物。是簋銹迹斑駁，坑泥猶未完全清除，惟器内底光潔如新，銘文鑄製精良，字坑皆完好無缺，誠爲不可多得之珍品，因特揭諸同好，並試作簡釋如下。

　　是簋通高 14 厘米、口寬 20×19 厘米、底寬 17.5×17.5 厘米。侈口，口沿下正面飾獸首，回首鳳鳥紋兩兩相對。器腹至圈足皆素面。雙耳上飾長角獸首，下附短珥。自形制、花紋及銘文諸特徵判斷，當爲西周早期器（圖一 1）。

1　　　　　　　　　　　　　2

圖一　保晶簋

簋内底銘六行四十五字（圖一，2；圖二）：

　　隹王既褻，氒伐東

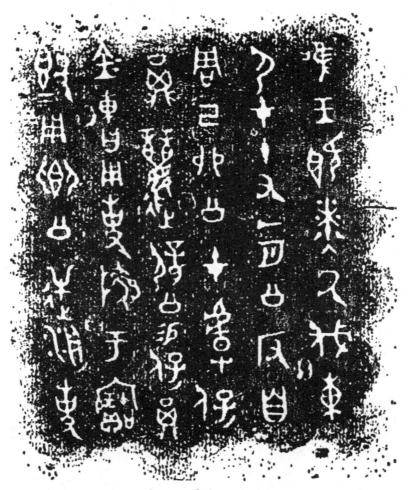

圖二　保鼎簋銘文拓片

夷。在十又一月，公反自

周。己卯，公在虞，保

鼎邐，犀公易保鼎

金車，曰：用事，隊于寶

簋=。用鄉公逆泖(造)吏(事)。

1. 隹王既燎

燎即燎，甲骨文作 ✻ 或 ✻，本銘燎字下半當爲从火之省。王國維認爲"从木在火上燔柴之意也"（《戠考》頁 1）。《説文》："燎，柴祭天也。"甲骨文中燎字多用爲祭名，除對先祖先王舉行燎祭外，對天、土、河、岳亦有燎祭。要之，向天地神靈舉行燎祭，當有求福之意。簋銘"既燎"云者，由下文"率伐東夷"推知，時王在伐東夷之前曾舉行燎祭。

金文中"燎"字曾見小盂鼎（《集成》2839）"□□入燎周廟"，鼎銘雖多殘泐，然仍可略知其中記載盂攻伐鬼方，曾獲俘一萬三千餘人事。又𪓣伯叚簋（《集成》4169）稱："隹王伐來魚，徚伐湨黑，至，燎于宗周。"揆諸文意，"燎于宗周"，或在王伐之後。惟𪓣伯叚簋或以爲屬幽王時器，而小盂鼎及保員簋皆西周早期物，是征伐舉行燎祭，自西周早期至晚期皆沿用不輟也。至若周原出土甲骨（H11：4）有記燎祭刻辭："伐，楚人其燎，師氏受燎。"伐字从弋从攴，或亦與攻伐事有關。若然，因征伐舉行燎祭之習，更可推至早周時期。燎祭舉行之地點，則應在宗周。要之，此等實例皆可補文獻所未備。

2. 率伐東夷

率于甲骨文中多用作代詞，商晚及西周早期金文中用法亦大多如此，至西周中期以後，其、率始有混用之現象。① 率伐東夷，即指時王有伐東夷之役也。

西周金文載伐東夷之役亦曾見於以下諸器：

䵼方鼎（《集成》2739）

　　隹周公于征伐東夷……

小臣謎簋（《集成》4238）

　　飤東夷大反，白懋父以殷八自征東夷，唯十又一月……白懋父承王命，易……

䵼鼎（《集成》2740）

　　隹王伐東夷，𣸣公命䵼眔史旗曰。

---

① 唐鈺明：《其、厥考辨》，1988 年古文字研究會論文。

旅鼎（《集成》2728）

> 佳公太保來伐反夷年，在十又一月，庚申，公在蠡自，公易旅貝十
> 朋……

此外，魯侯尊（《集成》4029）有"唯王命明公遣三族，伐東國，在**𢪏**，魯侯有
□功"的記載；霆鼎（《集成》2731）亦載因東夷反叛，"王命趙戲（捷）東反
夷，霆肇从趙征……"以上諸器皆西周早期器，小臣謎簋以下五器更有明
確定爲康王時器者。①

要之，保鼏簋銘稱"伐東夷"之月份與小臣謎簋及旅鼎皆同在"十又一
月"，所述應指同一事件。保鼏簋既云"唯王既燎，㪤伐東夷"，下句"在十
又一月"如屬上讀，則可理解爲"伐東夷"之月份"在十又一月"；倘屬下讀，
則記"伐東夷"後於該月對保鼏進行賞賜，此猶旅鼎稱"在十又一月，庚申，
公在蠡自"，已對旅進行賞賜，其事當在伐東夷後之例相當。如屬前者，大
可據理推知伐東夷與平定東夷皆同在十一月，否則，"唯王既燎，㪤伐東
夷"云者，與其他西周器銘以事紀年之方式同例耳。

3. 公反自周

公應爲下文犀公之省。周則當指宗周而言，前引鄘伯馭簋稱"燎于宗
周"或可爲旁證。

4. 己卯，公在虞

己卯可與前引旅鼎"在十又一月，庚申"互爲參考。己卯當指庚申之
後第十九日。由是推算犀公自宗周返回虞地亦需費相當時日。虞地未
詳，待考。

5. 保鼏遷，犀公易保鼏金車

保鼏，作器者名。鼏字从口从鼎，即員字。《説文》員下籀文鼏即从鼎
作。字又見員方鼎（《集成》2695）及員卣（《集成》5387）。二器與保鼏簋皆
西周早期器，惟保鼏與員是否同一人則未敢遽斷。

保，於此或有二解，一指私名，一爲官名。私名固無論矣，倘爲官名，

---

① 參《商周青銅器銘文選集——西周·方國征伐（一）》，《上海博物館館刊》第1期，
1981年。

則與古代官制相涉，蓋太師之下可以有師，太保之下或亦得有保之設也。

邐字曾見乙亥父丁鼎（《集成》2709），銘云："王鄉酉，尹光邐。"兩邐字除字首稍異外，字形結構完全相同，由於簋銘筆畫清晰，故更具參考價值（圖三，1）。又有只作"麗"形，而辭例用法相同者，例見陶觥，①銘云："乍册禺友，小夫麗。"（圖三，2）

　　1　乙亥父丁鼎銘　　　2　陶觥蓋銘（摹本）　　　3　馱簋銘

圖三　銘文拓片

　　《説文》云："邐，行邐邐也。"段注："邐邐，縈紆貌。"按邐實有並行、襄助之意。《禮記·王制》："郵（過）罰麗于事。"注："麗，附也。"今日所用"附麗"一辭，其義亦得而明也。故"王鄉酉，尹光邐"云者，當指尹光在王左右，襄助鄉酉及有關事宜，此猶飲酒禮中"祝侑"所擔任之角色。《説文》云："娪，耦也。从女，有聲。讀若祐。侑，娪或从人。"段注："耕有耦者，取相助也，故引伸之凡相助曰耦，娪之義取乎此。《周禮》宫正'以樂侑食'，

①　朱鳳瀚：《新見商金文考釋（二篇）》，圖一二 B"陶觥蓋銘（摹本）"，《出土文獻與古文字研究》第 6 輯（上），上海：上海古籍出版社，2015 年。

鄭曰:'侑,猶勸也。'按勸即助,《左傳》王享醴,命晉侯宥。杜云既饗,又命晉侯助以束帛,以助釋宥。古經多假宥爲侑。"段氏釋義至明,邏,猶儷,邏、儷、侑三字,義固相當也。保鼎邏公,或亦因公鄉西之故。此外,衡諸上述伐東夷諸器,保鼎或曾隨屖公出征,有若上引諸器之䵼、小臣謎、魯侯之隨趞、白懋父、明公之出征東夷也。彼等皆有功,故屖公、趞、白懋父、明公遂承王命,對其隨員有所賞賜。

屖公,屖作![字形],右從![字形],字或可暫隸定作屖,倘因與"辟"字形相似而逕釋爲辟,固亦無不可也。俟考。金文中另有屖公、屖伯、屖父、屖叔者,俱西周晚期人物,與本銘屖公無涉。

金車,于省吾先生以爲賞錫金車係"以美銅爲車飾,故稱之爲錫金車"。① 賞賜金車之例,金文中猶見於獻簋(《集成》4205)、小臣宅簋(《集成》4201)及同卣(《集成》5398)等器。

6. 曰:用事,隊于寶簋

用事,金文習語,意猶任事、行事也。

隊,疑即《說文》籀文地字異構。《說文》:"墬,籀文地。"按𣪊簋(《集成》4317)"墬于四方"(《文物》1979 年第 4 期,頁 90),墬作![字形]形,所從偏旁與簋銘"隊"字形相若(圖三,3)。"墬"借爲"施","墬于四方"猶"施于四方",辭例與《尚書·洛誥》"光于上下,勤施于四方"、《禮記·孔子閑居》"無服之喪,施及四國……施于子孫"皆相當。又中山王方壺(《集成》9735)"以陀及子孫",秦嶧山碑"陀及五帝","陀"亦借爲"施"。今"隊于寶簋"云者,亦猶"施于寶簋",於文義遂通而易曉也。②

至若簋字左下角有類重文符號者,疑屬具句讀性屬之符號。

7. 用鄉公逆洀(造)叓(事)

用鄉猶用饗也,語例于金文多見。

逆,義與迎同。《爾雅·釋言》:"逆,迎也。"《方言》:"逆,迎也。自關

---

① 于省吾:《讀金文札記五則》,《考古》1966 年第 2 期。
② 《商周青銅器論文選》(三),404 器𣪊簋"墬于四方"條下注二稱"墬讀作遂,義爲達",並引《吕氏春秋·圜道》"遂于四方",高誘注"遂,達也"爲據。要之,"達于四方""施于四方"意固相若,惟"達于寶簋""施于寶簋"二者,於意而言,余暫持後說。

而東曰逆,自關而西或曰迎,或曰逢。"《説文》亦云:"逆,迎也。从辵,屰聲。關東曰逆,關西曰迎。"段注:"逆迎雙聲,二字通用,如《禹貢》'逆河',今文《尚書》作'迎河'是也。"按迎、逆古音同屬疑紐,一聲之轉,其意亦一也。

洀,金文或作逪,向者學者多讀曰"造"。《説文》云:"造,就也。从辵,告聲。……艁,古文造,从舟。"《小爾雅・廣詁》:"造,適也。"又云:"進也。"造又訓至,《儀禮・士喪禮》陳沐浴含飯之具:"新盆、槃、瓶、廢敦、重鬲,皆濯,造于西階下。"鄭注:"造,至也"。故"逆造"得有"迎至"之意。惟近年已改釋"逆洀"爲"逆盤""逆復",且爲不少學者認同,今改從"逆復"之説。①

金文中"逆復"多與"王"連稱,如:

矢令簋(《集成》4300)

　　　用陦事于皇宗,用鄉王逆復。

伯者父簋(《集成》3748)

　　　伯者父作寶簋,用鄉王逆復。

或於句末增"吏(事)"或"吏人(事人)"者,如:

犯簋(《集成》3731)

　　　用鄉王逆復事。

伯𤔲父鼎(《集成》2487)

　　　用鄉王逆復事人。

又"事"或"事人"之前益以"出内(入)"二字者,如:

小臣宅簋(《集成》4201》)

　　　其萬年用鄉王出入。

────────────

　　① "逆盤""逆復"二説,見何琳儀《釋洀》及吳匡、蔡哲茂合撰《釋金文逪、洀、𥧌諸字》二文(1990 年中國古文字研究會第八屆年會論文)。又湯餘惠《洀字別議》,《容庚先生百年誕辰紀念文集》(古文字專號),廣州:廣東人民出版社,1998 年。

小子生尊（《集成》6001）

其萬年永寶，用鄉王出入事人。

衞鼎（《集成》2733）

用鄉王出入事人。

叔遳父卣（《集成》5428）

女其用鄉乃辟軝侯逆復，出入事人。

出入云者，猶擔任内外之事也。倘爲王之重要任命則書"出入王命"或"出入朕命"。① 要之，"逆造（復）"之後必有相送之儀，故"出入"正足以説明所需負責之任務。而上引"逆復事"、"逆復事人"諸例，無非"逆復出入事人"之省而已。按《周禮・司門》："凡四方之賓客造焉，則以告。"鄭注："造，猶至也。告，告于王而止客以俟迎。"以此例之，金文中"用鄉王逆復［出入］事［人］"云云，猶擔任王之擯者，專責逆迎來造之諸侯群公大臣者也。

"用鄉王逆復事"金文多見，例見上引；"用鄉侯逆復事"，除例見叔遳父卣外，麥尊（《集成》6015）亦載"用舄侯逆復遆明命"，郭沫若以爲："用舄侯逆造，與令簋用鄉王逆造同意，則鄉假爲燕也。"② 惟"用鄉公逆復事"則僅見保鼎簋。是古者王、公、侯皆有專人負責禮賓事宜，其人之任命更屬無上之榮譽，故勒諸銘以紀其事也。

後記：

保鼎簋銘乃余近年於香江所見有銘青銅器中至珍且貴者也。考釋既竟，視諸案頭日曆，時維庚午"在十又一月"，巧合如此，不禁莞爾。

本文初稿曾於中國古文字研究會第八屆年會宣讀，會後得與諸友好互相切磋，快慰何似。今稍作補訂，即行刊佈，但求早日公諸同道，共研新篇，疏漏固不計也。惟當此文發表之日，是器恐已東渡扶桑矣。擲筆之

---

① 參師望鼎（《集成》2812）及大克鼎（《集成》2836）。
② 《兩周金文辭大系圖録考釋》，頁41。

餘，不禁唏噓再三。

庚午十一月二十日，光裕識于澹煙疏雨樓

（原載《考古》1991 年第 7 期，頁 649—652。今稍作更訂補苴。）

補記：

　　此文發表之時，是器已由日本運返香港，余受上海博物館馬承源館長之託，聯同范季融先生一同鑑定，並由上海博物館回收入藏。銘文"逆洀"二字，多位學者已相繼指出應讀爲"逆復"，文中已改從新釋，是爲記。

西周遺器新識
——否叔尊銘之啓示

　　古代遣册所載隨葬器物，或爲實用器或爲明器。然明器一名實後出。《禮記·檀弓下》："其曰明器，神明之也。塗車芻靈，自古有之，明器之道也。"其後凡施於神者多冠以明字，如明水、明火、明燭云者是也。筆者新近得見一組同坑出土帶銘青銅器，計尊一、卣一、爵二、觶一、瓠二，共七器，其中尊及卣銘雖僅一十七字，然明示"否叔獻彝"，"用遣母霝"，其他瓠、爵諸器或書"用遣母霝"或僅書"用""遣"，可見該組銅器皆爲隨葬而鑄製。由此推論西周隨葬器實可逕呼曰"遣"器。由於是組銅器鑄製厚重，尊及卣器花紋亦頗精美，與實用器無大分別。可見西周隨葬物中，倘無特別標示，實用器與明器或未見嚴加劃分，蓋端視其用途而定者也。《儀禮·既夕》："書遣于策"。鄭注："遣，猶送也。"遣册之遣義，無非西周遺器之子遺耳。

　　在傳統的觀念中，一般實用性的隨葬器物，我們都可稱之爲"明器"，但是"明器"的稱謂，卻晚至戰國年間才出現。《儀禮·既夕》陳器與葬具：

　　　　陳明器于乘車之西。折，橫覆之。

鄭注：

　　　　明器，藏器也。

不過，"藏器"不一定就是"明器"。《禮記·檀弓下》：

> 孔子謂爲明器者,知喪道矣。備物而不可用也。哀哉! 死者而
> 用生者之器也。不殆於用殉乎哉? 其曰明器,神明之也。塗車芻靈,
> 自古有之,明器之道也。孔子謂爲芻靈者善,謂爲俑者不仁,殆於用
> 人乎哉?

又《禮記・檀弓上》:

> 仲憲言於曾子曰:夏后氏用明器,示民無知也;殷人用祭器,示
> 民有知也;周人兼用之,示民疑也。曾子曰:其不然乎! 其不然乎!
> 夫明器,鬼器也。祭器,人器也。夫古之人,胡爲而死其親乎?

可見時人認爲明器是一種"備物而不可用"和"神明之"的鬼器。事實上,
這種徒具形式,專爲殉葬用的非實用器,完全是在"事死者如事生"①的孝
道觀念爲前提下的產物。《呂氏春秋・節喪》:

> 葬也者,藏也。慈親,孝子之所慎也。慎之者以生人之心慮,以
> 生人之心爲死者慮也。

由於"以生人之心爲死者慮"的緣故,隨葬器中自然可以放入一些墓主人
生前的用器,而這些隨葬的實用器,便不能隨便稱之爲"明器"了。至於在
古籍中時常看見凡施於神明的物品,亦多冠以"明"字,例如"明齊
(粢)"②"明火"③"明水"④等。但他們只在卜、祭中才使用,跟"明器"的用
途是大不相同的。

有關"明器"的研究,鄭德坤先生在《中國明器》中對"明器"的觀念以
及歷代使用的情況,有清楚和詳細的論述,結論更明白指出:

---

① 《禮記・祭義》:"文王之祭也,事死者如事生,思死者如不欲生。"《荀子・禮論》:
"故事生,不忠厚,不敬文,謂之野;送死不忠厚,不敬文,謂之瘠⋯⋯"又據 1988 年中華書局
版《荀子集解》,作"故如死如生,如之如存,始終一也"。俞樾以"如"爲"事"字。

② 《儀禮・士虞》:"嘉薦普淖,明齊溲酒。"《周禮・秋官・司烜氏》:"以共祭祀之明
齍。"《禮記・曲禮下》:"凡祭宗廟之禮⋯⋯稷曰明粢,稻曰嘉蔬。"

③ 《周禮・春官・菙氏》:"凡卜,以明火爇燋。"《舊唐書・禮儀四》:"欲爲祭饌,將陽
燧望日取火,謂之明火。"

④ 《周禮・秋官・司烜氏》:"以鑑取明水於月。"《禮記・郊特牲》:"酒醴之美,玄酒明
水之尚,貴五味之本也。"《禮記・郊特牲注》:"明水,司烜以陰鑑所取於月之水也。"

　　秦以前是明器萌芽時期,塗車芻靈之外,多用日常器具。漢魏六朝是明器發展時期,以模仿一切日用器具爲技術上的準備,而成功了器物的作品。又經過六朝,受國内藝術及佛教雕刻的影響而漸次發達。唐代是明器成熟時期……宋以後明器便漸次衰頹下去,而人民的熱心遷移到墓的表飾及紙的冥器了。①

由於春秋以前的陪葬品,除了"塗車芻靈"以外,仍多使用日常器具,而對這類實用與非實用夾雜的隨葬器物,自然也不能貿然統稱爲"明器",因此需要爲它們另訂一個合適的稱謂,既要符合實際使用情況,又能代表其實質的意義。去年(1997)春天在香港新發現了一組有銘文的西周青銅器,或可爲解決這個問題,帶來新的啓示。

　　1997年春天,因機緣巧合,獲見一組同坑出土並且帶有銘文的青銅器,計尊一、爵二、觶一、觚二,合共六件。這六件青銅器都是鑄製精良,器身厚重,無論形制、花紋和銘文風格都具有西周早、中期的特色。(見下文圖一至圖三)當時蒙主人不棄,除爵兩件及觚一件僅得手摹本外,其餘諸器皆拓得墨本各一。據說還有一件青銅卣未及購藏。但想不到今年(1998)3月,竟在 Gisèle Croës 公司的展覽目錄中看見該卣的圖片和銘文拓本,②卣銘内容與尊銘完全相同,故兩份銘文拓本可以互補不足。兹將七器銘文内容記錄如下:

　　(一)否叔尊,器内底銘文三行十七字。(圖一)

　　　　否叔獻彝,疾不

　　　　已,爲母宗彝劕(則)

　　　　備,用遺母霝

　　(二)否叔卣,蓋内及器内底銘文各三行十七字。(圖二)

　　　　否叔獻彝,疾不已

　　　　爲母宗彝劕(則)

---

①　鄭德坤:《中國明器》(《燕京學報》專號一),臺北:東方文化書局,1973年,頁83。
②　Gisèle Croës, *From Ancient Kingdoms to Imperial China*, p.30.

否叔尊花紋拓本

圖一　否叔尊

備,用遣母霝

(三) 否叔觚一,圈足内陽識銘文五字。(圖三)

否用遣母霝

(四) 否叔觚二,圈足内陽識銘文四字。(圖四)

用遣母霝

否叔卣提梁花紋

圖二　否叔卣

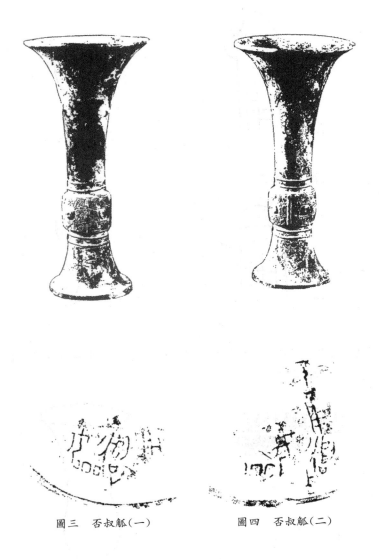

圖三　否叔觚（一）　　　圖四　否叔觚（二）

（五）否叔爵一（圖五）

圖五　否叔爵（一）

（六）否叔爵二（圖六）

圖六　否叔爵（二）

兩爵左鈕柱旁各鑄一"用"字，鋬下各一"遣"字，可連讀爲"用遣"。

（七）否叔觶（圖七）

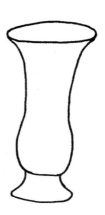

圖七　否叔觶

觶內底僅一"遣"字。

現在試將尊、卣銘文試釋如下。同時對銘文內容引起的問題也一並加以討論。

1. 否叔獻彝

尊、卣銘文的用詞和句法與一般西周金文的格式頗不相同。銘文首句"否叔獻彝",便清楚說明這套禮器的鑄製者是"否叔"。"獻"字金文多見,字從"虍"從"犬","虍"下往往加"鼎"或"鬲",本銘所見"虍"下字形結構有欠清晰,只能隱約推知應是"鼎"或"鬲"的變體。"獻"是一種奉上之詞,①有進獻、奉獻、享獻之義。金文中有"獻金"(十四年陳侯午敦,《集成》4646;陳侯午簋,《集成》4145)、"獻工"(史獸鼎,《集成》2778)和"獻馘"(虢季子白盤,《集成》10173)等詞例。從下文更可推知用禮器享獻的對象是否叔的母親。

2. 疾不巳

這句是全篇銘文主要的關鍵。本銘"疾"字從爿從人從矢。這種寫法在金文中是首次出現。在甲骨文中疾字有兩種寫法,一種作"𤕫"("弗其有疾",《通纂》789),一作"𤕫"("骨凡有疾",《合集》364),前者象人臥病牀上,後者則象人身中箭。毛公鼎"敃(昬)天疾畏(威)"的"疾"字即書作"𤕫"。《說文》:"疾,病也。從疒,矢聲。𤴯,古文疾,𤶣,籀文疾。"經訛變的古文"疾"字形構,可從尊銘找到一些演變的痕跡。從"疒"從"丙"的"病"字,出現較晚。在甲骨文及西周金文皆未及見,故早期的"疾"字實兼賅"疾病"與"疾速"二義。② 至於文獻所見"疾病"一辭,有學者主張作爲合成詞看待。③ 但亦有主張"疾"是名詞,"病"則是動詞。④ 而"疾"與"病"都可以指病重,但卻與《說文》"病,疾加也"無涉。⑤《說文》的說法只不過是建基於晚出的"病"字作解而已。

身體有"疾"是一件令人困苦的事,嚴重的可以致命。古籍中往往對

---

① 《左傳·莊公三十一年》經:"齊侯來獻戎捷。"注:"獻,奉上之辭。"
② 參看李孝定:《甲骨文字集釋》卷七,頁 2523。
③ 王有布:《"疾"與"疾病"》,《辭書研究》1983 年第 1 期,頁 175—177。
④ 劉殿爵:《"疾"與"病"》,《中國語文研究》1984 年第 6 期,頁 53—55。
⑤ 同上注。

病重者用"寢疾"一辭加以描述。《禮記·檀弓上》：

> 曾子寢疾，病。樂正子春坐於牀下，曾元、曾申坐於足。童子隅坐而執燭。童子曰："華而睆，大夫之簀與？"子春曰："止。"曾子聞之，瞿然曰："呼。"曰："華而睆，大夫之簀與？"曾子曰："然，斯季孫之賜也，我未之能易也。元，起易簀。"曾元曰："夫子之病革矣，不可以變，幸而至於旦，請敬易之。"

但是曾子仍堅持把華麗的席子換走，而在易簀這麼短的時間裏，曾子卻"反席未安而沒"（《檀弓上》）。又《檀弓上》：

> 成子高寢疾，慶遺入，請曰："子之病革矣，如至乎大病，則如之何。"

可見"寢疾"大多是令人擔心的事。萬一到了"病革"的地步，更是危險。又《檀弓上》曾載録孔子與子貢對話，孔子預料自己將不久於人世，跟著便記述孔子大約"寢疾七日而沒"了。否叔尊/卣銘文所稱的"疾"，無論從字形結構和由文義判斷，極有可能是屬於"寢疾"一類，而且由於病況沒有任何終止的跡象，因此才會説"疾不已"。"不已"讀爲"不已"，《詩經·鄭風·風雨》"風雨如晦，雞鳴不已"可爲"疾不已"的解釋作最好的注腳。金文有"祐受毋已"（蔡侯盤）[1]、"毋疾毋已"（叔夷鎛/鐘）[2]兩句語例，"毋已"與《詩經·魏風·陟岵》"予子行役，夙夜無已"的"無已"用法相當，而"毋疾無已"一語更是表達對永無疾病的祈求，與"疾不已"正好互爲説明。"不已""毋已"固然可以直接讀爲"不止""毋止"，但是援引《詩經》用例，還是以讀作"不已""毋已"爲宜。

3. 爲母宗彝劓（則）備

尊銘"爲""則"兩字皆欠清晰，可據卣銘釋讀。"爲"字寫法與西周中期曶鼎的"爲"字寫法相當，可以作爲尊、卣斷代的參考。

---

[1] 蔡侯盤："裡享是以，祗盟嘗啻，祐受毋已。"（安徽省博物館：《壽縣蔡侯墓出土遺物》，北京：科學出版社，圖版拾叁；《商周青銅器銘文選》，頁589；《集成》10171）

[2] 叔夷鎛/鐘："女考壽萬年，永保其身，肅肅儀政，齊侯左右，毋疾毋已。"（《兩周金文辭大系》，頁203，240—244；《商周青銅器銘文選》，頁847—848；《集成》272，頁322—342。）

"劓"即"則"字,《説文》:

> 則,等畫物也。从刀,从貝。貝,古之物貨也。𠜂,古文則。𠜂,亦古文則。𪔒,籒文則从鼎。

金文則字多从鼎,與《説文》稱引之籒文寫法相同。从貝只不過是文字訛變的結果。《説文》以爲則字从刀从貝,遂有"等畫物也"的解釋,其實从金文所見"則"字皆从鼎。而鼎旁的"𠃌"疑應是"匕",並非"刀"形。這和"𩰬"字金文寫作"𩰬"的情形類似。王國維先生《説俎》一文曾引《儀禮·少牢》《公食》和《士虞》記述在飲食禮舉行前都有"鼎入""匕俎從設"的布置,對"𩰬"、"俎"兩字的釋讀作精闢的考證。[①] 金文裏所見"則"字所從的"𠃌"與"𩰬"字所從的"𠃌"一樣,亦應是"匕"形。在《儀禮》中對有關器物的陳設位置都有明確的記載。除了鼎與匕俎的組合外,鼎和匕之間也是有固定的配搭關係。例如《儀禮·特牲》陰厭:

> 鼎西面錯,右人抽扃,委于鼎北,贊者錯俎,加匕,乃朼。佐食升肵俎,鼏之,設于阼階西。卒載,加匕于鼎。

又《少牢》特祭:

> 陳鼎于東方,當序,南于洗西,皆西面,北上,膚爲下,匕皆加于鼎,東枋。

又《有司》陳鼎階下設俎俟載:

> 司士贊者亦合執二俎以從。匕皆加于鼎,東枋。

在考古發掘中,也時常看到鼎、鬲和匕共出的報導。例如曾侯乙墓出土青銅匕十四件,出土時都分別置於鼎和鬲内。[②] 從古籍記載與出土實物的引證,足見鼎、匕關係之密切。而"則"字的形構,正反映了鼎和匕的配搭。在字義上表示在古禮中有一套合乎法度的形式,從而引申出帶有規範、準繩,同時隱含齊一和合乎法則的意義。《説文》"等畫物"的解釋只不過是

---

① 王國維:《説俎》,《觀堂集林》卷三。
② 《曾侯乙墓》第三章,"隨喪器物",頁 216—217;圖版五六,圖 1、圖 2、圖 3。

"則"字語意轉變後進一步的引申而已。後來"則"字被用爲副詞、連詞都多少和"則"字本義有連帶的關係。至於鳳羌鐘(《集成》157)銘稱："用明則之于銘。"郭沫若認爲"則"字與"載"通,故讀爲"用明載之于銘"。① 但是既已把重要事情記錄在鐘銘,自然有見載和清楚訂立的意義,故此没有必要把"則"讀爲"載"。

古文字中"備"字,多因古音相近假借爲"服",如《易·繫辭下》"服牛乘馬",《説文》即引作"犕牛乘馬"。又"犕""珤""服""佩"皆古音相近,故"備"又可讀爲"珤"或"佩"。洹子孟姜壺(《集成》9729):"齊侯拜嘉命,于上天子用璧玉備……于南宫子用璧二備,玉二笥,鼓鐘一肆。""備"皆可假作"珤","珤"則讀同服。望山二號墓 50 簡"一革帶備"即"一套附於革帶的佩玉"。② 而"備"亦有"具備"之意,《説文》:"犕,具也。"《廣雅·釋詁三》:"詮,録……備、饌,具也。"《國語·周語下》:"財以備器",注:"備,具也。"《儀禮·特牲》:"宗人舉獸尾告備。"注:"備,具。"又《詩經·周頌·有瞽》:"既備乃奏,簫管備舉"。從上舉的例子都可意識到無論將"備"解釋爲佩或具,其實皆含有組合或完備的意思。今天我們使用的"具備"一辭,從該詞組的並列結構形式,仍可看見上古詞義演變的痕跡。而由否叔尊/卣銘文内容考慮,把"則備"讀爲"則具",可能較爲合宜。

西周金文中往往提及鑄製器物的件數和組合。例如叔專父盨(《集成》4454):"叔專父乍鄭季寶鐘六金,隙盨四,鼎七。"莒侯少子簋(《集成》4152):"乍皇妣……祭器八簋。"函皇父盤(《集成》10164):"函皇父乍琱娟盤盉隙器,鼎簋一具,自豕鼎降十又一,簋八,兩罍,兩壺。琱娟其萬年子=孫=永寶用。"其中函皇父盤的"一具",亦有"具備"之意,也就是現在所説的"一套",並且盤銘明示一套包括鼎十一件、簋八件、罍兩件、壺兩件,合共二十三件。否叔尊/卣銘"則備"的稱述與盤銘"一具"的意義相若,只不過前者從意義上著眼,後者則以具體數字作表述而已。只可惜否叔尊/卣並没有明言原來配套的器類和件數,但今天我們還能看到七件否叔鑄器,已經是非常難得的了。

---

① 郭沫若:《兩周金文辭大系》,頁 234。
② 見《望山楚簡》望山一號墓竹簡 54"佩玉一環"下注 56 條。

明白了上述"則""備"兩字的意義和用法,"爲母宗彝則備"一語,便可理解作"爲母親鑄製一套合乎禮法,可供宗廟祭用的禮器"。

4. 用遣母需

同樣的句子分別見於否叔尊、卣和觚銘。遣,《説文》云:"遣,縱也。""遣"在銘文中可解釋爲遣送。由銘文前段已提及否叔母親"疾不已"。因此"爲母宗彝則備"主要的目的就是"用遣母需"。從銘文表達的内容,很自然讓我們想到戰國楚墓出土的遣策。遣策是一種記載隨葬器物的清單,清單的内容則視墓主人的身份而有詳略不同。不過在古籍的記載裏,並無"遣策"一詞。而與遣策有關的記述,則首見於《儀禮·既夕》賓賵莫賵贈之禮:

> 兄弟賵莫可也。所知,則賵而不莫。知死者贈,知生者賻。書賵于方,若九,若七,若五,書遣于策。

鄭注:

> 策,簡也。遣,猶送也。謂所當藏物,茵以下。

又《儀禮·既夕》讀賵讀遣:

> 主人之史,請讀賵執筭從。柩東,當前束,西面,不命毋哭,哭者相止也。唯主人主婦哭……公史自西方東面命毋哭,主人主婦皆不哭。讀遣,卒。命哭,滅燭,出。

鄭注:

> 公史,君之典禮書者。遣者,入壙之物。君使史來讀之,成其得禮之正以終也。

從《儀禮》記述,知隨葬入壙之物皆書於簡策之上。在靈柩出發前,由專人將遣策内容讀出,向死者報告詳情。自50年代以來,共發現八批戰國早、中期楚墓出土的遣策,學者已有專文報導和研究。[1] 但是在先秦的典籍

---

① 米如田:《"遣策"考辨》,《華夏考古》1991年第3期;彭浩:《戰國時期的遣策》,載《簡帛研究》第2輯,北京:法律出版社,1996年;陳偉:《關於包山楚簡中的喪葬文書》,《考古與文物》1996年第2期。

裏，除了《儀禮》外，再沒有任何資料提及與遣策有關的記述。現在西周時期的否叔諸器，竟然出現“用遣母霝”的句子，實在令人興奮。

“霝”字在上述否叔諸器裏都寫作“霝”，在甲骨文和金文裏，“霝”字多從“吅吅”形，未見從“品”的寫法，但是甲骨文的“口”“口”二形有互用的例子，如 𡿨（《粹》146）、𡿨（《前》1.36.6）；𡿨（《菁》6.1）、𡿨（《甲》2049），金文則見於光伯簋（《三代》7.27），“吉”字書作“舌”，因疑本銘的“霝”是“霝”字的簡寫，而“吅吅”書作“品”或許是“口”“口”形近而訛所致，故暫隸定爲“霝”。《説文》：

霝，雨零也，從雨，吅象霝形。《詩》曰：霝雨其濛。

段注：

霝，各本作零，今依《廣韻》正。霝與零義殊。許引《東山》“霝雨”，今作“零雨”，譌字也。《定之方中》“靈雨既零”，傳曰：“零，落也。”零亦當作霝。霝亦叚靈爲之。《鄭風》“零露漙兮”，正義本作靈。箋云：“靈，落也。”靈落即霝落，雨曰霝霝，艸木曰零落。

“霝”假借爲“零”或“靈”主要是聲音相同的關係。

“霝”字在尊及卣銘中，暫時難有確解，但不妨從兩方面考慮：一、“霝”是名詞，可作爲母名。在甲骨文中“霝”字即多用爲人名。二、“霝”讀爲“霝終”之“霝”（令），金文常見“霝冬（終）”一辭，如追簋（《集成》4219 等）：“用祈匄眉壽永命，畯臣天子，霝冬。”小克鼎（《集成》2796 等）：“用匄康勴屯右，眉壽永命霝冬。”伯家父鼎：“用錫害眉壽黃耇，霝冬。”“霝”，大多讀爲“令”，訓解爲“善”，故“霝冬（終）”可讀爲“令終”。《詩經·大雅·既醉》：“昭明有融，高朗令終”。鄭箋：

令，善也，天既助汝以光明之道，又使之長有高明之譽，而以善名終，是其長也。

《詩集傳》也説：“令終，善終也。”金文裏的“霝終”既與“眉壽”“永命”等辭並列，自然也是祈嘏用語，故吳大澂《説文古籀補》説：“霝終，猶言令終，古吉語也。”河南光山寶相寺出土的一批青銅器裏銘文則多用“霝終霝後”

（黃夫人鼎、鬲、豆、盉、盤），"霝終霝復"（黃夫人壺）等吉語，①除了表達祝禱善終之外，還希望得到"善後""善復"。終而復始，善終善始，應是器主嚮往的祈求。類似的觀念，到了今天，還依然或多或少在民間保留著。這和《易‧蠱卦‧象傳》"終則有始，天行也"，又《恒卦‧象傳》"利有攸往，終則有始也"，也可以互相發明。

　　根據以上的論述，如採用第二種解讀，"用遣母霝"，應當是說"母有善終，因以爲遣"。但無論"霝"字作何解讀，仍可得見伴隨母親一起遣送的隨葬品，是一套宗廟祭器，它們包括了否叔鑄製的尊、卣、觚、爵和觶等一組禮器。由於這些祭器又被用作遣送之器，故尊、卣銘文清楚記述因由，而觚銘稱"否用遣母霝"（觚一）和"用遣母霝"（觚二），只記鑄製該器的主要目的，爵銘又省略爲"用""遣"兩字，觶銘則僅鑄一"遣"字。從上述幾個繁簡互見的實例，可以充分肯定這套彝器組合的用途。至於"用遣母霝"的語例，應當是一種"書遣於器"的形式。除了印證早至西周已有"書遣"這回事外，也可以說是後來"書遣於策"（《儀禮‧既夕》）的濫觴。這套否叔爲母親製作的青銅器，主要是爲遣送母霝之用。我們實可稱之爲"遣器"。

　　"遣器"既已見用於西周，因此在先秦或秦漢以後，但凡爲死者致送的隨葬器物，皆可使用"遣器"一名，如此便毋須爲它們是否"明器"或"實用器"而再傷腦筋了。時至今日，民間送葬禮儀中，除了"塗車芻靈"外，亦有將死者生前心愛用物置於棺內的習慣，這類陪葬物品，亦不妨稱之爲"遣器"。

　　（原載《中研院歷史語言研究所集刊》第 70 本 3 分，1999 年，頁761—778。）

補記：

　　否叔諸器已全數入藏美國芝加哥麥寧氏，請參閱：The Maclean Collection：Chinese Ritual Bronzes，2010，by Richard. A Pegg and Lidong Zhang.

------

　　①　花原：《信陽出土商周青銅器銘文介紹》，《中原文物》1991 年第 2 期。

夙簋銘文與西周史事新證

　　新近得見私家收藏的夙簋一件（圖一），圈足帶蓋，蓋頂中央有外突大型圓紐，並配以上出扁平龍形四道，仰置器蓋，四小龍則可用作承足。器身口沿下、蓋沿及圈足皆環飾以三層雷紋組成之饕餮紋。器口沿下前後並飾小獸首各一。雙耳上側爲長角獸首，下附外勾短珥。該器侈口，有圓形厚脣，蓋口沿內圈與器口相配部位呈內凹環形溝槽（圖二），蓋、器兩相套扣，密合無間，足見其范鑄乃經精心設計者。是器無論器形、紋飾，俱見

圖一　夙簋

圖二　珂簋蓋口沿

西周早期特徵。通高 23 厘米、至口高 14 厘米、口徑 19 厘米。蓋器對銘，各 35 字（圖三、圖四）。銘文爲：

1. 蓋銘銘文

2. 器銘銘文

圖三　珂簋銘文

1. 蓋部銘文拓片　　　　　　2. 器身銘文拓片

圖四　冊簋銘文拓本

佳八月公陝殷年,公
益(賜)冊貝十朋,迺令冊閹(嗣)
三族,爲冊室。用茲簋
裞公休,用乍且乙陵彝。

"公陝殷年"及"裞公休"之用詞,於金文中首次出現,細審銘文内容,亦涉
及西周初年"三監之亂"史事,對古史研究饒有意義,茲試作釋讀如下。

1. 公陝殷年

此乃以事紀年文例,"陝",從阜從夷,《説文・大部》:"夷,平也。從
大,從弓。東方之人也。"文獻多引申爲平定、平治或摧毀之意。如《逸周
書・明堂》:"四海兆民欣戴文武,是以周公相武王以伐紂,夷定天下。"《吕
氏春秋・貴直》:"居數年,越報吴,殘其國,絶其世,滅其社稷,夷其宗廟,

夫差身爲擒。”《史記·張耳陳餘列傳》：“章邯引兵至邯鄲，皆徙其民河內，夷其城郭。”從造字本義角度思考，“陕”宜有平土之意。“陕”之字形，甲骨文曾有數見，多用爲人名或地名。本銘“陕”字於金文則爲首見，當用爲動詞。

“陕殷”當與平定殷地或殷族攸關。然該事與征商則宜有分別。武王滅紂，除史書記載外，於金文則有利簋可予印證。利簋稱“隹珷征商”，亦以事紀年，“征商”云者，明顯爲征伐，而“陕殷”之用辭，與“征商”則稍有差別，“陕”既與平治有關，因疑“陕殷”所平治者當指當日“三監之亂”而言。文獻記載，武王既滅商，爲管治及安撫殷遺民，並鞏固周王室統治能力，乃將原來之商王畿劃出部分地區，作爲紂王子武庚封國，又設置“三監”予以監視。惟“三監”之説法頗爲紛紜，①主要者有二説。一説爲“監殷臣”，乃將商王畿分爲東、殷二都，封管叔於東，封蔡叔、霍叔於殷。（見《逸周書·作雒》）一説將商王畿劃分三地，“自紂城而北謂之邶，南謂之鄘，東謂之衞”（見鄭玄《詩譜》）。並分別由霍叔、蔡叔及管叔掌管，“以監殷民，謂之三監”（見《漢書·地理志》）。武王殁後，三監謀叛，周公遂遣兵平亂，《史記·周本紀》：“初管、蔡畔周，周公討之，三年而畢定，故初作《大誥》，次作《微子之命》。”《書序》云：“武王崩，三監及淮夷叛；周公相成王將黜殷，作《大誥》。”《史記·周本紀》亦云：“（成王）既絀殷命，襲淮夷。”“黜殷”、“絀殷命”之意或可與本銘所稱“陕殷”互相發明。《尚書·大誥》中所言“今蠢”、“艱大”、“予造天役，遺大投艱于朕身”等詞句，悉指三監及淮夷叛亂事而有所感發。

《逸周書·度邑》：

> 王曰，嗚呼，旦！我圖夷茲殷，其惟依天。

陳逢衡曰：

> 圖，謀也。夷，平也。

---

① “三監”問題，可參看楊寬：《西周史》第四章三節“周公攝政稱王和‘三監’、武庚、東夷叛亂”，上海：上海人民出版社，1999年；劉起釪：《周初的三監與邶、鄘、衞三國及衞康叔封地》，《歷史地理》，1982年；張元：《三監之亂與周公東征》，《歷史月刊》第209期，2005年。

朱右曾曰：

　　圖，度。夷，平。

"夷兹殷"與"陶殷"更是詞意相當，所述事件亦彼此吻合，並可據此爲文獻與金文互證添一實例。況且本銘以"陶殷"之年作爲紀年，足可反映該事件之重大，而參對文獻載記，所指應爲平定"三監之亂"事無疑，而本銘"公陶殷年"之"公"，更可推斷非"周公"莫屬。"三監之亂"乃周公攝政時發生之大事，周公當時曾否稱王，史家聚訟多年，今得見"公陶殷年"之紀年方式，足證時人仍尊稱周公爲公。柞伯簋銘云"在乃聖祖周公䠱又共于周邦"，柞伯爲周公後人，亦只言"聖祖周公"，不以王號追稱，李學勤先生亦嘗就柞伯之用辭，認爲柞伯"講到周公，完全是大臣的身份，沒有曾經稱王的跡象。史墻盤、佐盤敘述周朝世系，也不及周公，可見周公稱王實出後世的想象"。[1] 今由砢簋之發現，當可進一步支持這種看法。

　　2. 公益（賜）砢貝十朋

　　"益"，原銘書作"皿"形，其實應爲"益"字簡寫，蓋"益"、"易"古音同屬錫部，故"益"字可假爲"易"，讀爲"賜"。曩歲曾對布幣"益"字予以釋讀，並結合汗簡"益"字字形，以及叔德簋（《集成》3942）、德簋（《集成》3733）及德鼎（《集成》2405）所見"賜"字書作"益"，兩相參照下，認定金文"益"字確可讀爲"賜"。[2] 而郭沫若、陳夢家二位先生嘗以爲"易"乃"益"字之簡化，[3]然細察"易"字三小點皆朝下，且其方向與"益"字小點外溢正好相反，難以用簡化予以解釋。如今得見砢簋銘文之構形，益證西周早期確有假"益"爲"易（賜）"之用例。

　　"砢"，字亦見於砢尊，兩者皆作肩負斤形，所差異者僅左右之別而已。

　　① 李學勤：《從柞伯鼎銘談〈世俘〉文例》，《江海學刊》2007 年第 5 期，頁 13。
　　② 金文中假"益"爲"易"之例除叔德簋、德簋及德大鼎三器外，猶見於㝬叔簋，惟"益"字形異書。有關討論可參見拙作《先秦泉幣文字辨疑》，臺北：臺灣大學文學院，1970 年，頁 94—96。
　　③ 郭沫若：《由周初四德器的考釋談到殷代已在進行文字的簡化》，《文物》1959 年第 7 期；陳夢家《西周青銅器斷代》（二）27"䢦方鼎"條下云："由於三器的益字，實際上是保存了古式的未簡化的易字，可知易字原象皿中水之溢出或傾出，故有增益，賜予之義。殷武丁卜辭的易字，和西周初期金文相近，而在西土的成康銅器上，卻居然保存了更古老形式的寫作益形的易。"（見《考古學報》第 10 冊，1955 年）

冚尊乃記述"冚"於成王時協助召公經營洛邑事。冚簋與冚尊既同爲成王時物，所載史事又可互爲説明，故可推斷兩器之"冚"當同爲一人。

3. 迺令冚膚（嗣）三族，爲冚室

"三族"一辭，於金文中曾見諸魯侯尊（明公簋，《集成》4029）："佳王令明公遣三族，伐東或（國）。"該銘"三族"含義，向無定説，或但以"三個氏族"爲釋，或以親屬關係説解，例如可指父、子、孫，父、母、妻，或父母、兄弟、夫妻等血緣關係。然皆無補於金文所稱"三族"之確解。文獻屢見"三族"一辭，如《儀禮·士昏禮》記請期之辭：

> 請期曰：吾子有賜命，某既申受命矣。惟是三族之不虞，使某也請吉日。

鄭玄注：

> 三族，謂父昆弟，己昆弟，子昆弟。

《禮記·仲尼燕居》：

> 子曰："明乎郊社之義、嘗禘之禮，治國其如指諸掌而已乎！是故，以之居處有禮，故長幼辨也。以之閨門之內有禮，故三族和也。"

他如《左傳》文公十年、哀公二十六年、僖公七年、襄公二十九年及昭公二十七年，皆有"三族"之稱引。然其所指蓋仍就一般親屬關係而言。而本銘之"三族"，從周公"陳殷"之啓示，疑即指三監之族屬，三監既平，周公乃派員予以管治，冚獲委重任，故於銘中紀其任命。"三族"經周室管治有年，及征東國，周公之子明公乃得以調遣"三族"，組軍東征。

"爲冚室"云者，蓋言冚被派往管治三族，身處外地需另覓居停，並設置行政指揮中心。此亦奉周公之命，故特爲銘記焉。

總上所言，結合冚簋、冚尊及魯侯尊三銘所載人物與史事，得知"冚"當係周室大臣，既因協助平定三監之亂有功，蒙周公賞賜，並獲任命派往管治三族，其後又成爲輔助周公、召公經營成周洛邑之重要大員。

4. 用茲簋裝公休，用乍且乙隩彜

"裝"，由蓋、器銘文所見，似爲"廼"、"衣"分書，然"衣"形靠左偏置，細審實宜隸作从埶从衣之褻字。"埶"字作从手執植於土形，本有樹立之意，乃"藝"之初文，説者皆無異議。於甲、金文及楚簡中或讀爲"設"，其義用爲設立或設置。① 如：中方鼎（《集成》2785）銘"貫行埶王应（居）"；中甗（《集成》864）銘"貫行埶应（居）"；静方鼎（《近出殷周金文集録》357）②銘"隹十月甲子，王在宗周，令師中眔静省南國相，埶（設）应（居）"，"埶（設）应（居）"乃言設置王居。③ 中觶（《集成》6514）銘"王曰：用先。中埶王休，用乍父乙寶隩彝"，"中埶王休"與本銘"褻公休"詞例相當，而"埶"、"褻"之詞義亦應相同，"褻"固仍可讀爲"設"，且因"設"、"施"音義皆近，故"埶"亦有施義，如中方鼎即云："中埶于寶彝。"④惟"埶"既本有樹立之義，可引申爲"彰顯"，而無論"埶王休"或"褻公休"，"埶"、"褻"皆隱含樹立、盛揚之意，於此似可不必讀爲"設"，而仍應讀爲本字"埶（藝）"爲宜，其用法及意義則相當於金文熟語"對揚"，"褻公休"猶言"對揚公休"，用以樹立、彰顯盛揚周公之善美及厚意。至於毛公鼎（《集成》2841）銘："師氏虎臣雩朕褻（褺）事"，"褻"字，亦从埶从衣，形構與本銘相似，惟本銘如讀爲"褻（褺）"，則"褻（褺）公休"極爲不辭，故不取焉。

本銘既與周公敉平三監之亂有關，且因以"公陝殷"之年作爲紀年之實證，可以提供周公是否稱王之重要參考。作器者㡊與西周成王時期㡊尊之"㡊"應同爲同一人，並得見當時"㡊"之任命職責，且與魯侯尊銘所稱"三族"又得以相互發明。要之，本銘既可補歷史人物之闕載，於史事之考證更有實物及第一手文字材料作爲明證，仔細審視銘文字形、用詞及整體內容，皆可用

---

① 裘錫圭：《釋殷虛甲骨文裏的"遠""𣥺"（邇）及有關諸字》，《古文字研究》第 12 輯，北京：中華書局，1985 年；《簡帛古籍的用字方法是校讀傳世先秦秦漢古籍的重要根據》，《裘錫圭學術文化隨筆》，北京：中國青年出版社，1999 年；又參閲荆門市博物館：《郭店楚墓竹簡》，頁 122，注 7，北京：文物出版社，1998 年。

② 劉雨、盧岩編著：《近出殷周金文集録》，北京：中華書局，2002 年。下文簡稱《近出》，不再出注。

③ 參李學勤：《静方鼎考釋》，《第三屆國際中國古文字學研討會論文集》，香港：香港中文大學，1997 年，頁 223—230；李學勤：《静方鼎與周昭王曆日》，《夏商周年代學札記》，瀋陽：遼寧大學出版社，1999 年，頁 22—30；李學勤：《静方鼎補釋》，《夏商周年代學札記》，頁76—78；又裘錫圭：《𪽖公盨銘文考釋》，《中國出土古文獻十講》，上海：復旦大學出版社，2004 年，頁 46—77。

④ 陳劍：《金文"彖"字考釋》，《甲骨金文考釋論集》，北京：線裝書局，2007 年。

作青銅器斷代標尺，堪稱學術瑰寶，於史學研究深具重大價值。

（原載《文物》2009 年第 2 期，頁 53—56。今稍事補苴。）

補記：

"𢶏"，洪颺先生讀爲"揚"（《珂簋銘文釋讀及相關問題》，古文字學第 18 屆年會散發論文，又發表於《社會科學戰線》2011 年第 3 期）。

"三族"一辭，黃國輝先生以爲"宜理解爲與珂存在親屬關係的三個族屬"。見黃文《新見珂簋再議》，《考古與文物》2011 年第 1 期。

又當日同見者猶有珂簋第二器，蓋銘與甲器全同，器銘則作"珂鑄且辛寶障彝"七字，韋心瀅有《珂簋銘文探析》予以討論，見朱鳳瀚主編：《新出金文與西周歷史》，上海古籍出版社，2011 年，頁 267—274。

新見樂從堂鼺尊銘文試釋

　　樂從堂藏鼺尊乙器（圖一），高23厘米，口徑18厘米，寬唇侈口，頸下圍飾長尾鳳鳥紋，兩兩相對，前後有帶角獸首各一，腹平素外突，圈足飾弦紋兩道（圖二）。器内底銘文九行七十三字（重文二字）（圖三）。此器銘文在尊内底，由於器口窄小，僅容一手伸入，施拓時又因工具準備不足，部分時間只能"盲拓"，當時但求得一拓，於願已足，故無復計較拓本之優劣：

圖一

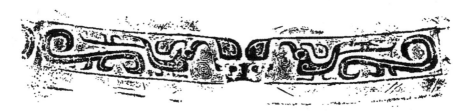

圖二

圖三

佳十月初吉，辰在庚午，師

多父令𣪰（闆）于周（?）曰：余學

事，女毋不善，🐚朕采

🌿田、外臣僕，女毋又（有）一不。

聞蔑曆，易馬乘、🔧（盞）

笣二。聞拜頴首，揚

對朕皇尹休，用乍朕

文考寶宗彝，孫＝

子＝其萬年永寶。

部分用語於金文中極爲罕見，今試作介紹如下。

1. 師多父令𣪰（闆）于周（?）曰：余學事，女毋不善，🐚朕采🌿田、外臣僕，女毋又（有）一不

此乃全篇銘文內容最關鍵之記述。師多父稱名，金文未見。𣪰（闆）爲作器者，於銘中三見，一從二蚰，一省從虫，另一僅書作"𣪰"。銘稱師多父訓戒𣪰，並云："余學事"，"余"乃師多父自稱，"學事"、"學"固可逕讀爲學習之"學"，然從語氣上考量，"學"宜讀爲"斅"，有"教"義。《説文》云："斅，覺悟也。从教从冂，冂尚矇也。臼聲。學，篆文斅省。"

又"教"下云："上所施，下所效也。从攴从孝，凡教之屬皆从教。🐾，古文教。🐛，亦古文教。"教必有言，故"教"从"🐛"（言），宜有其道理。

"教"字从"孝"，《説文》云："孝，放也。从子爻聲。"放，即做，做效也，亦與學攸關。"孝"字條下段注云：

放，仿古通用。許曰："放，逐也。""仿，相似也。"孝訓放者，謂隨之依之也。今人則專用仿矣。教字、學字皆以孝會意。教者與人以可放也，學者放而像之也。

古書中"教"與"斅"之用法往往相當，《禮記・學記》：

是故學然後知不足，教然後知困。知不足，然後能自反也；知困，然後能自强也，故曰：教學相長也。《兌命》曰："學學半。"其此之謂乎？

《兑命》之言,出自《僞古文尚書·兑命》篇:

> 惟斅學半,念終始典於學。

"斅學半",無論理解爲"教言教人乃益己之學半"("斅"字條下段注),抑指教與學乃一事之兩面,皆完全表達"教學相長"之道理。是知"斅"可讀爲"教"。静簋(《集成》4273):"王以……邦君射於大池,静學無斁。""學"即讀作"斅"。今皕尊云"余學事"之"學"亦可讀爲"斅",内含"教"義。師多父自言肩負"教"事,故得以訓戒皕云:"女毋不善。"即謂凡事宜皆盡心,不應有"不善"。而下文稱"朕采田、外臣僕","朕"上一字未可確釋,揆諸文意,似有協助之意。惟"貝"字從"貝",則又或與賈事有關歟?"朕"下兩字,其一書作"采"形,疑即"采"字,然該字與一般金文所見"采"字寫法稍異。金文中釋爲"采邑"之"采"字凡五見,如静方鼎(《近出》357):

> 王在成周大室,令静曰:嗣女采,嗣在曾、鄂自。王曰:静,易女邑、旆、市,采罦。曰:用事。

又趞尊/卣(《集成》5992、5402):

> 隹十又三月,辛卯,王在斥,易趞采曰覝,易貝五朋。

另中甗(摹本)(《集成》2785):

> 王曰:中……今兄(貺)畀女褱土,乍乃采。

所見"采"字皆從"手(爪)"從木,今本銘"采"字上端與"木"形相連之偏旁,雖與"手(爪)"形稍異,然揆諸字形結構及上下辭義,該字仍不無可能爲"采"字異構。若然,金文中復可增益涉及"采地田土"之記述,於西周封邑制度之探求,自有其重要意義。①

---

① 《禮記·禮運》:"故天子有田以處其子孫,諸侯有國以處其子孫,大夫有采以處其子孫,是謂制度。"又《祭法》:"天下有王,分地建國,置都立邑,設廟祧壇墠而祭之,乃爲親疏多少之數。"鄭注:"建國,封諸侯也。置都立邑,爲卿大夫采地及賜士有功者之地。"有關"采邑"研究專著,可參考侯志義:《采邑考》,西安:西北大學出版社,1989 年;吕文郁:《周代的采邑制度》,北京:社會科學文獻出版社,2006 年。

　　"采"下一字,偏旁从爿,揆諸散氏盤(《集成》10176),有"牆田"一辭,雖未明所指,其讀音或可得而略説。固然"女毋不善"亦可與下文連讀,意謂汝必須妥善"朕采田、外臣僕",整句或可解作"協助管理朕屬地之田及外臣僕"。"外臣僕"一辭亦金文中首次出現,所指則似相對於"内臣僕"而言,惟金文多單言"臣"或"僕"。如:不嬰簋蓋(《集成》4329)

　　　　易女弓一、矢束、臣五家、田十田。

幾父壺(《集成》9721、9722)

　　　　隹五月初吉庚午,同中……易幾父……僕四家。

"女毋又(有)一不","不"或可讀爲"否",乃强調"𦥑"執行任務時不可有任何乖違或差遲。而該用語則又爲金文中首見。無論如何,整段説辭,當指師多父令𦥑協助職掌管理田土及外臣僕之事。

　　然師多父於同一段説話中既自稱"余",又曰"朕"。"余"與"朕"固爲第一人稱代詞,在傳世典籍中,"余"、"朕"之用法頗有差異,如楊伯峻、何樂士認爲"余"僅能用作主語,"朕"則多用於領位,作主語者偶見,而用作賓語者僅見一二次,①今銘云:"余學事,女毋不善,朕采田、外臣僕,女毋又(有)一不。""余"字用作主語,與傳世典籍所見者無異,"朕"前一字可能有協助之意,故疑"朕"是領格,有"我的"之意,並修飾"采田"一辭,"朕采田"並作"𦥑"之賓語。

　　於同一段説話同稱"余"、"朕"之句例,則見於《左傳》,如僖公十二年云:

　　　　王曰:"舅氏! 余嘉乃勳! 應乃懿德,謂督不忘。往踐乃職,無逆朕命!"

又襄公十四年:

　　　　今余命女環,兹率舅氏之典,纂乃祖考,無忝乃舊。敬之哉! 無廢朕命!

---

　　① 　楊伯峻、何樂士:《古漢語語法及其發展》(修訂本),北京:語文出版社,2001年,頁100。

由是觀之，自稱代詞“余”、“朕”並用之現象早於西周彝銘中已經出現，實爲説明二詞之早期用法之重要例證。

2. 易馬乘、（盠）㝨二

馬乘，猶言馬四匹，用以御車。公臣簋（《集成》4184）：“虢仲命公臣：‘𤔲朕百工，易女馬乘，鐘五，金，用事。’公臣拜䭬首。”另有稱“乘馬”者，如虢季子白盤（《集成》10173）：“王賜乘馬，是用佐王。”或言“乘車馬”（作册麥方尊，《集成》6015），而師同鼎（《集成》2779）亦有“車馬五乘”之稱述。

“”字，暫隸作“盠”，盠方彝（《集成》9899）、方尊（《集成》6013）及駒尊（《集成》6011），别有“盠”字，皆用爲人名，“盠㝨”，董珊指出曾見用於九年衛鼎（《集成》2831）“舍顔有司壽商貈裘、盠㝨（幎）”。① “㝨”乃成組車馬器中之一種物件。“㝨”，説者多家，如釋“冕”（薛尚功）、“鞎”（阮元）、“冥”（孫詒讓）及“文茵”（王國維）等，今從郭沫若説“虎㝨當即虎冪、虎幎，亦即詩之淺幭”。②《詩經·大雅·韓奕》：

王錫韓侯，淑旂綏章………鞹鞃淺幭，鞗革金厄。

毛傳：

淺，虎皮淺毛也。幭，覆式也。

“㝨”應即“車幭”之屬，或與車輿有關，於金文賞賜物中時有所見，而其描述又有“虎㝨熏裏”（見毛公鼎，《集成》2841；三年師兑簋，《集成》4318；師克盨，《集成》4467；𤸫盨，《集成》4469；吴方彝蓋，《集成》9898；四十三年逨鼎，《商周青銅器銘文暨圖像集成》2503③ 等）及“虎㝨宲裏”（見录伯𢦚簋蓋，《集成》430）兩種。“熏”即“纁”，《説文》云：“纁，淺絳也。”“宲”，字从“朱”，朱爲朱紅色，當與“纁”義差約相同。故無論“虎㝨熏裏”或“虎㝨宲

① “盠㝨”詞已見九年衛鼎（《集成》2831）：“舍顔有司壽商貈裘、盠㝨（幎）。”“幎”是車軾上之覆蓋物，金文常見“虎㝨”一詞，可想見“盠”也可能是動物之名。其詞義待考。見董珊《讀聞尊銘》，復旦大學出土文獻與古文字研究中心網站：http://www.gwz.fudan.edu.cn/Web/Show/413，2008年4月26日發佈，最後檢索日期：2018年1月18日。

② 郭沫若：《金文叢考》，頁272—274毛公鼎條。

③ 吴鎮烽：《商周青銅器銘文暨圖像集成》，上海：上海古籍出版社，2012年。下文簡稱《銘圖》。

裏",當指以虎皮製作或以虎文爲飾且帶有淺紅色或朱紅色裏裏之車幨。今本銘不稱"虎冟"而稱"盠冟",且明言數目爲"二",對進一步考證"冟"之爲物或别有啓示。

3. 揚對朕皇尹休

"揚對"即"對揚"。"對揚"一辭,詩書及金文習見,如:

> 《尚書·説命》:"敢對揚天子之休命。"
> 《詩經·大雅·江漢》:"對揚王休。"
> 克鐘(《集成》205):"克敢對揚天子休。"
> 師兑簋(《集成》4318):"師兑拜頴首,敢對揚天子不顯魯休。"

沈文倬先生嘗云:"彝銘'對揚王休'是貴族禮儀中的一個儀注,是他們行禮時的活動情狀,是有其特定意義的。"[1]"對揚"亦可省作"對"或"揚"者,如:

> 旟鼎(《集成》2704):"用對王休。"
> 番生簋(《集成》4326):"番生敢對天子休。"
> 小臣宅簋(《集成》4201):"小臣宅……揚公伯休。"

甚至有書作"揚某休對"者,如:

> 趩觶(《集成》6516):"趩拜頴首,揚王休對。"

今本銘書作"揚對",雖屬罕見,然其詞義則當與"對揚"無别。[2]

(原載《古文字學論稿》,合肥:安徽大學出版社,2008年,頁5—10。)

補記:

本文發表後,得到不少迴響,諸家意見,請參考"主要參考書目"18項下有關論文。

---

[1] 沈文倬:《對揚補釋》,《菿闇文存:宗周禮樂文明與中國文化考論》,北京:商務印書館,2006年,頁749(原載《考古》1963年第4期)。

[2] 參見張光裕:《讀西周迻器銘文札記》,《雪齋學術論文二集》,臺北:藝文印書館,2004年。

主要參考書目:

1. 李學勤主編:《十三經注疏》(標點本),北京:北京大學出版社,1999年。

2. 楊伯峻、何樂士:《古漢語語法及其發展》(修訂本),北京:語文出版社,2001年。

3. 郭沫若:《金文叢考》,北京:人民出版社,1954年。

4. 沈文倬:《對揚補釋》,《菿闇文存:宗周禮樂文明與中國文化考論》,北京:商務印書館,2006年(原載《考古》1963年第4期)。

5. 郭沫若:《兩周金文辭大系圖錄考釋》,北京:科學出版社,1957年。

6. 王國維:《觀堂集林》,北京:中華書局,1959年。

7. 阮元:《積古齋鐘鼎彝器款識》,臺北:藝文印書館,1986年。

8. 薛尚功:《歷代鐘鼎彝器款識》,臺北:藝文印書館,1971年。

9. 周法高主編:《金文詁林》,香港:香港中文大學,1974—1975年。

10. 王輝:《商周金文》,北京:文物出版社,2006年。

11. 侯志義:《采邑考》,西安:西北大學出版社,1989年。

12. 呂文郁:《周代的采邑制度》,北京:社會科學文獻出版社,2006年。

13. 中國社會科學院考古研究所:《殷周金文集成》,北京:中華書局,2007年。

14. 劉雨、盧岩:《近出殷周金文集錄》,北京:中華書局,2002年。

15. 鍾柏生等編:《新收殷周青銅器銘文暨器影彙編》,臺北:藝文印書館,2006年。

16. 上海博物館商周青銅器銘文選編寫組:《商周青銅器銘文選》,北京:文物出版社,1986年。

17. 吳鎮烽:《商周青銅器銘文暨圖像集成》,上海:上海古籍出版社,2012年。

18. a. 一蟲:《新見古文字資料介紹(一)——樂從堂藏鈺尊》,復旦大學出土文獻與古文字研究中心網站:http://www.gwz.fudan.edu.cn/Web/Show/396,2008年4月13日發佈。

 b. 張光裕:《對鈺尊銘文的幾點補充》,復旦大學出土文獻與古文字研

究中心網站：http://www.gwz.fudan.edu.cn/Web/Show/407，
2008 年 4 月 23 日發佈。

c. 董珊：《讀聞尊銘》，復旦大學出土文獻與古文字研究中心網站：
http://www.gwz.fudan.edu.cn/Web/Show/413，2008 年 4 月
26 日發佈。

d. 何景成：《從金文看西周職官的考績制度》，復旦大學出土文獻與古
文字研究中心網站：http://www.gwz.fudan.edu.cn/Web/Show/
466，2008 年 7 月 1 日發佈。

e. 蔣書紅：《䵼尊新解》，復旦大學出土文獻與古文字研究中心網站：
http://www.gwz.fudan.edu.cn/Web/Show/1652，2011 年 9 月
17 日發佈。

f. 趙成傑：《聞尊銘文集釋》，復旦大學出土文獻與古文字研究中心網
站：http://www.gwz.fudan.edu.cn/Web/Show/1572，2011 年
6 月 29 日發佈。

新見宋君夫人鼎銘
"爲民父母"與經典詮釋

戊寅(1998)十月,嘗見春秋帶蓋鼎乙器,方形附耳,微向外侈,上飾蟠
虺紋,蓋頂有環形提紐,環中鏤空,支柱七道,提紐之上飾斜角雲紋,蓋沿
環飾 S 形紋。器腹及蓋上分別環飾外突弦紋兩道,通體復配飾蟠螭紋。

是器通高 49 厘米,至口高 41 厘米,口徑 34.5 厘米,腹圍 137 厘米,兩
耳寬距 46 厘米。蓋、器對銘,各四行二十一字(圖一):

器銘拓片　　　　　蓋銘拓片

圖一

> 宋君夫人自乍
> 鐈鼎用般窫祀
> 其蔓年黌壽爲
> 民父母。

是鼎無論從器形、花紋及銘文風格皆顯示春秋時期青銅器之特色。由"宋君夫人"之稱謂,本器當屬春秋宋國之器無疑,惜未明"宋君夫人"所指爲何人耳。銘文書寫亦有簡省形式,例如"其"字竟省筆内呈中空,形構特別。用詞則以"用般窫祀"及"爲民父母"二語最引人注意,尤以後者更別具意義,可取與文獻載記及新出金文、楚簡結合比觀,今試作簡釋如下:

一、"爲民父母"淺説

銘文之末繫以"爲民父母"者,金文中獨此一見,或以爲銘文"父"字其形與"又"字相似,然讀作"爲民又(有)母"實爲不辭,蓋"爲民父母"一語於文獻中屢見,如《孟子·梁惠王上》:

> 爲民父母,行政不免於率獸而食人,惡在其爲民父母也? 仲尼曰:"始作俑者,其無後乎!"爲其象人而用之也。如之何其使斯民飢而死也?

《孟子·梁惠王下》:

> 孟子見齊宣王曰:所謂故國者,非謂有喬木之謂也,有世臣之謂也。……王曰:吾何以識其不才而舍之? 曰:國君進賢如不得已,將使卑踰尊,疏踰戚,可不慎與? ……故曰國人殺之也。如此,然後可以爲民父母。

又《孟子·滕文公上》:

> 滕文公問爲國。孟子曰:民事不可緩也。……爲民父母,使民盻盻然,將終歲勤動,不得以養其父母,又稱貸而益之,使老稚轉乎溝

鑿,惡在其<u>爲民父母</u>也?

《荀子·禮論》:

> 《詩》曰:"愷悌君子,民之父母。"彼君子者,固有<u>爲民父母</u>之説焉。父能生之,不能養之;母能食之,不能教誨之;君者,已能食之矣,又善教誨之者也。

《吕氏春秋·審應覽》:

> 惠子聞之曰:不然。《詩》曰:"愷悌君子,民之父母。"愷者,大也;悌者,長也。君子之德,長且大者,則<u>爲民父母</u>。

又《季冬紀》:

> 文信侯曰:嘗得學黄帝之所以誨顓頊矣,爰有大圜在上,大矩在下,汝能法之,<u>爲民父母</u>。

《墨子·尚賢中》:

> 曰:若昔者三代聖王堯、舜、禹、湯、文、武者是也。所以得其賞何也? 曰:其爲政乎天下也,兼而愛之,從而利之,又率天下之萬民以尚尊天、事鬼、愛利萬民,是故天鬼賞之,立爲天子,以<u>爲民父母</u>,萬民從而譽之曰"聖王",至今不已。

《禮記·祭統》:

> 祭而不敬,何以<u>爲民父母</u>矣?

又《表記》:

> 《詩》云:"凱弟君子,民之父母。"凱以强教之;弟以説安之。樂而毋荒,有禮而親,威莊而安,孝慈而敬。使民有父之尊,有母之親。如此而后可以<u>爲民父母</u>矣,非至德其孰能如此乎?

《尚書》則稱"作民父母"其義與"爲民父母"相同。《尚書·洪範》:

> 曰天子<u>作民父母</u>,以爲天下王。

又《泰誓》：

> 惟天地，萬物父母；惟人，萬物之靈。亶聰明，作元后，元后作<u>民父母</u>。

然與"爲民父母"、"作民父母"語相若者，文獻中猶有"民之父母"之載記，《詩經》《禮記》《孔子家語》《韓詩外傳》等皆見稱引，如《詩經·大雅·泂酌》：

> 泂酌彼行潦，挹彼注茲，可以餴饎。豈弟君子，<u>民之父母</u>。

《禮記·孔子閒居》：

> 子夏曰：敢問《詩》云"凱弟君子，<u>民之父母</u>"，何如斯可謂<u>民之父母</u>矣？

上博楚竹書《民之父母》簡1：

> 子夏問於孔子：《詩》曰"幾（凱）俤君子，<u>民之父母</u>"，敢問何如而可謂<u>民之父母</u>。

《孔子家語·論禮》：

> 子夏侍坐於孔子，曰：敢問《詩》云："愷悌君子，<u>民之父母</u>"，何如斯可謂民之父母？

《韓詩外傳》：

> 申徒狄非其世，將自投於河，崔嘉聞而止之，曰：吾聞聖人仁士之於天地之間也，<u>民之父母</u>也。今爲儒雅（濡足）之故，不救溺人，可乎？

又云：

> 《詩》曰："愷悌君子，<u>民之父母</u>。"君子<u>爲民父母</u>何如？君子者，貌恭而行肆，身儉而施博，故不肖者不能逮也。……法下易由，事寡易爲，是以中立而爲人父母也。築城而居之，別田而養之，立學以教之。使人知親尊，親尊故父服斬縗三年，爲君亦服斬縗三年，<u>爲民父母</u>之

謂也。

《韓詩外傳》以"爲民父母"詮釋"民之父母",所論簡易明顯。至於"何如斯可謂民之父母?",上引篇章亦有記述孔子的答覆,又如上博楚竹書《民之父母》簡1—3云:

> 孔子答曰:民[之]父母乎,必達於禮樂之莐,以致"五至"以行"三亡",以横于天下,四方有敗,必先知之,其[之]謂民之父母矣。

又《曹沫之陳》簡21—22:

> 《詩》於又(有)之曰:幾弟君子,民之父母。此所以爲和於邦。

"民之父母"如是,"爲民父母"、"作民父母"云者,亦理應如是。新近出土燹公盨乙器,銘中提及"降民監德,迺自作配鄉,民成父母,生我王作臣",其中"迺自作配鄉,民成父母"之斷句,①學者或讀作:

> 迺自作配鄉民,成父母。②
> 迺自作配,鄉民,成父母。③

然皆無礙稱頌禹爲"爲民父母"之事實。《大戴禮記・五帝德》:

> (禹)巡九州,通九道,陂九澤,度九山,爲神主,爲民父母。

正是最佳之説明。故盨銘如讀爲"配鄉民,成父母"固可,如讀作"民成父母"則可視爲"成民父母"之倒裝句亦無不可也。

要之,由上引載記所見"爲民父母"之道,皆是儒家所標榜之王道觀念,在教化萬民同時,必須堅守愛民如子之信念,建立親民形象,如此才能做到"民以君爲心,君以民爲體"(《禮記・緇衣》)之理想。"爲民父母"更帶出一個明確訊息,蓋自三代明王表率天下以來,無不愛利萬民,萬民亦以爲尚。賢者更深明"民之父母親民易,使民相親也難"(郭店楚簡《六德》簡49),故

---

① 朱鳳瀚《燹公盨銘文初釋》,李零《論燹公盨發現的意義》,見《中國歷史文物》2002年第6期。

② 李學勤《論燹公盨及其重要意義》,見《中國歷史文物》2002年第6期。

③ 裘錫圭《燹公盨銘文考釋》,見《中國歷史文物》2002年第6期。

此一再提示，貴爲君主，需具備君德，自我修爲，注重禮、樂、莊、敬、孝、慈等"至德"，樹立典範，從而使民"有父之尊，有母之親"，達致"作民父母，以爲天下王"之目的。宋君夫人鼎銘以"爲民父母"作結，既可視爲鑄鼎以自勉，作爲"致'五至'"、"行'三亡'"之典誡，亦是治民之本。如能"施及四國"、"以畜萬邦"更是至高之理想，由是可反映春秋之際，宋國國君治國安邦理念，確曾深受儒家王道思想及禮樂教化之熏陶及影響。《史記·宋微子世家》：

> 太史公曰：……《春秋》譏宋之亂，自宣公廢太子而立弟，國以不寧者十世。襄公之時，修行仁義，欲爲盟主，其大夫正考父美之，故追道契、湯、高宗，殷所以興，作《商頌》。

本乎此，宋君夫人雖未明所指何人，然"爲民父母"乃敦行仁義之表率，兼且"毋獲民時，毋奪民利""此所以爲和於邦"。（《曹沫之陳》簡 20、22）

衡諸前述宋君夫人鼎之器形、花紋及銘文特徵，其鑄製年代之推斷，如暫歸諸約當春秋宋襄公之世或稍後，其亦宜乎？ 由於宋君夫人鼎銘之發現，又再次證明原始材料之可貴，倘能適當地重視與善加利用，取與傳世文獻載述相印證，更能突顯古文字材料之價值及功效。

二、餘論："用般窒祀"試釋

"用般窒祀"之同型句例曾見沇兒鐘（《集成》203）："孔嘉元成，用盤飲酒，龢會百姓，淑于威儀，惠于盟祀。""窒祀"，"窒"，金文每益示或火旁：

　　蔡侯龖盤（《集成》10171）："禋享是以，祇盟嘗啻，祐受母已。"
　　牆盤（《集成》10175）："檣（茨）角（禄）熾光，義（宜）其禋祀。"
　　嘉鼎（《集成》2782）："永用禋祀，死于下土，以事康公，勿或能怠。"
　　與兵壺（《新收》1980）[1]："余嚴敬茲禋，盟穆穆熙熙，至于子子孫孫。"

---

[1]　鍾柏生等合編：《新收殷周青銅器銘文暨器影彙編》，臺北：藝文印書館，2006 年。下文簡稱《新收》，不再出注。

《説文》云:"禋,潔祀也。一曰精意以享爲禋。从示,垔聲。🈂,籀文从宀。"禋祀,當爲對上帝神靈誠敬潔浄之祭祀,或謂燔燎升煙,祭天以求福。"禋祀"除見於金文外,文獻亦屢見稱述,《詩經·大雅·生民》:

> 厥初生民,時維姜嫄。生民如何?克禋克祀,以弗無子。……上帝不寧,不康禋祀,居然生子。

鄭箋:

> 乃禋祀上帝於郊禖,以祓除其無子之疾而得其福也。

又《小雅·大田》:

> 來方禋祀,以其騂黑,與其黍稷。以享以祀,以介景福。

《大雅·雲漢》:

> 不殄禋祀,自郊徂宫。上下奠瘞,靡神不宗。

《周禮·春官·大宗伯》:

> 以禋祀祀昊天上帝。

鄭注:

> 周人尚臭,煙,氣之臭聞者。槱,積也。……三祀皆積柴實牲體焉,或有玉帛,燔燎而升煙,所以報陽也。

至於"般"字,文獻所見,蓋有數義:

其一,盤旋貌,引申爲還。

《説文》:"般,辟也。象舟之旋。从舟从殳。殳,令舟旋者也。"段注:"般辟,漢人語,謂退縮旋轉之皃也。《大射儀》:賓辟,注曰:辟,逡遁不敢當盛。《釋言》:般,還也。還者,今之環字,旋也。""般"、"班"於古書中多通用,如《左傳·哀公十七年》:"晉立襄公之孫,般師而還。"《史記·衛康叔世家》引"般"作"斑"。又《左傳·僖公二十八年》:"宋人使門尹般如晉師告急。"《國語·晉語四》引"般"作"班"。

其二,讀爲"頒"。

《墨子·尚賢中》："般爵以貴之,裂地以封之,終身不厭。"

其三,和樂貌。

《逸周書·祭公》："祭公拜手稽首曰:允乃詔,畢桓于黎民般。"孔晁注云:"般,樂也。"《荀子·仲尼》："閨門之內,般樂奢汰,以齊之分奉之而不足。"注云:"般,亦樂也。"《爾雅·釋詁》："般,樂也。"

其四,讀與班同,布列也。

《漢書·禮樂志·郊祀歌練時日》："靈之來,神哉沛,先以雨,般裔裔。"顏注:"般,讀與班同。班,布也。"《史記·司馬相如列傳》:"班乎裔裔",《漢書·司馬相如傳》《文選·子虛賦》則引"班"作"般"。

其五,盛大貌。

《孟子·盡心下》："般樂飲酒,驅騁田獵,後車千乘,我得志弗爲也。"趙注云:"般,大也。大作樂而飲酒。"

其實無論"和樂"、"盛大"皆與"布列"攸關,"用般禋祀"云者,"般"除可形容"禋祀"之盛大外,亦應含"布列"義,"用般禋祀"或可讀作"用班禋祀","宋君夫人自乍鬹鼎,用般窒(禋)祀",蓋言宋君夫人自作此鬹鼎,於禋祀時予以陳列與祭,更足顯其盛也,以此釋讀沇兒鐘(《集成》203)"用盤飲酒,龢會百姓,淑于威儀"亦怡然通畼。

(原載《第四屆國際中國古文字學研討會論文集——新世紀的古文字學與經典詮釋》,香港:香港中文大學中國語言及文學系,2003 年,頁107—116。)

新見秦子戈二器跋

傳世與"秦子"有關兵器,迄今經著録者計有秦子戈四件,秦子矛一件。

甲、秦子戈,胡部鑄銘兩行,15字

　　1. 秦子乍遣公族元用,左右市鉄,用逸宜。

　　(《三代》19.53.2;《小校》10.56.2;《集成》11353,現藏廣州市博物館)

　　2. 秦子乍遣中辟元用,左右市鉄,用逸宜。

　　(《集成》11352;《故宫青銅器》261,現藏北京故宫博物院)

　　3. 秦子乍遣左辟元用,左右市鉄,用逸宜。

　　(《珍秦齋藏金》頁36,現藏澳門蕭氏珍秦齋)

乙、秦子戈,銘單行四字

　　秦子元用

　　(西安市公安局打擊走私文物繳獲品)

丙、秦子矛,15字(前8字,後7字)

　　秦子乍遣公族元用,(前)

　　左右市鉄,用逸宜。(後)

　　(三代20.40.3;集成11547)

學者間對秦子戈銘文曾多次作深入探討,然對有關内容之釋讀,仍存有不少分歧。近年於香港私家藏器中，有幸分別獲睹秦子戈二器（見下列甲4、甲5），甲4於胡上鑄銘15字，甲5則爲14字，缺一"用"字，内容與前録戈、矛相若，惟從未見於著録。

　　甲4、秦子戈（圖一）

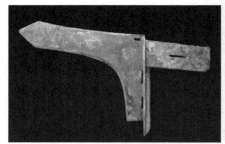

圖一

　　　秦子乍遣左辟元用，左右市鉄，用逸宜。

　　（現藏香港某氏）

　　甲5、秦子戈（圖二）

　　　秦子乍遣公族元用，左右市鉄，逸宜。

　　（是戈背面別有"寶隓彝"三字，刻款，乃劣手所添加，現藏香港某氏）

上引珍秦齋藏戈通長20.7厘米，胡高9.6厘米，援長13.3厘米，内長7.4厘米，甲4藏戈通長20.4厘米，胡高9.2厘米，援長10厘米，内長7厘米，甲5藏戈大小失記。要之，秦子戈五器彼此形制、大小皆相差不遠，銘

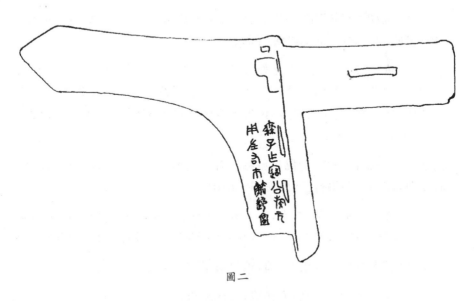

圖二

文内容亦復相若,據此可推知乃秦子同期所作器。

有關"秦子"、"公族"、"左辟"、"中辟"、"市鈇"、"逸宜"之解釋,陳平、王輝、李學勤、林清源諸位先生曾從不同角度加以考證,①本文擬因新見兩件秦子戈之發現,對戈、矛中"鈇"、"市"兩字重加釋讀。

一、"鈇"字釋說

秦子戈/矛銘末皆有"鈇"字,王輝早期讀爲"旅",並與上文"市"字連

———————————

① 陳平:《秦子戈、矛考》,《考古與文物》1986 年第 2 期;王輝:《關於秦子戈、矛的幾個問題》,《考古與文物》1986 年第 6 期;陳平:《〈秦子戈、矛考〉補議》,《考古與文物》1990 年第 1 期;王輝:《〈秦子戈、矛考補議〉書後》,《考古與文物》1990 年第 1 期;王輝:《秦兵三戈考》,《陝西歷史博物館館刊》第 4 輯,西安:西北大學出版社,1997 年;林清源:《兩周青銅句兵銘文彙考》,東海大學中國文學研究所碩士論文,1987 年,頁 417—418;王輝、蕭春源:《新見銅器銘文考跋二則》,《考古與文物》2003 年第 2 期;李學勤:《"秦子"新釋》,《文博》2003 年第 5 期;吳鎮烽:《秦兵新發現》,《容庚先生百年誕辰紀念文集》,廣州:廣東人民出版社,1998 年。

讀，"市魼"讀爲"師旅"字，並以爲與《説文・魚部》所見"魼，魚也。从魚，去聲"無關。今案：《説文》"魼"下段注云：

> 舊删"魼"字，今補，此如"河"篆下云"河水也"之例。《漢書・上林賦》"禺禺魼鰨"，郭璞注云："比目魚也。"按：郭説未知其審。犬部"猲"字下有"比目魚鰈"，同《爾雅》，而魚部無鰈字。《玉篇》《廣韻》合魼鰈爲一字，非也。

《前漢書・司馬相如傳》："禺禺魼鰨"，注云："魼，比目魚也，狀似牛脾，細鱗，紫色，兩相合乃得行。"《山海經・南山經》：

> 東三百里柢山，多水，無草木。有魚焉，其狀如牛，陵居，蛇尾，有翼，其羽在魼下，其音如留牛，其名曰鯥，冬死而夏生，食之無腫疾。

《玉篇》"魼"作"鰈"，《玉篇》下篇，魚部第三百九十七：

> 魼，丘於切，魚也，亦作鰈，又他臘切。

《類篇》十一下，魚部"魼"或作"鱸"。"魼"，《廣韻・魚韻》去魚切，《集韻・平聲》魚第九，丘於切，並音"墟"。如《文選・上林賦》："禺禺魼鰨"，《史記・司馬相如列傳》引作"禺禺鱸魶"。而今見"祛"字讀作"驅"者，古韻爲溪母魚部，固亦因从"去"得聲故也。

又《集韻》："魼"字可讀爲"迄業切，音脅，義並同"。今"膽怯"字，从去，亦讀爲"脅"。《説文》別有"瘟"字，亦"讀若脅"。"脅"，《説文》云："兩膀也。"《玉篇》："脅，身左右兩膀也。"近出《新蔡葛陵楚墓》楚簡甲三 131：

> ▨疾，髋疾，以心悶，尚毋死。

"髋"，字从去，學者間亦相繼讀爲"脅"。①

要之，从"去"者確有"虛"、"脅"二讀。然無論讀爲"虛"或"脅"，"魼"既爲比目魚屬，且"兩相合乃得行"，已有協行之意，故《集韻》得云："音脅，

---

① 　徐在國：《新蔡葛陵楚簡札記》，"簡帛研究網站"，2003 年 12 月 7 日發佈；宋華强：《釋新蔡簡的"脅"》，"簡帛研究網站"，2006 年 3 月 15 日發佈；宋華强：《"脅"字補説》，"簡帛研究網站"，2006 年 4 月 8 日發佈。

義並同”，而脅屬曉母，協屬匣母，鰈屬透母，於上古皆同屬葉部。因疑秦子戈銘“魷”亦當讀爲“協”，“脅”、“協”，有彼此“相輔”或“夾輔”之意，宜與上文“左右市”連讀作“左右市魷”（説見下文釋説）。

今復揆諸秦公簋（《集成》4315）及秦公鐘（盠和鐘）（《集成》270）銘有“保龏丕秦”一語，楊樹達《秦公簋跋》（1942）云：

> 龏字从古文業，去蓋加聲旁字……去，古音在模部，得爲古文業之聲旁者，去聲之字如狯、劫皆讀入帖部，業與狯、劫音近，去得爲狯、劫之聲旁，亦得爲業之聲旁矣。

又云：

> 業與辝、乂、艾皆同聲，銘文“保業”，猶《書》云“保乂”，《詩》云“保艾”，克鼎諸器云“保辝”也。《爾雅·釋詁》云：“艾，相也。”凡言“保業”、“保乂”、“保艾”、“保辝”者，皆謂保相也。

今由秦子戈銘“魷”字之釋讀，蓋可印證楊氏申論至的，“龏”確可讀爲“協”，“保龏”亦即保相、夾輔，與“保乂”、“保艾”、“保辝”異曲而同工也。[1] 清華簡《周公之琴舞》簡14“畏（威）義（儀）謚=（謚謚）”，李守奎以爲義同《詩經·大雅·假樂》：“威儀抑抑。”[2]然據形音推敲，“謚謚”義或與“蓋蓋”相當，倘據秦子戈“魷”字可讀爲“協”，而義可與“藹藹”比觀。清華簡“畏（威）義（儀）謚=（謚謚）”之“謚”或可讀爲“協”。[3] 而《珍秦齋藏金》頁40著録秦政伯喪戈（一）、（二），銘3行23字：

秦政伯喪戡政西旁
乍遷元戈喬黄寵專東
方市鈁用逸宜

---

① 李學勤先生因朱駿聲認爲“魷”字應从“劫”省聲，而讀爲“夾”訓爲“輔”，然未作進一步考訂。見李學勤：《“秦子”新釋》，《文博》2003年第5期。

② 李守奎：《周公之琴舞補釋》，《出土文獻研究》第11輯，上海：中西書局，2012年，頁21。

③ 據秦子戈銘“魷”字讀《周公之琴舞》之“謚”爲“協”，並有“藹濟”之義，乃緣於參加2013年美國達慕思學院舉辦之清華簡國際學術研討會，其中李守奎領讀《周公之琴舞》環節，談及該用辭，余曾發言稱可與秦子戈銘相比較，今於舊文中予以增補。

“鉣”亦即“魼”,蓋戈爲青銅之屬,“鉣”字乃易“魚”爲“金”,而仍沿用“魼”義,故“鉣”與“魼”應無分别。復審諸原戈器形,戈刃皆不鋒利,實不宜用於戰仗,而應屬禮儀用器,征戰祭禮陳列戈兵脅輔,以增軍容之盛,固亦宜也。“魼”、“鉣”兩字僅見於秦兵器,故於金文中亦可作爲判别青銅器所屬國别之依據。

二、“市”字之重新確認

“魼”字上文稱“左右市”。“市”,學者間或讀爲“賁”,與下文連讀爲“賁旅”,並解爲“旅賁之倒”,[①]或讀爲“匝”,[②]一般則讀作“師”,以“左右市”即“左右師”,然該字應與“賁”、“匝”、“師”三字無涉,細審字形實與金文“市”相同。“市”於金文中爲常見之賞賜物,乃“蔽膝”之屬,多稱“韍市”或“赤市”,如:

> 七年趞曹鼎(《集成》2783):“易趞曹韍市、冋黄、䜌。”
> 趩鼎(《集成》2815):“册賜趩玄衣、純黹、赤市、朱黄、䜌旂。”
> 此鼎(《集成》2822):“賜女玄衣、黹屯、赤市、朱黄、䜌旂。”
> 頌鼎(《集成》2827):“賜女玄衣、黹屯、赤市、朱黄、䜌旂、攸勒。”

“市”乃革屬,故字有从“韋”作“韠”者,《説文·韋部》云:

> 韠,韍也。所以蔽前者,以韋,下廣二尺,上廣一尺,其頸五寸。一命緼韠,再命赤韠。

“市”、“韠”於古籍中或書作“芾”、“紱”或“韍”,如《詩經·曹風·候人》:

> 彼候人兮,何戈與祋。彼其之子,三百赤芾。

《詩經·小雅·采菽》:

---

① 陳平:《〈秦子戈、矛考〉補議》,《考古與文物》1990年第1期。
② 李學勤:《“秦子”新釋》,《文博》2003年第5期。

赤芾在股,邪幅在下。彼交匪紓,天子所予。

箋云:

芾,太古蔽膝之象也。

《禮記·玉藻》:

一命縕韍幽衡,再命赤韍幽衡,三命赤韍葱衡。

疏云:

他服稱韠,祭服稱韍。

《易·困卦》:

九二,困于酒食,朱紱方來,利用享祀,征凶,无咎。

疏云:

紱,祭服也。

《左傳》桓公二年:

二年春,宋督攻孔氏,殺孔父而取其妻。……袞、冕、黻、珽,帶、裳、幅、舄,衡、紞、紘、綖,昭其度也。

杜預注云:

黻,韋韠,以蔽膝也。

　　"市"既爲"蔽膝"之屬,故有防蔽、保障之意,因疑該字於秦子戈中引申爲"保護",而應與"鮭"字連讀作"左右市鮭",猶言"左右保鮭",與前引秦公簋及秦公鐘銘"保䲆厥秦"之"保䲆"爲"保協"、"保輔"之用意相當。配合戈銘下文"用逸宜"之釋讀,更是邲順易明。

　　秦子戈於銘末署"用逸宜"三字,其解釋頗爲分歧。"逸"有安逸、逸樂及奔馳田獵諸説,"宜"則有地名、祭名、便利及族名標誌等解釋,①《説文·兔部》云:"逸,失也。从辵兔。兔謾訑善逃也。"戈銘"逸"字於此可讀

---

　　①　參王輝、蕭春源:《新見銅器銘文考跋二則》引述,《考古與文物》2003 年第 2 期。

爲"八佾"之"佾"。古籍中"逸"、"佾"每通用,如《僞古文尚書·五子之歌第三》:"太康尸位,以逸豫,滅厥德,黎民咸貳。"《經典釋文》:"逸,本又作佾。"《論語·八佾》:"孔子謂季氏,八佾舞於庭,是可忍也,孰不可忍也。"馬融曰:"孰,誰也。佾,列也。""逸"、"佾",與"肆"、"肄"、"肆"皆有列陳之意。①

"宜"字,本象俎上置牲肉之形,早期李學勤、王輝皆以爲地名,②陳平於《秦子戈、矛考》一文曾云:

> "宜"是兩周天子、諸侯都需經常在社裏舉行的一種與征伐、會同、出巡等密切相關的重大祭祀活動。③

其實《爾雅·釋天》對"宜"字已有所解釋:"起大事,動大衆,必先有事乎社而後出,謂之宜。"邢疏:"其祭之名,謂之爲宜。"王輝其後亦改從"宜"爲祭名之說。④

根據上說,秦子戈銘於"秦子乍××××元用"之後稱"左右市鉄,用逸宜"純爲釋說鑄戈之實際用途,乃言用作左右夾輔保協,亦爲宜祭而列陳,備見嚴敬威儀。此與墮侯因咨戈(《彙編》1780)銘稱"墮侯因咨乍南吕戈,奉於大宗"實異曲而同工。

秦公鎛銘末"匍有四方、永寶"後亦署一"宜"字,《考古圖》卷七"秦銘勳鐘"(即秦公鎛)所見亦同;另秦公簋銘末亦署"宜"字;又 1987 年陝西隴縣春秋秦墓出土卜淦口高戈銘末亦云:"永寶用,逸宜。"⑤今秦子戈及上引秦政喪戈之"宜"字亦置於銘末,此實乃春秋秦器一大特色,足爲金文斷代添一參考標尺。

作器者"秦子",論者多集中認定乃秦太子静公⑥或秦憲公、宣公、出

---

① 王輝、蕭春源:《珍秦齋藏秦子戈考跋》,《珍秦齋藏金》,頁 156。
② 王輝:《關於秦子戈、矛的幾個問題》,《考古與文物》1986 年第 6 期。
③ 陳平:《秦子戈、矛考》,《考古與文物》1986 年第 2 期。
④ 王輝、蕭春源:《珍秦齋藏秦子戈考跋》,見《珍秦齋藏金》,頁 156。
⑤ 張懋鎔、劉棟:《卜淦口高戈考論》,《考古與文物》1990 年第 3 期。以上資料亦見王輝、蕭春源:《新見銅器銘文考跋二則》,《考古與文物》2003 年第 2 期引述。
⑥ 陳平:《秦子戈、矛考》,《考古與文物》1986 年第 2 期。

公三公中其中一人，①然迄未有定説。去歲曾見秦子盉乙器，器形精美，手把、蓋、鋬及器足皆分別飾立鳥立獸形，器肩下左側前方近鋬處鑄銘兩行十四字：

> 秦子乍鑄用盉
> 邁壽子=孫=永寶

據聞已入歐藏。2006 年甘肅省禮縣永坪鄉趙坪村大堡子山墓地出土秦子鎛，二十八字：

> 秦子乍寶龢鐘以其三鎛乓音銑=雝=秦子畯令在位眉壽萬年無疆

又日本 MIHO 博物館亦藏有秦子編鐘，未見著録，②有待新資料正式公佈，將可爲"秦子"之身份考證作進一步研究。

（原載《屈萬里先生百歲誕辰國際學術研討會論文集》，臺北："國家圖書館"，2006 年，頁 261—268。今稍作增補。）

---

① 參見王輝、蕭春源：《新見銅器銘文考跋二則》，《考古與文物》2003 年第 2 期。
② 陳昭容：《秦系文字研究》頁 168《後記》引述。

讀首陽齋藏舌簋小記

　　舌簋，《首陽吉金——胡盈瑩、范季融藏中國古代青銅器》著録之16 號器，商晚期。高 13.2 厘米，口徑 19.1 厘米。無耳，侈口，束頸，腹外鼓。當我第一次看到舌簋，映入眼簾的是典雅和帶幾分翠綠的銹色，器口沿下飾有曲嘴長尾鳥紋十二隻，兩兩相對，環繞著口緣緊靠掛列，這樣設計的紋飾是過去少見的，觸手所及的實物，又是端莊凝重。器內底鑄銘僅一“舌”字，心裏暗自慶幸，又能目驗一件上好的商晚青銅器。稍爲可惜的是，該器經除銹後，原器色澤頓顯暗淡，但這已經是無可奈何的事。未幾舌簋即歸首陽齋所藏。

　　首見“舌”簋的同時，我也有緣目睹與“舌”簋同坑出土的其他銅器，包括大口尊、斝、鼎、爵、戈等。其後在一些舊有著録中也找到不少“舌”器的資料，本來打算將公私家收藏資料整理後，寫一篇討論“舌”氏族的論文。不意張軍濤、席奇峰早於 2008 年發表《殷商舌族考》一文，其後苗利娟《商代舌族地理蠡測》和湯威《舌族探微——1933 年安陽薛家莊殷墓稽考》《鄭州出土舌銘銅器考》亦相繼發表了他們的觀點，[①]但相關材料仍可稍作補充，內容亦有值得進一步商榷和討論的餘地，本文暫時不打算逐一予以評析，現在只從補白的角度，談幾點個人的看法。

---

　　① 　張軍濤、席奇峰：《殷商舌族考》，《三峽大學學報》2008 年第 S2 期；苗利娟：《商代舌族地理蠡測》，《中國歷史文物》2010 年第 2 期；湯威：《舌族探微——1933 年安陽薛家莊殷墓稽考》，《中原文物》2011 年第 3 期；《鄭州出土舌銘銅器考》，《中國國家博物館館刊》2011 年第 10 期。

傳世及出土記録中的"舌"器本來並不太多,"舌"族的歷史過去也鮮有學者提及,但是自從 2006 年 7 至 9 月在河南滎陽小胡村商晚墓地出土帶"舌"銘的青銅器,包括鼎、卣、爵、觚等約二十餘件,[①]"舌"器的材料便開始引起學者研究的興趣。而近年的私家收藏中,"舌"器數目也相繼增長,更是令人關注。

帶"舌"銘的青銅器,根據目前所知,除了河南滎陽小胡村商晚墓地出土,包括鼎、卣、爵、觚等約二十餘件,倘以二十件計,加上舊有著録、博物館及私家藏器,總數已多達七十三件(參見本文附録列述)。"舌"在青銅器上單獨出現,應屬氏族稱號,這些資料的整理和歸納,足使我們對"舌"氏族在商周時期的地位和歷史價值作重新評估。以下打算從三個小課題,談幾點個人的看法。

一、"舌"與其他氏族銘文的組合

甲骨文有""、""、""等形,于省吾先生首揭爲"舌"字。甲文中除用作口舌字,如"疾舌"(《戩壽》34.6);又多用爲祭名,如"貞王勿舌河,弗其……"(《鐵》94.4);用作人名者則僅數見,如"貞叀臣舌令戈隻(?)"(《前編》6.9.2)。今所見金文"舌"形與甲文相當,故著録中讀爲"舌",當可認許。至於間有學者因舌、言字形相近,並從古音作解,以爲舌之上古音在月部,言在元部,故陽入對轉,其音可通。論證既可商榷,所涉問題亦較爲空泛,暫時不予討論。

小胡村亞韋舌爵的出現,讓我們重新認識"舌"器彼此的關係。經查對"亞韋舌"合署的爵銘共四件,經過比較分析,"亞韋舌"三字的組合,是值得我們注意的。不同氏族徽飾的合署,可以使人意識到他們之間的關係,例如聯婚或聯盟,或許正是借助兩者或以上的結合,來確保或擴大氏族間的實力。倘若加上銅器的出土地望、時代、特徵,對氏族所處地域、活

---

① 國家文物局主編:《2006 中國重要考古發現》,北京:文物出版社,2007 年。

動範圍，甚至遷徙情況都會有一定的瞭解。三十年前，巴納博士（Dr.
Noel Barnard）曾發表《研究金文族徽的一種新方法及其重要成果》，文中
曾經指出，將相關材料經過系統研究，可以看出：

> 在同一墓區各個墓葬所出有銘銅器上看到下述特點：
>
> 一、同一墓中（某些"王"墓除外）如果有兩件或兩件以上有銘青
> 銅器皿，則同一個族徽往往重複出現。
>
> 二、當族徽重複出現於同一墓葬所出的兩件或兩件以上有銘銅
> 器上時，雖然間或能够看出其結構方面有些微變化，但一般都有相同
> 的結構。
>
> 三、當族徽重複出現於不同墓葬所出有銘銅器的相同銘文中
> （或作爲一個組合的一部分）時，往往可以看出其結構細節上的變化。
> 這種變化大多數不是形成一種縮簡的形態，就是由於技術上的原因
> 所引起。
>
> 四、將一、二座或二座以上墓葬中重複出現的族徽作一比較，可以
> 更好地瞭解單個符號的含意，這些符號單獨出現時是含意不明的。①

如果朝著這些線索根尋，"將會對族徽的作用和功能獲得切實的認識"，而
且"可以看出那些很有可能具有特殊意義的墓葬之間的相互聯繫"。基於
上述的認知理念，便可以利用同用及遞用的條例，把出現在不同器物，而
彼此同見於一完整銘文的不同氏族，互相聯繫起來，比見這些氏族之間的
關係。三十幾年過去了，巴納先生理想中的工作還未能完全實現，但是金
文研究工作者，卻紛紛提出了他們對氏族徽號的看法，②本文便不再重複
細説了。

---

① 見《古文字研究》第 9 輯，北京：中華書局，1984 年。
② 楊曉能曾先後對林巳奈夫、楊寬和林澐等學者的見解作了綜合述説。見楊曉能
著，唐際根、孫亞冰譯：《另一種古史：青銅器紋飾、圖形文字與圖像銘文的解讀》，北京：生
活・讀書・新知三聯書店出版，2008 年。同書 148 節 "專有名詞和複合圖形文字"（頁
279—280）。又可參考：朱鳳瀚：《商周青銅器銘文中的複合氏名》，《南開學報（哲學社會科
學版）》1983 年第 3 期；朱鳳瀚：《商周家族形態研究（增訂本）》，天津：天津古籍出版社，
2004 年；袁國華：《商周族氏銘文研究》，政治大學碩士論文，1988 年；張懋鎔：《試論商周青
銅器族徽文字獨特的表現形式》，《文物》2000 年第 2 期；姚志豪：《商金文族氏族 （轉下頁）

二、從亞韋舌爵談"亞"及"韋"

在我們所知近五十件商晚的"舌"器,大部分都只有單一"舌"字,因此亞韋舌爵的出現特別令人重視。首先,"亞"、"韋"、"舌"的組合在過去的金文著録中是鮮有出現的。今綜合所見有四器:

舌亞韋爵(一)(《集成》8788)

亞韋舌爵(二)(2006 年河南滎陽小胡村出土,M22:7)

舌韋亞爵(三)(1993 年鄭州黄河大觀出土,H16)

亞韋舌爵(四)(私家收藏,未著録)

"亞"、"韋"、"舌"三字所處位置互異,但卻不影響我們對這個組合的探討。而且"亞"形置前或後應無分別。商晚周初帶"亞"形的銘文,大別有兩類:一是"亞"形與其他銘文分書;一是"亞"中帶銘。

我友邦冢君御事,司徒、司馬、司空,亞旅、師氏,千夫長、百夫長。(《尚書·牧誓》)

千耦其耘,徂隰徂畛。侯主侯伯,侯亞侯旅,侯彊侯以。(《詩經·周頌·載芟》)

諸侯大亞(鷸簋,《集成》4215)

辛巳,王會多亞(耿彝,《集成》3975)

唐蘭先生曾據文獻與金文的對比,認爲金文"亞"中帶銘者,"亞"當爲官職之屬。至於"亞"中所見銘文,蓋爲氏族徽號或國名的標誌。然"亞"形中内署與官職及氏族等相關名號,如"亞"形中"册"、"魚"、"异"、"醜"等外,亦往往内置父祖輩名諱,如"父乙"、"父丁"或"辛"者。亦有學者將

<hr>

(接上頁)號研究》,逢甲大學碩士論文,2001 年;曹建敦:《甲金文中所見族、地名合證》,鄭州大學碩士論文,2000 年;劉曉暉:《商周銘文族徽研究》,中山大學博士論文,2007 年;路國權:《"複合族氏"銘文研究的一種新視角》,復旦大學出土文獻與古文字研究中心網站:www.gwz.fudan.edu.cn/Web/Show/1283,2010 年 10 月 15 日發佈。

“亞”形與商代大墓墓道形構相比附，意謂凡署“亞”形者必有崇高之身份地位，要之，“亞”形代表意義爲何，雖然未有定説，但綜觀凡帶“亞”形銘文銅器，當時應該有一定的身份與地位。故今所見“舌”器與“亞”形合署，“舌”之身份地位自然不低。

“韋”在金文中作爲氏族或人名者，極爲鮮見。除上引四件爵器外，傳世另有二器：

> 册韋爵，二字（《新收》1723）
> 韋作父丁鼎，六字（《集成》2120）

册韋爵現藏河南新鄉市博物館。[①] 然就拓本所見，“册”下“韋”字所從是否爲“止”形，未可確辨，故能否逕釋“韋”字，仍可再議。

前引《集成》8788 著録舌亞韋爵（一），或稱作告亞韋爵，主要是因“舌”字頂端歧出處不見於拓本，而與“告”字相似，但爵銘所謂“告”字，與甲骨文所見“告”字從牛作“𠙵”、“𠙵”、“𠙵”等形又有所分別，再者，金文“告”字從不加點，檢諸黃河大觀新出舌韋亞爵（H16）所見“舌”字上端亦無歧出，經與其他舌器比較審視，該字仍應是“舌”字。（此外，《集成》8522 著録告父戊爵的“告”字也加了兩點，同樣可能不讀作“告”字。）而瑞士玫茵堂藏舌扁足鼎的“舌”字，中間豎畫上端明顯沒有歧出形，結合上述爵銘及其他“舌”器“舌”字用例與形構相互比較之後，鼎銘可視爲“舌”字異構，仍應讀作“舌”。至於舌亞韋爵（一）（《集成》8788）與黃河大觀新出舌韋亞爵（三）（H16）的舌字上端不見歧出筆畫，究竟是因范鑄抑或施拓關係引致，或者亦是“舌”字的異構，則需要等待檢視原器後始行論定了。

上引舌亞韋爵（一）（《集成》8788）及韋作父丁鼎（《集成》2120）二器銘文，所見“韋”字，其構形與上引其他亞韋舌爵三器的“韋”字皆有分別。舌亞韋爵的“韋”缺下半“止”形，故有著録逕稱曰舌亞告爵者，其實所缺“止”形，疑因范鑄所致；經與其他亞韋舌爵三器參校印證，爵銘仍應讀爲“舌亞韋”三字，故已將之歸入上引“亞”、“韋”、“舌”組合四器之内。

至於韋作父丁鼎（《集成》2120）的“韋”字，中間不從“口”而從“帀”。

---

① 唐愛華：《新鄉館藏殷周銅器銘文選》，《中原文物》1985 年第 1 期。

从口的"韋"字,主要是來自"▨"、"▨"等形的演變,學者間大多認同與"圍"義相關,而"圍"義更因"圍"字而保存下來。固然亦有部分學者因有"▨"(爵文)形,故不排除"▨"、"▨"有保衛之意。而"韋"字的字形則見於甲骨文,武丁卜辭中有貞人"韋"。但綜觀從"帀"的"▨"字發展與從"口"的"韋"字則頗有歧異。它的出現可在西周早中期金文中大部分的"衛"和"▨帀"等字中看到。"衛"在字義上有保衛之意,而西周早中期金文"衛"字皆不書作從"口"的"韋","韋"形多從"帀"作"▨",或從"方"形作"▨",而從帶口"韋"之"衛"至西周晚期的"▨"(鬲攸比鼎,《集成》2818)"▨"(司寇良父壺,《集成》9641)才及見。而"▨帀同黃"等用語中的"▨"字,所從之"韋"則"口""帀"二形互作,如"▨"(趞簋,《集成》6516)、"▨"(柞鐘,《集成》133)便互不相同,或可視之爲異體字。"▨"(衛簋,《集成》4256)是"鞞"類的雀色皮革保護用物,故"衛帀"所從"韋"形可以採用"帀"形以表意。因此有理由相信"韋""▨"二字在結構和本質上應有所不同,除視爲異體外,當論及與"舌""韋"有關的資料時,則仍須將韋作父丁鼎小心處理,或宜暫時予以排除。

要之,從"亞"、"韋"、"舌"的組合以及衆多"舌"器的出現,尤其是華麗精美的大口尊、罍、簋、爵及鉞等器物的使用,沒有相當的身份和地位是相配不上的。"舌"無疑是商晚時期河南地區的一大氏族,而部分銘文冠以"亞"形,更突顯其身份和地位。至於"韋"的身份,有可能是與"舌"族關係密切的一位人物,因爲卜辭中也曾用作人名,但亦有可能是一個氏族的名號,倘若是後者,"舌""韋"兩者合署,便不排除他們存在聯姻或結盟的關係。

三、𡥜田舌卣銘的啓示

𡥜田舌卣蓋器各 3 字,《集成》5019.1、2 著錄,安陽古物保存會舊藏(《賸稿》),傳聞河南省安陽市薛莊出土(《賸稿》)。從卣銘得"𡥜"、"田"、"舌"三者的組合。"舌"氏器物已見前述,"田"在商代晚期之稱名,多用爲氏族徽號,如田爵(《集成》7700)、田父甲爵(《集成》8368)、田父甲斝(《集成》9205),又多與"告"組合,如告田觶(《集成》6191)、父乙告田卣(《集成》5347),至西周早期,"田告"或"告田"組合更是多見,如田告父丁卣(《集成》5273)、祖乙告田簋(《集成》3711)等。"毛"形在商周金文中則極爲鮮見,故毛田舌卣中的"毛"究竟是人名或氏族,實在難以論定。

今經查考,商晚期的"田"器多出於山東和河南,例如田父辛鼎(《集成》1642)、田父甲簋(《集成》3142)、田父甲卣(《集成》4903)及田父甲爵(《集成》8368)等器於 1918 年同出山東長清,而妣田干斝(《集成》9227)出於河南安陽市薛家莊,田觚(《新收》109)、田辛爵(《新收》110)於 1991 年同出於河南安陽後崗,另有"田戈三器"(《集成》10738、10739、10740)及田鉞(《集成》11735)亦傳出於河南安陽市,結合毛田舌卣傳出河南省安陽市薛莊,而大量商代"舌"器更是河南地區出土,這些資料帶出的訊息,説明在商代晚期"舌"、"田"的活動範圍主要是在河南和山東兩地,而從毛田舌卣銘所見,"舌"、"田"二氏的關係又是極爲密切,他們在當時結合的勢力實在是不容忽視。

至於上述亞韋舌爵的"韋",究竟應視爲人名抑或氏族名號,也可憑藉毛田舌卣銘中"舌"、"田"二者的性質和關係的比對,增強了"韋"是商代晚期衆多氏族裏其中一支的推論。

四、餘　論

先秦文獻有關"舌"族或"舌"國資料皆未曾及見。所知者僅《左傳》曾提及越大夫"舌庸"一名,如《左傳》哀公二十六年:"夏五月,叔孫舒帥師,會越皋如、舌庸、宋樂茷,納衛侯。"又哀公二十七年:"春,越子使舌庸來聘,且言邾田,封于駘上。"至於《吕氏春秋》及《淮南子》亦有"蠻夷反舌"之記載,[1]然

---

[1]　《吕氏春秋·爲欲》:"蠻夷反舌殊俗異習之國。"又《吕氏春秋·功名》:"善爲君者,蠻夷反舌殊俗異習皆服之,德厚也。"《淮南子·墜形訓》:"自西南至東南方,結胸民……不死民、穿胸民、反舌民。"

皆未能明證文獻所見之"舌"與青銅器銘之"舌"有直接之聯繫。

　　過去不少學者引用金文材料時,往往對非科學發掘出土的器物存有戒心,甚至望而卻步,這本是無可厚非的事。但是只要我們提高鑑別和識別的能力,復加小心求證,無疑是可消除這種疑慮的。就以本文引"首陽吉金"藏器爲例,"首陽吉金"當中並沒有任何一件藏品符合科學發掘的標準,但是它的學術價值和收藏價值絲毫未減。至於傳出河南安陽諸器,我們亦毋須過分加以質疑。借助上引諸器彼此印證的啓示,今後我們對私家收藏的價值判斷,必須先行檢視自我的識別能力,廣搜旁證,客觀估量,不必過度懷疑,導致是非顛倒,甚至因噎廢食。我們深信,經過小心討論認證,不少被忽略或非經正式發掘的文物,還是可以作出正面評估和肯定的。

附錄：商周"舌"器知見目

A. 商晚"舌"器

一、河南滎陽小胡村晚商貴族墓地出土帶"舌"銘青銅器二十餘件(實際器目及數目未見公佈),包括:

1. 舌四足卣,1字(M28：4)。

2. 亞韋舌爵(二),3字(M22：7)。

3. 舌爵,1字(M30：5)。

4. 鼎,1字。

5. 觚,1字。

6. 戈,1字等。

二、安陽地區出土八件:

1. 舌方鼎,1字,河南省安陽市出土(見《通考》),現藏美國堪薩斯市納爾遜美術陳列館,Nelson-Atkins Museum of Art。(《集成》1220,《美集錄》R2)

2. 舌扁足鼎,1字,傳河南省安陽市出土。(《集成》1221,《鄴二》上4)

3. 舌卣(一),蓋器各 1 字,傳河南省安陽市附近出土,現藏日本東京根津美術館。(《集成》4768—1、2,《總集》5039,《青山莊》15)

4. 田舌乇卣(乇田舌卣),蓋器各 3 字,河南省安陽市薛莊出土,安陽古物保存會舊藏(《滕稿》)。(《集成》5019—1、2)

5. 舌曾戊觚,3 字,傳河南省安陽市出土,榮厚舊藏。(《集成》7161,《總集》5987,《三代》14.22.7,《鄴二》上 22,《冠斝》中 10)

6. 舌爵(一),1 字,傳河南省安陽市出土,安陽古物保存會舊藏,現藏北京故宮博物院。(《集成》7501,《總集》3281,《鄴二》上 28,《滕稿》41)

7. 舌亞韋爵(一),3 字,傳河南省安陽市出土,現藏北京故宮博物院。(《集成》8788)

8. 陌 x 爵,2 字,河南省安陽市武官大墓陪葬墓(E10)出土,現藏中國國家博物館。(《集成》8185,《考古學報》1951 年第 5 期圖版 45：8)

三、鄭州黃河大觀出土四件(見《鄭州青銅器》,2001 年):

1. 舌鼎,1 字。(H15)

2. 舌韋亞爵(三),3 字。(H16)

3. 舌戈(一),1 字。(H49)

4. 舌鐃(一),1 字。

四、新見私家藏器十九件:

1. 舌簋,1 字。(《首陽吉金》16)

2. 舌大口尊,1 字。(臺北樂從堂藏,未著錄)

3. 舌扁足鼎(一),1 字。(同上)

4. 舌扁足鼎(二),1 字。(瑞士玫茵堂藏器,Chinese Bronzes from the Meiyintang Collection,73)

5. 舌圓鼎,1 字。(浙江私家收藏,《首陽吉金》頁 59 插圖一)

6. 舌侈口圓鼎,1 字。(私家收藏,未著錄)

7. 舌罍,1 字。(是器直腹,臺北樂從堂藏,未著錄)

8. 舌罍,1 字。(是器圓腹,私家收藏,未著錄)

9. 舌觚(一),1 字。(是器圈足鏤空,香港私家收藏,未著錄)

10. 舌觚(二),1 字。(私家收藏,未著錄)

11. 舌爵(一),1字。(臺北樂從堂藏,未著録)

12. 舌爵(二),1字。(日本不言堂藏,《中國青銅器清賞》12)

13. 舌爵(三),1字。(是器素面,私家收藏,未著録)

14. 亞韋舌爵(四),3字。(私家收藏,未著録)

15. 舌戈(二),正反各1字。(私家收藏,未著録)

16. 舌戈(三),正反各1字。(私家收藏,未著録)

17. 舌戈(四),正反各1字。(私家收藏,未著録)

18. 舌矛,1字。(私家收藏,未著録)

19. 舌青銅鏟,正反各1字。(私家收藏,未著録)

五、其他著録九件:

1. 父舌瓠,2 字,現藏德國科倫東亞藝術博物館(Museum für Ostasiatische Kunst Köln)。(《新收》1849)

2. 舲舌盤,3字。(《集成》10035,《總集》6682,《録遺》485)

3. 舌鐃(二),1字,美國舊金山岡普氏舊藏。(《集成》376)

4. 舌卣(二),1 字,現藏美國烏士特美術博物館(Worcester Art Museum)。(《集成》4767,《尊古》2.10,《美集録》R1)

5. 舌觶,1字,現藏中國國家博物館。(《集成》6033)

6. 舌瓠(三),1 字。(《集成》6580,《總集》5903,《三代》14.17.9)

7. 舌瓠(四),1 字,榮厚舊藏。(《集成》6581,《總集》5904,《三代》14.17.10,《尊古》2.41,《冠斝》中7)

8. 舌瓠(五),1 字,榮厚舊藏。(《集成》6644,《總集》5905,《三代》14.17.11,《冠斝》中8)

9. 舌父己瓠,3 字,榮厚舊藏。(《集成》7132,《總集》6151,《三代》14.26.4,《冠斝》中12)

B. 西周"舌"器十三件

1. 舌父己簋,3字,安陽薛家莊出土,現藏浙江省博物館。(《集成》3197)

2. 舌父己鼎,3字。(《集成》1616,《總集》0397,《三代》2.25.4)

3. 舌父乙尊,3字,1984年河南鶴壁市鹿樓鄉辛村出土,收集品。(《集成》

5616）

4. 舌父乙觶，3 字，1984 年河南鶴壁市鹿樓鄉辛村出土，收集品。（王文強：《鶴壁市辛村出土四件西周青銅器》，《中原文物》1986 年第 1 期。）

5. 陟作父丁卣（一），7 字，1999—2000 年河南鄭州高新區重陽街西洼劉遺址出土，現藏河南省鄭州博物館。（《新收》594）

6. 陟作父丁卣（二），7 字，1999—2000 年河南鄭州高新區重陽街西洼劉遺址出土，現藏河南省鄭州博物館。（《新收》595）

7. 陟作父丁尊，7 字，1999—2000 年河南鄭州高新區重陽街西洼劉遺址出土，現藏河南省鄭州博物館。（《新收》597）

8. 舌鼎，3 字，現藏北京故宮博物院。（《集成》1959）

9. 舌作妣丁爵（一），4 字。（《集成》8978，《錄遺》475）

10. 舌作妣丁爵（二），4 字。（《集成》8979，《總集》4120，《錄遺》474）

11. 舌仲作父丁觶，8 字，現藏大英博物館（British Museum）。（《集成》6494，《西清》9.9）

12. 舌父丁觶（一），3 字，現藏北京故宮博物院。（《集成》6260.1，《總集》6460，《三代》14.43.7—8）

13. 舌父丁觶（二），3 字。（《集成》6260.2，《總集》6460，《三代》14.43.7—8）

主要引用著録書目：

1.《青山莊清賞・古銅器編》，東京，1924 年。

2.《鄭州青銅器》，香港國際出版社，2001 年。

3. 于省吾：《商周金文録遺》，北京：中華書局，1993 年。

4. 中國社會科學院考古研究所編：《殷周金文集成》，北京：中華書局，2007 年。

5. 巴納、張光裕：《中日歐美澳紐所見所拓所摹金文彙編》，臺北：藝文印書館，1978 年。

6. 朱鳳瀚：《商周家族形態研究（增訂本）》，天津：天津古籍出版社，2004 年。

7. 周法高、李孝定：《金文詁林附録》，香港：香港中文大學，1977 年。

8. 范季融、胡盈瑩：《首陽吉金》，上海：上海古籍出版社，2008 年。

9. 孫海波：《河南吉金圖志賸稿》，北京：大業印刷局，1939 年。

10. 容庚：《金文編》，北京：中華書局，1985 年。

11. 國家文物局主編：《2006 中國重要考古發現》，北京：文物出版社，2007 年。

12. 陳夢家：《美帝國主義劫掠的我國殷周青銅器集錄》，北京：科學出版社，1962 年。

13. 黄濬：《鄴中片羽》（初、二、三集），1935、1937、1942 年。

14. 榮厚：《冠斝樓吉金圖》，京都，1947 年。

15. 樋口隆康、林巳奈夫監修，不言堂坂本五郎：《中國青銅器清賞》，日本經濟新聞社，2002 年。

16. 鍾柏生等：《新收殷周青銅器銘文暨器影彙編》，臺北：藝文印書館，2006 年。

17. 嚴一萍：《金文總集》，臺北：藝文印書館，1983 年。

18. *Chinese Bronzes from the Meiyintang Collection*，2009 年。

19. J. A. Pope, R. J. Gettens, J. Cahill and N. Barnard, *The Freer Chinese Bronze*, Vol. 1, Washington, 1967.

20. Trésors de la Chine ancienne, Bronzes Rituels de la Collection Meiyintang, musée des arts asiatiques, GUIMET, 2013.

（本文曾於以下研討會宣讀："Ancient Chinese Bronzes from the Shouyang Studio and Elsewhere: An International Conference Commemorating Twenty Years of Discoveries", the Art Institute of Chicago and the Creel Center for Chinese Paleography, the University of Chicago, 5 - 7 November, 2010.）

讀新見宋公圝鋪二器札迻

　　兩年前（即 2012 年）一次偶然機會，於友人處得見宋公圝𠤳（鋪）一對，甲、乙二器皆通高 20 厘米，腹盤平淺，折沿，口徑 20 厘米，蓋頂歧出蓮花瓣形八塊，器身鏤空（圖一、圖二），形制與魯大司徒厚氏元𠤳（《集成》4689）相當。未及兩載，竟陸續得見多篇與宋公圝作器之相關報導，而鋪銘亦已見吳鎮烽《商周青銅器銘文暨圖像集成》（6157）著錄，並於"宋公司鋪"條下備注云："同坑出土一對，形制、紋飾、銘文、大小基本相同。"然所錄銘文僅爲本文所稱之甲器蓋銘。由於余曾目驗該鋪原物，所保存器形與銘文照片亦較清晰完整，今擬從不同角度略談新見鋪銘之價值及意義。

　　宋公圝鋪（甲、乙）二器，蓋器對銘，各二十八字，行款亦略異。

圖一

圖二

甲器(圖三1、2)

　　蓋銘左行：有殷天乙唐

　　　　　　孫宋公圉作

　　　　　　叔子鐈簠

1. 甲蓋銘　　　　　　　　　2. 甲器銘

圖三

其眉壽萬年

子＝孫＝永保用之

器銘右行：有殷天乙

唐孫宋公

圃作𣪘叔子

餴𥷆其

眉壽萬年

子＝孫＝永保

用之

乙器（圖四 1、2）

蓋銘左行：有殷天乙唐

孫宋公圃作

𣪘叔子餴𥷆

其眉壽萬年

子＝孫＝永保用

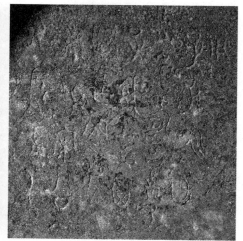

1. 乙蓋銘　　　　　　　　　2. 乙器銘

圖四

　　　　　　　　之
器銘右行：有殷天乙
　　　　　唐孫宋公
　　　　　固作㸔叔
　　　　　子餗簠其
　　　　　眉壽萬
　　　　　年子=孫=永保
　　　　　用之

《商周青銅器銘文暨圖像集成》著録甲器蓋銘，其釋文云：

　　　有殷天乙唐（湯）孫宋公䣦（司）乍（作）㹅甼（叔）子餗（饋）綵
　　（緐），甘（其）纇（眉）薵（壽）萬年，子子孫孫永保用。

惟經余目驗原器銘文，並參考本文附圖照片，"餗綵"實爲"餗簠"之誤。

　　"宋公固"所作器，除本文所揭二鋪外，猶有同銘宋公固鋪（蓋頂蓮花瓣形有殘缺）及宋公固鼎（銘在蓋頂）二器，乃山東棗莊徐樓村墓葬出土。① 有關資料未正式公佈前，李學勤先生曾爲文予以介紹，鼎銘二十八字：

　　　有殷天乙唐孫宋公固作㹅叔子餗鼎，其眉壽萬年，子子孫孫永保
　　用之。

與鋪銘相較，兩者僅"簠"、"鼎"之異，從而推測宋公固鋪應與山東棗莊徐樓村墓地出土文物關係密切。李先生將"固"字讀爲"㤁（恪）"（其引楊樹達《積微居金文説》），以爲即《左傳》的宋共公固，亦即《史記》所稱之宋共公瑕。② 袁金平與王寧皆然之，並各爲文證成其説。③ 釋此字者多家，吴

　　① 棗莊市博物館、棗莊市文物管理委員會辦公室、棗莊市嶧城區文廣新局：《山東棗莊徐樓東周墓發掘簡報》，《文物》2014 年第 1 期，頁 4—27。拙稿撰寫期間該文仍未及見。
　　② 李學勤：《棗莊徐樓村宋公鼎與費國》，《史學月刊》2012 年第 1 期，頁 128—129。
　　③ 袁金平：《新見金文補釋二則》，《出土文獻與中國古代文明國際學術研討會會議論文集》，北京：清華大學出土文獻研究與保護中心，2013 年 6 月 17—18 日，頁 135—137；王寧：《山東棗莊徐樓東周墓出土銅器銘文釋讀平議》，復旦大學出土文獻與古文字研究中心網站論文，網址：http://www.gwz.fudan.edu.cn/Web/Show/2256，2014 年 5 月 13 日發佈。

鎮烽收録鋪銘時則讀爲"司",傅修才曾就該字細加考辨,力證"圖"字爲確釋,王寧復尋繹"圖"字音讀之變,認爲應讀爲"貉",古音與"涸"同,故字可與"固"、"瑕"相通,①隨州新近發現之曾侯與鐘銘云:"余申圖(固)楚成,改復曾疆。"讀"圖"爲固,自亦可通。② 今從此說。由於宋公圖鋪之出現,與宋公圖鼎出土時間相若,内容亦相當,故懷疑宋公圖鋪二器,或當爲與山東棗莊徐樓村出土器物相關之流散文物。

至於鋪銘稱"𢼸叔子"者,"𢼸",李學勤釋"𥂏",並讀爲費國之"費";③趙平安則隸定爲"𢽡",以爲即"瀻"字,讀爲"濫",並認爲濫是由邾國分化出來的小國,此鼎是宋共公爲二女兒出嫁所鑄。鼎的出土地棗莊徐樓村一帶是古書中所説的古濫國的地界。④ 今案,該字右旁實從戈作,故李氏釋讀或可再議,所從二人,無論是否讀"比"或"從",人首部位皆同處戈形橫畫之上,與"伐"字金文相較,僅單人與雙人之别,能否隸定爲"𢽡",似亦宜細加考慮。目前姑且暫備一説,實證則俟諸異日可也。

"有殷天乙唐孫宋公圖",是類句式曾見於 1978—1979 年河南省固始縣城關鎮侯古堆村 1 號墓陪葬坑出土之宋公欒(𤔲)簠(M1P:37-2)簠銘(圖五)云:

---

① 傅修才:《新見宋公䣄鋪銘文辨正——兼論宋公䣄鋪與宋公圖鼎的關係》,復旦大學出土文獻與古文字研究中心網站論文,網址:http://www.gwz.fudan.edu.cn/Web/Show/2143,2013 年 10 月 18 日發佈;王琦、燕生東:《山東棗樓發現的柴國墓及相關問題》,《齊魯文化研究》第 12 輯,濟南:泰山出版社,2012 年,頁 42—45;王恩田:《棗莊嶧城宋公鼎與公鼎》,《管子學刊》2013 年第 1 期;棗莊市博物館、棗莊市文物管理委員會辦公室、棗莊市嶧城區文廣新局:《山東棗莊徐樓東周墓發掘簡報》,《文物》2014 年第 1 期,頁 4—27;王寧:《山東棗莊徐樓東周墓出土銅器銘文釋讀平議》,復旦大學出土文獻與古文字研究中心網站論文,網址:http://www.gwz.fudan.edu.cn/Web/Show/2256,2014 年 5 月 13 日發佈;陳秉新:《釋"圖"及相關字詞》,《古文字研究》第 22 輯,北京:中華書局,2000 年,頁 96—100。
② 《隨州文峰塔 M1(曾侯與墓)、M2 發掘簡報》,《江漢考古》2014 年第 4 期,頁 16。
③ 《棗莊徐樓村宋公鼎與費國》,頁 128。
④ 趙平安:《宋公圖作𢽡叔子鼎與濫國》,《中華文史論叢》2013 年第 3 期,頁 31—36、396。

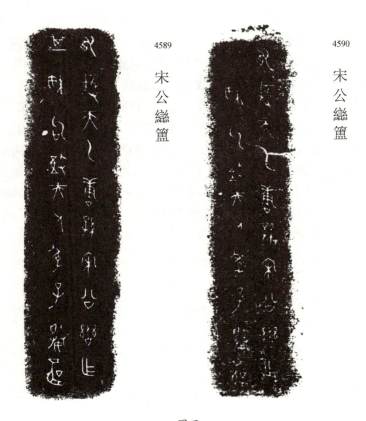

4589

宋
公
辮
簠

4590

宋
公
辮
簠

圖五

有殷天乙唐孫宋公辮（欒）作其妹句敔夫人季子媵簠。①

以上“鋪”、“簠”、“鼎”三器銘文皆自稱爲“有殷天乙唐孫”。殷卜辭有“康
且丁”、“康丁”之稱謂，②《史記》書作“庚丁”，③殷先王“成湯”之“湯”，卜

① 《文物》1981 年第 1 期曾刊發宋公欒簠的文字報告。（固始侯古堆一號墓發掘組：
《河南固始侯古堆一號墓發掘簡報》，《文物》1981 年第 1 期，頁 1—8。）拓本見《集成》4589、
4590。

② “丁卯卜，貞，王賓康且丁，翌日，亡尤。”（《後上》4.10，《合集》36271）“辛巳卜，貞，
王賓康丁，夷妣辛……亡……”（《後上》4.14，《合集》36290）

③ 《史記·殷本紀》：“帝廩辛崩，弟庚丁立，是爲帝庚丁。”

辭書作"唐",①金文或書作"成唐",②《史記·殷本紀》:"主壬卒,子主癸立。主癸卒,子天乙立,是爲成湯。"《世本》亦云"湯名天乙。""成湯"即"成唐"。《荀子·成相》:"十有四世,乃有天乙,是成湯。天乙湯,論舉當。"至於"天""大"二字,殷商時每易相混,如"大邑商"可書作"天邑商",故"天乙",卜辭亦作"大乙"。由是可知宋公欒簠"有殷天乙唐孫宋公欒"及宋公圞鋪"有殷天乙唐孫宋公圞"之"天乙唐"即"天乙湯"。西周開國之初,周公爲"股肱周室",③乃封宗室微子啓於宋,都今河南商邱。宋國始封君"微子啓",本乃殷帝乙之長子,紂之庶兄。④《左傳》文公二年亦提及宋祖爲"帝乙",⑤故歷代宋君率皆爲商湯之後人,今"宋公欒"及"宋公圞"明言爲殷人之後,同時亦因身爲商湯之裔孫而自豪。按"某某之子某"或"某某之孫某"之稱述,於春秋時期青銅器銘中甚爲多見,如:

> 者減鐘(《集成》193—202):"工戲王皮鱳之子者減,擇其吉金自作謠鐘。"

> 姑馮昏同之子句鑃(《集成》424):"姑馮昏同之子擇毕吉金,自作商句鑃。"

> 庚兒鼎(《集成》2715、2716):"郐(徐)王之子庚兒,自作飤鰶,用征用行。"

> 攻吳王諸樊之子通劍"(《新收》1111):"攻敔王姑發諸樊之子通自作元用。

> 攻吳王姑發邟之子劍(《新收》1241):"攻盧王姑發邟之子曹䲔衆飛員自作元用。"

> 攻吳王壽夢之子虡均邜劍(《新收》1407):"攻吳王姑發難壽夢之子虡均邜之義□。"

---

① 《佚存》八七三:"貞,御自唐、大甲、大丁、且乙、百羌、百牢。"(商承祚:《殷契佚存》,南京:金陵大學中國文化研究所,1933 年,《合集》300)
② 齊侯鎛:"虩虩成唐,有嚴在帝所,専受天命。"(《博古圖録》22.5,《集成》285)
③ 《左傳》僖公二十六年:"昔周公、大公股肱周室,夾輔成王。"
④ 《史記·宋微子世家》:"微子開者,殷帝乙之首子而帝紂之庶兄也。"
⑤ 《左傳》文公二年:"秋八月,丁卯,大事于大廟。躋僖公,逆祀也……宋祖帝乙,鄭祖屬王,猶上祖也。"

邾公釛鐘（《集成》102）：“陸臺之孫邾公釛作氒龢鐘。”

趞亥鼎（《集成》2588）：“宋莊公之孫趞亥自作會鼎，子子孫孫永壽用之。”

鵗鎛（《集成》271）：“齊辟鼃叔之孫遱仲之子鵗作子仲姜寶鎛。”

與兵壺（《新收》1980）：“余鄭太子之孫與兵，擇余吉金，自作宗彝。”

亦有稱“余某某之孫某某之子”者，如：

邞黛鐘（《集成》225—237）：“邞黛曰：余畢公之孫，邞伯之子。”

鄭臧公之孫鼎（《新收》1237）：“余鄭臧公之孫，余剌之痎子。”

鄭臧公之孫缶（《新收》1238、1239）：“余鄭臧公之孫，余剌之子。”

遱邟鐘（《新收》1253）：“舒王之孫、尋楚獣之子遱邟。”

庚壺（《集成》9733）：“殷王之孫，右師之子武叔曰庚，擇其吉金，以鑄其盥壺。”

曾大攻尹季怡戈（《集成》11365）：“穆侯之子，西宮之孫，曾大攻尹季怡之用。”

東姬匜（《新收》398）：“宣王之孫、灅子之子東姬，自作會匜。”

他如：

陳逆簠（《集成》4629、4630）：“余陳起子之裔孫。”

臧孫鐘（《集成》93—101）：“攻敔中冬戚之外孫、坪之子臧孫。”

羅兒匜（《新收》1266）：“羅兒□□，吴王之姓（甥），□臧公□□之子。”

“甥”、“外孫”和“裔孫”之關係也拉上，又是另一種形式之表述。“某某之子”或“某某之孫”之稱述於文獻中亦曾及見，如《詩經·召南·何彼襛矣》：

何彼襛矣？唐棣之華。曷不肅雝？王姬之車。

何彼襛矣？華如桃李。平王之孫，齊侯之子。

其釣維何？維絲伊緡。齊侯之子，平王之孫。

詩中"平王之孫，齊侯之子"、"齊侯之子，平王之孫"與"王姬"所指同爲武王元妃，而其用意乃突顯"王姬"之家族及家世。又《詩經・衛風・碩人》：

> 碩人其頎，衣錦褧衣。齊侯之子，衛侯之妻。東宮之妹，邢侯之姨，譚公維私。

王先謙《詩三家義集疏》曰："《左傳》隱公三年'衛莊公娶於齊東宮得臣之妹，曰莊姜，美而無子，衛人所爲賦《碩人》也。'此序義所本。但'衛人'云云，謂當日曾爲莊姜賦詩，非謂詠其無子。"姑勿論詩義是否與莊姜無子有關，詩中已將莊姜夫人顯赫身份表達無遺。

　　以上所舉金文或《詩經》事例，足以說明當日社會對宗族之重視，並多引祖先身份以自重，《春秋》經傳所見周、魯、晉、楚、鄭、衛、宋、陳、蔡無不與西周世族攸關，當時世襲制度雖云基本已經解體，然昔日大夫之世襲情懷仍揮之不去。今由宋器銘文，復又增添另一實證。而從某種意義根尋，後世門閥制度之觀念，或許已早啓其端。

　　宋公圝鋪形爲豆而自名曰"餴簠"。"豆"字本身即豆形器之象形，先秦豆形器以青銅鑄製者極爲普遍。惟考諸青銅著録，商晚期器較鮮見，父癸豆（《新收》643）可爲其中代表，西周器則有周生豆（《集成》4682）、大師虘豆（《集成》4692）、鱗紋豆①等。青銅豆之形狀，據容庚歸納，大別可分兩類："一腹淺如盤，無蓋與耳。有有蓋者，有圓腹長校者。一腹圓口弇，有蓋與耳。二者雖異，其有校，有鐙，可以執，則一也。有銘者皆屬前類，後類無銘。"②今案近數十年來，新見青銅器日多，"後類"有銘者已不乏其例。除稱本名曰豆（見上引例），又有自名曰"鋪"、"甫"、"匍"、"匭"及"簠"者如：

> 杜孋鋪（《集成》4684）
> 虢季甫（《新收》36）、虢姜甫（《新收》1460）、曾仲斿父甫（《集成》4673、4674）

---

① 容庚：《商周彝器通考》（燕京學報專號 17），北平：哈佛燕京學社，1941 年，附圖397。

② 《商周彝器通考》，頁 369。

晉侯對匍(《新收》857)

魯大司徒厚氏元匜(《集成》4689)

微伯瘓箮(《集成》4681)、宋公固箮(本器)

以上諸名皆从甫得聲，字形雖異，指稱一也，且就今日所見青銅豆形器，凡具"折沿、圜形邊欄、盤腹平淺"特徵者，多稱引曰"鋪"，並已用爲該類形器之通名。至於《説文》云："簠，黍稷圜器也。"所言與傳統所稱方形之"簠"似有乖違，由於"簠"器每自名"匥"、"匡"、"盨"、"鈷"、"笑"、"𣪊"等異稱。今日稱述"簠"器大多逕以"匡"代"簠"，學者間已有共識。① 至於《説文》所稱"圜器"之"簠"，高明先生嘗認爲當與今日之"鋪"爲同類形器。② 今考諸上述微伯瘓箮及本器宋公固箮皆自名曰"箮"，與"簠"字形相較，僅"皿"形之有無之別。金文中所見青銅容器器名每加"皿"形，其例屢見不鮮。因疑《説文》以"簠"爲圜器，或緣"箮"之形義攸關。

微伯瘓箮及本器"箮"字皆从"竹"，微伯瘓箮於 1976 年陝西省扶風縣法門寺莊白村 1 號窖藏發現，爲西周中期器。由"箮"字形構，可以想見西周之際，有上述特徵之豆形器，或因有竹製豆冪，或甚至已有竹製成品，該字始得从"竹"作，戰國文獻所見"籩豆"，字亦从"竹"，其理亦然。多年前學者間已然論及鋪形器或即"典籍所載之籩"。③《儀禮·聘禮》：

> 堂上籩豆六，設于戶東，西上，二以並，東陳……上介四豆四籩四壺，受之如賓禮。

由"箮"、"籩"兩字形構及其出現先後，或可説明早期豆形器製作與竹材之使用攸關，而其流傳之緒亦可得而説。倘從質材考察，兩周時期青銅豆形器固然多見，逮及漢世，時人已確悉豆形器已有"木"、"竹"、"瓦"等不同材

---

① 參高明：《盨、簠考辨》，《文物》1982 年第 6 期，頁 70—73、85；江淑惠：《説簠》，《中國文字研究》(創刊號)，頁 71—80。

② 唐蘭：《略論西周微史家族窖藏銅器群的重要意義——陝西扶風新出墻盤銘文解釋》，《文物》1978 年第 3 期，頁 21—22；高明：《盨、簠考辨》，《文物》1982 年第 6 期，頁 72；江淑惠：《説簠》，《中國文字研究》(創刊號)，頁 71—80。

③ 朱鳳瀚：《中國青銅器綜論》(上冊)，上海：上海古籍出版社，2009 年，頁 149，注 3 及注 4；李學勤："從功能來看即文獻中的籩。"李學勤：《青銅器中的簠與鋪》，見《中國古代文明研究》，上海：華東師範大學出版社，2005 年，頁 76—81。

質之分別。《爾雅·釋器》：

> 木豆謂之豆，竹豆謂之籩，瓦豆謂之登。

"登"古書亦可書作"鐙"。《經典釋文》：

> 登本又作鐙。

漢代"豆"形燭鐙即多自名曰"鐙"。再者，"豆"、"登"、"鐙"三者古音均爲定母，彼此可因聲同或音近而通用。故青銅豆形器，亦有稱"鐳（敦）"或"登"者，如：

> 節可忌鐳（敦）（《新收》1074）
> 富子上官登①

敦，古韻屬文部，豆，古韻屬侯部，文侯通轉，故豆得以名敦。節可忌鐳（敦），出自山東，稱敦者，又或齊語使然。② 此外，猶有自稱"行器"者，如：

> 黃君孟豆："黃君孟自作行器。"（《集成》4686）

要之，先秦文字多未定形，易生變化，且每因地域、方音或習用而殊，同器異稱，固毋足怪也。

至於"豆"原爲食器，多用作薦菹醢，《周禮·天官·醢人》：

> 醢人掌四豆之實。朝事之豆，其實韭菹，醓醢……饋食之豆，其實葵菹，蠃醢……加豆之實，芹菹，兔醢……羞豆之實，酏食糝食。

《儀禮·特牲》陰厭：

> 主婦盥于房中，薦兩豆，葵菹，蝸醢，醢在北。

《儀禮·士昏禮》將親迎預陳饌：

> 饌于房中，醯醬二豆，菹醢四豆，兼巾之。

揆諸上述，豆形器爲食器，同時亦爲禮器。文獻所記用豆之數，無論多寡，

---

① 鄒安編著：《周金文存》卷三，上海：廣倉學宭，1921 年，頁 176；《集成》4688。
② 張光裕：《雪齋藏可忌豆識小》，見《雪齋學術論文二集》，臺北：藝文印書館，2004 年，頁 67—72。

率爲偶數,考古出土所見亦然。如曾侯乙墓出土青銅淺盤豆,乃兩豆共出;漆器中則Ⅰ式漆豆兩件,Ⅱ式漆豆十件,另有蓋漆豆四件,俱皆爲偶數。① 又湖北擂鼓墩二號墓出土青銅淺盤豆,兩件共出。② 另山西潞城戰國墓出土青銅豆亦八件共出。③ 西周中期以後之"鋪"形器,由考古發掘所見,出土時亦每多成對,如三門峽虢國墓地之虢季甫、湖北京山蘇家壠所出曾仲斿父甫皆然,今宋公圞鋪二器之出現,與偶數之制亦相合。可見"豆"、"鋪"之形制、稱名及用途,雖有因時代或地域之因素而互異,然由於器形相類,用途亦或相當,故於禮制仍保留其共通特色。

至於上述"鋪"形器,由西周而及春秋,多數有器而無蓋,帶蓮花瓣形蓋之"鋪"則只見於春秋器,出土地點亦僅限山東地區,或可用作斷代之參考。而繼宋公欒(縊)簠出土三十餘年之後,宋公圞鋪結合山東棗莊徐樓村墓葬出土器物,再新增一段與商、宋史事攸關之實證,宋公圞鋪之價值與意義自不待言。

(原載《出土文獻與古文字研究[第六輯]——復旦大學出土文獻與古文字研究中心成立十周年紀念文集》,上海:上海古籍出版社,2015 年,頁113—122。今稍事增補。)

---

① 湖北省博物館、中國社會科學院考古研究所編:《曾侯乙墓》上册,北京:文物出版社,1989 年,頁 211、367—368。
② 湖北省博物館、隨州市博物館:《湖北隨州擂鼓墩二號墓發掘簡報》,《文物》1985 年第 1 期,頁 24。
③ 山西省考古研究所、山西省晉東南地區文化局:《山西省潞城縣潞河戰國墓》,《文物》1986 年第 6 期,頁 6。

《詩·小雅·楚茨》"勿替引之"與金文"日引勿替"互證申説

一

《詩·小雅·楚茨》末章云：

> 既醉既飽，小大稽首。神嗜飲食，使君壽考。孔惠孔時，維其盡
> 之。子子孫孫，勿替引之。

毛傳：

> 替，廢。引，長也。

《爾雅·釋言》：

> 替，廢也。

《説文》云：

> 朁，廢也。一偏下也。从竝，白聲。暜，或从曰。替，或从茻
> 从曰。

"一偏下也"，段注云：

> 此又爲一義。相竝而一邊庫下，則其勢必至同下，所謂陵夷也。
> 凡陵夷必有漸而然，故曰履霜堅冰至。

然無論從小篆字形或段注，皆難以瞭解"一偏下也"之確指。檢諸甲骨、金文，"替"字書作"替"（《鐵雲藏龜零拾》四五）、"替"（西周獄簋）、"替"（西周衛簋）、"替"（戰國中山王𨞑鼎），其形構正爲上下或大小相錯。張政烺先生首先揭示，戰國中山王𨞑鼎"替"字乃"替"之異體，並引《鐵雲藏龜零拾》第四十五片（《合集》32892）"丁丑貞，其替卻，自雀。丁丑貞，其引卻。"及《楚茨》"勿替引之"互爲印證。① 而上引新見獄簋及衛簋"替"字又可填補由商至戰國之間"替"字形體發展之缺環。吾人由是得以領悟《説文》"一偏下也"之所指，其一偏下乃與在上或大者對言。許慎當日引用此語解釋"替"字，想亦必有所依據。而"替"字由本身部件位置之差等、大小或寓意彼此互易之關係，故得進而引申爲"廢"。② 今日"替"有"興替"、"交替"及"更代"義，亦可得而略説也。

"勿替"一辭見《書‧康誥》：

> 王若曰，往哉，封，勿替敬典，聽朕告汝，乃以殷民世享。

又《召誥》：

> 其曰我受天命，丕若有夏歷年，式勿替有殷歷年，欲王以小民受天永命。

"勿替"又有書作"無替"或"毋替"者，如《書‧旅獒》：

> 王乃昭德之致于異姓之邦，無替厥服。

中山王𨞑鼎（《集成》2840）云：

> 子子孫孫永定保之，毋替氒（厥）邦。

要之"勿替"、"無替"、"毋替"猶言"勿廢"。"勿廢"之義早見於西周早大盂鼎（《集成》2837）：

---

① 張政烺：《中山王𨞑壺及鼎銘考釋》，吉林大學古文字研究室：《古文字研究》（第1輯），北京：中華書局，1979年，頁208—232。
② 何琳儀以爲甲骨文"替"字字形乃"會一上一下偏廢之意"。（何琳儀：《戰國古文字典》下册，北京：中華書局，1998年，頁1238。）

王曰，盂，若敬乃正，勿灋（廢）朕命。

春秋晉姜鼎（《集成》2826）云：

勿灋（廢）文侯覬命。

鼎銘雖假“灋”爲“廢”，然輔以中山王嚳鼎“毋替乓（厥）邦。”用例，可爲“勿替”、“無替”及“毋替”作最佳輔助詮釋。

“勿替引之”一語，於先秦文獻只出現兩次，《詩·小雅·楚茨》而外，僅見於《儀禮·少牢饋食禮》尸酢主人並命祝致嘏：

祝受以東，北面于戶西，以嘏于主人，曰：皇尸命工祝，承致多福無疆于女孝孫，來女孝孫，使女受祿于天，宜稼于田。眉壽萬年，勿替引之。

《楚茨》乃咏祭祀之詩，箋云：

惠，順也。甚順於禮，甚得其時，維君德能盡之，願子孫勿廢而長行之。

孔疏：

於是之時，既醉於酒矣，既飽於食矣，其同姓小大長幼皆再拜稽首，而共慶君曰：由君明德馨香，神乃嗜君飲食，使君得壽考之福也。祭甚順於禮，甚得其時，唯君德其能盡此順時之美，願君之子孫世世勿廢而長行之。

“子子孫孫，勿替引之”云者，乃祝頌子子孫孫之延綿不絕也。結合前句“神嗜飲食，使君壽考。孔惠孔時，維其盡之”義與“眉壽萬年，勿替引之”正可互爲注腳。

學者間一般認爲《小雅》詩作大多成篇於西周中葉以後，其餘部分則屬西周晚或春秋早期作品，《儀禮》成書最早應不逾戰國，“勿替引之”於《儀禮》出現固可見其因襲之跡，然《楚茨》之用辭是否又能溯其所自？自漢以來，故訓傳注似皆無談及者。

二

近六十年來，新出金文材料不斷湧現，公私家藏器中，不乏極具研究價值,且可與文獻及古史相互參證之資料。四年前,一批西周中期由"獄"製作的成組青銅器在坊間出現,有關内容已有多篇文章介紹,①其中Ⅰ式獄簋(甲—丁)八十九字,銘末云:

> 孫＝子＝其萬年永寶,用兹王休,其日引勿替。

其兄弟"衛"製作者亦有甲、乙二器,甲器一百廿二字,末云:

> 孫＝子＝其萬年永寶,用兹王休,其日引勿替,誰(世)毋望(忘)。

乙器銘末用語則與Ⅰ式獄簋全同。②"日引勿替"與"勿替引之"同屬聯合詞組,其所異者,乃"日引"屬偏正結構,"日"作爲狀語,置於"引"之前,而"引"所帶之賓語被省。而"勿替引之"雖同屬聯合詞組,然"勿替"置前,而"引之"之"引"則爲動詞,並帶賓語"之"。考其緣故,除爲求配合四言詩句,甚至使語義更清晰外,宜當與詩篇之押韻攸關。《楚茨》:

> 孔惠孔時,維其盡之。子子孫孫,勿替引之。

"盡"、"引",古音分别爲從紐及余紐,同屬真部,故可相叶,其前句"既醉既飽,大小稽首。神嗜飲食,使君壽考","飽"、"首"、"考"則分别爲幫、書及來紐,屬幽部相叶。至於衛簋(甲)銘末復加添"誰(世)毋望(忘)"。而Ⅱ式獄簋六十八字,銘末亦稱:

> 孫孫子子其萬年永寶用兹彝,其誰(世)毋望(忘)。

---

① 參見上海崇源:《海外回流青銅器觀摩研討會參考資料》,2005年9月;陳全方、陳馨:《新見商周青銅器瑰寶》,《收藏》2006年第4期(總160期);張懋鎔:《"魯侯獄銅器"獻疑》,《收藏》2006年第7期(總163期);吳鎮烽:《獄器銘文考釋》,《考古與文物》2006年第6期,又見《崇源國際2008秋季藝術品拍賣目録》2008年第12期(案:是篇所載銘文圖片印製錯亂,與正文引述多有不符);吳振武:《試釋西周獄簋銘文中的"馨"字》,《文物》2006年第11期;李學勤:《伯獄青銅器與西周典祀》,《古文字與古代史》(第1輯),2007年;裘錫圭:《獄簋銘文補釋》,"第五屆國際中國古文字學研討會"論文,香港中文大學、安徽大學,2008年4月7—11日;吳振武:《范解楚簡"蒿(祭)"之與李解獄簋"燓牟馨香"》,"中國簡帛國際論壇論文",臺北,2007年11月;吳振武:《釋西周獄簋丙銘中的"馨"字》,《華學》(9、10輯),2008年。

② 朱鳳瀚:《衛簋與伯獄諸器》,《南開學報(哲學社會科學版)》2008年第6期,頁1—7;張光裕:《樂從堂藏獄簋及新見衛簋三器銘文小記》,《中山大學學報(社會科學版)》2009年第5期。

與Ⅰ式獄簋比較,乃以"彝"取代"王休",又省"其日引勿替"五字。要之,"詍(世)毋望(忘)"之述記乃金文祝願習用語,並有加強語氣作用。西周早期曾書作"十世不望(忘)"(獻簋),戰國器多稱"永世毋忘"(如屬羌鐘、陳侯午敦);先秦經典則僅襲用"永世"一辭,如"於乎皇考,永世克孝"(《詩·周頌·閔予小子》)、"永世無窮"(《書·微子之命》),然使用次數甚少。而"詍(世)毋望(忘)"之出現正可適時爲"日引勿替"、"勿替引之"作最佳注腳。

除上述獄簋及衛簋二器稱引"其日引勿替"可與《楚茨》"勿替引之"相印證外,猶有新見魯侯卣乙器,①可爲"勿替引之"作進一步詮釋。卣銘一百一十三字,銘文後段云:

> 自今往,至於億萬年,女其日賞,勿替乃工日引。

"勿替乃工日引",語序既與"日引勿替"倒置,又增添賓語"乃工"。"工",金文中每用爲"功績"、"功勞"之"功",如稱"有工(功)"(明公簋)、"成工(功)"(沈子它簋)、"獻工(功)"(大夫始鼎)。"女其日賞,勿替乃工日引",猶言盼汝時刻皆蒙此賞,而有所鼓勵,永記其功,延綿長保。至於前句云:"自今往,至於億萬年",乃金文中首見,義與"永世毋忘"相當,既包含"百世孫子寶"(叔向父簋),子子孫孫長保不絶之理想,亦有"眉壽萬年"之寓意,後世每希冀"萬壽無疆",甚至王室貴胄之"家天下"及"世襲"觀念,溯其源起,亦與類此祈願及長久擁有之心態,有莫大關係。取上述金文材料與《詩·小雅·楚茨》及《儀禮·少牢饋食禮》比觀:

(1)孫=子=其萬年永寶,用茲王休,其日引勿替。(Ⅰ式獄簋)

(2)孫=子=其萬年永寶,用茲王休,其日引勿替,詍(世)毋望(忘)。(衛簋(甲))

(3)孫孫子子其萬年永寶用茲彝,其詍(世)毋望(忘)。(Ⅱ式獄簋)

(4)自今往,至於億萬年,女其日賞,勿替乃工日引。(魯侯卣)

(5)子子孫孫永定保之,毋替乒(厥)邦。(中山王譻鼎)

(6)孔惠孔時,維其盡之。子子孫孫,勿替引之。(《詩·小雅·楚茨》)

---

① 未見著録。

(7) 眉壽萬年,勿替引之。(《儀禮·少牢饋食禮》)

可以得見"日引勿替"、"勿替乃工日引"、"勿替引之",彼此間之語意及内涵,皆圍繞"永世"、"萬年"、"子孫延綿"、"長久不絶"作祈求,而文句結構嬗變之跡亦緒然可尋。至於前引《鐵雲藏龜零拾》第四十五片,替、引二字同見,且又正反貞問,由是窺見替廢、引長之字義,自商晚至今日,仍沿用不輟,並可藉此推證"日引勿替"、"勿替引之"之出現,絶非偶然。

<h1 style="text-align:center">三</h1>

利用金文材料與《詩經》相互印證,以上所舉僅其中一例,他如《小雅·鹿鳴》"我有旨酒,以燕樂嘉賓之心",亦可與金文鐘銘"用樂嘉賓、父兄、大夫、朋友"(嘉賓鐘)、"用宴以喜,用樂嘉賓,及我朋友"(鮑氏鐘)辭例參校,對瞭解《詩經》内容及其時代意義皆有意想不到之效果。

其實,援引金文以證《詩經》語詞之研究,王國維先生《與友人論詩書中成語書》(一、二)早啓先河,①于省吾先生《澤螺居詩經新證》繼爲推闡,②季旭昇《詩經古義新證》踵武前脩,③多所創獲。比年以來,從事文獻訓詁學者,善用新出土材料與傳世文本互相印證者日漸增多,然往往只散見於相關篇章,以專論形式發表者,仍屬少數。至如姜昆武《詩書成詞考釋》與于茀《金石簡帛詩經研究》二書,④雖非專事金文之稱引,然查檢相關資料,亦允稱便捷,有益學林。近期所見,馬銀琴《西周穆王時代的儀式樂歌》一文,論述《詩經》中樂射、宴飲、祈福及頌禱禮儀,輔以適量金文材料説明,其觀念、方法及成效實不容忽視;⑤又鄧佩玲既用力於古文字

---

① 見王國維:《觀堂集林》,北京:中華書局,1959 年,頁 75—84。
② 于省吾:《澤螺居詩經新證 澤螺居楚辭新證》,北京:中華書局,2003 年。
③ 季旭昇:《詩經古義新證》,臺北:文史哲出版社,1995 年。
④ 姜昆武:《詩書成詞考釋》,濟南:齊魯書社,1989 年;于茀:《金石簡帛詩經研究》,北京:北京大學出版社,2004 年。
⑤ 見《經學研究論叢》第 11 輯,臺北:學生書局,2003 年 6 月;又馬銀琴:《兩周詩史》,北京:社會科學文獻出版社,2006 年,亦善用出土金石簡帛材料與傳世文獻相參校。

研究，復究心於《詩經》與金文互證探求，其讀《詩·周頌·維天之命》"假以溢我，我其收之"，參校傳統故訓之餘，認爲益、溢本爲一字，審諸西周金文，"益"字讀爲"昜"（賜），然"假以溢我"實可讀爲"假以昜（賜）我"；又《周頌·維清》"迄用有成，維周之禎"，及《臣工》"明昭上帝，迄用康年"，鄧君取新出土金文材料所見"用气（乞）眉壽，萬年無彊（疆）"（郘公諴鼎）及"洹子孟姜用气（乞）嘉命，用旂眉壽，萬年無彊（疆），用御爾事"（洹子孟姜壺）等語例作重要參證，讀"迄"爲"乞"，語義與金文"匄"相當，解爲祈求，並認爲"迄用有成"及"迄用康年"乃祭祀時之祝嘏語辭。① 一家之言，容可一再琢磨，然不失爲清新之論。爲學日益，譬如積薪，後來居上，年青學者從事類此嘗試，實宜多予鼓勵。

先師屈翼鵬先生於《詩經詮釋》敘論《我們怎樣研究詩經》中，引述傅孟真先生《詩經講義稿》稱，研究《詩經》態度有三，其一乃强調考證工夫之重要。屈師復加申說云：

> 我們生當金文、甲骨文大量出土的今天，在字形、字義和語法構造方面，有豐富的材料可資比較，在音韻方面，現在審音的方法，既超越了前人，又有全世界的語言學材料，可供參考；在史料方面，我們又具有了前人所没有的社會史和文化人類學等知識，我們既已洗净了冬烘的頭腦，又有了這些憑藉，再加上前人研究的成果，那麼，廓清了以往的雲霧，而探尋三百篇的本來面目，應該是不難的。②

誠哉斯言，吾輩苟能力行共勉，益以近年新見金文材料，再創新猷，定必可期。

（原載《中國經學》第 6 輯，桂林：廣西師範大學出版社，2010 年。）

---

① 鄧佩玲：《〈詩·周頌·維天之命〉"假以溢我"與金文新證》，"經學研究國際學術研討會"發表論文，香港：嶺南大學，2009 年 5 月；鄧佩玲：《〈周頌〉"迄用有成"及"迄用康年"辭義重探》，"古道照顏色——先秦兩漢古籍國際學術研討會"發表論文，香港：香港中文大學，2009 年 1 月。
② 屈萬里：《詩經詮釋·敘論》，《屈萬里全集》，臺北，聯經出版事業公司，1983 年。

曾侯乙墓出土鼎鈎的啓示

　　"湖北隨州擂鼓墩出土文物"展覽，①使愛好中國古代文物的香港人大飽眼福。展品中的二號墓出土編鐘，雖然不能跟一號墓出土的 64 件編鐘相提並論，但它們的紋飾卻有其獨特的地方，直覺上使人感覺到跟楚文化那種豐富的想象力脫離不了關係。何況這套編鐘是在簡報正式發表以前，第一次作公開的陳列。國內考古學界能具有這份胸襟，的確是令人感到興奮的。

　　隨縣一、二號墓出土的鑊鼎、鬲和帶蓋鼎，出土時都有一對鼎鈎伴出，在過去的田野發掘中是鮮見的，傳世品中似乎還没有見過同樣的配搭。在《隨縣曾侯乙墓》圖録第三七圖提供了一幅一號墓青銅禮器、用具出土情況的照片（圖一）。鼎鈎在蓋上的排列非常清楚。還有一樣值得注意的是鬲上有一層覆蓋物，竹編或茅編的形制還清晰可見，這次展覽把三七圖放大懸掛，看起來更加真切。圖片和實物的展示，不期然令人想起《儀禮》中有關陳鼎時設扃鼎和舉鼎的記述，例如《士昏禮》將親迎，預陳饌：

　　　　陳三鼎于寢門外⋯⋯其實特豚⋯⋯魚十有四，腊一肫，髀不升，皆飪，設扃鼎。

又婦至成禮：

　　　　贊者⋯⋯出，除鼏，舉鼎入，陳于阼階南。

---

① 湖北省博物館、華潤藝林有限公司聯合舉辦："湖北隨州擂鼓墩出土文物、江陵出土越王勾踐劍"展覽，香港：中國文物展館，1984 年 12 月。

159

圖一　轉引自《隨縣曾侯乙墓》圖録第三十七圖

“舉鼎入”，過去的理解是由二人扛鼎，既有扃鼏之設，扛鼎的工具很自然想到是用扃。《公食大夫禮》陳具：

> 甸人陳鼎七，當門，南面，西上，設扃鼏鼏若束若編。

鄭玄注：

> 扃，鼎扛，所以舉之者也。凡鼎鼏，蓋以茅爲之，長則束本，短則編其中央，今文扃作鉉，古文鼏皆作密。

但是如果使用圓扃，穿過鼎耳扛起來的時候，是很難讓鼎身獲致平衡的，倘若是方扃，是否能貫穿鼎耳亦是一大問題，現在一、二號墓出土的鼎鉤，無疑替文獻的記載提供了實物的説明，對“舉鼎”的方式從而也得到更滿意的解答。

至於 1959 年安徽舒城出土兩件鉉鼎，蓋上皆有一銅鉉，橫穿蓋紐以貫鼎耳，鼎蓋邊緣殘存覆蓋的布片痕跡。殷滌非先生鉉鼎解一文引用舒城鉉鼎，①認爲鉉即扃，是關鼎的閂子，鼏是鼎蓋上的疏布巾。不過從隨

---

①　載《江漢考古》1983 年第 4 期。

縣出土的實物顯示,跟諸鼎伴出的還有一些圓棍子(圖一),它們應該就是《儀禮》中所稱的扃,但是一號墓的有蓋鼎和鬲卻無法跟舒城鉉鼎一樣使用扃來閂鼎,這些扃的用途,由伴出鼎鈎的事實,只能説明是作舉鼎之用。如果扃是閂鼎之物,扃既塞在兩鼎耳内,鼎鈎便無法發揮作用,據《公食大夫禮》載鼎實于俎稱:

> 士舉鼎,去鼏於外,次入,陳鼎于碑南,南面,西上,右人抽扃,坐
> 奠于鼎西南。

"抽扃"的程序是在舉鼎入門以後,換句話説,公食裏的"扃"當然不是閂鼎之物,而是舉鼎使用的棍子了。而鼏的形制也不一定是疏布巾,《儀禮》中使用的鼏,應是如《公食大夫禮》所説的"若束若編",證以一號墓鬲上的覆蓋物,不就更加清楚了嗎? 當然禮有隆、殺、宴、喪之别,不同地域的禮制也不一定完全相同。但利用出土的實物,結合文獻作比較的研究,卻是饒有意義的。

(原載《江漢考古》1985 年第 3 期。)

罕見金文原拓介紹

——以智鼎原拓爲例

（附《罕見金文原拓知見目》）

　　研究金石學者,皆知金文原拓本之珍貴,蓋原拓乃拓自原器,最能顯示原器銘文真貌,除可視爲鑑賞及收藏之藝術品外,從原拓字裏行間,既可直接反映原器銘文神髓,更可視乎施拓之精麤,作爲研究字形結構或判別真僞之標準。傳世有銘青銅器約爲一萬五千件(據《殷周金文集成》收錄 12 113 器,《近出殷周金文集錄》收 1 258 器,其他約 6 000),俱散見國内外公私收藏,而其中經已佚失之原器,欲再施氈拓,誠無可能,故該類器物原拓之流傳,至爲難能可貴。

　　個人從事青銅器研究數十年,除因緣際會,可以目驗原器並親手捶拓外,亦曾努力注意原拓之收藏,本文所附《罕見金文原拓知見目》七十八種,乃是多年寰宇走訪之心力所聚,讀者有機會不妨按圖索驥,接觸原拓時,只要多用心細讀,必有所得,甚至會有意想不到之收獲。至於寒齋所收拓本,主要拓自歐美各大博物館及私家收藏,包括晉侯盤、夨令簋、它簋蓋、智簋、否叔尊、呂壺蓋、保鼎簋、虎簋蓋甲、老簋、晉侯靳盨、晉侯靳方座簋、晉侯穌鐘、子犯編鐘、豳公盨,此外猶有最近新見之獣簋、盤、盉、趞伯簋等。此等拓本泰半乃親手所拓,且大都屬未剔本,施拓之目的主要在於資料之蒐集,由於時地之局限,既不講求墨色之好壞,亦無法計量能否達致"烏金拓"或"蟬翼拓"之效果,諸器除已入公私家收藏外,部分則是去向不明,故余所藏,倘視爲另類之珍品亦未嘗不可。

前述知見目中所見原拓，固然可取與已知的公私家收藏原器作對應，惟不少原拓原器早已不知所踪，原拓之流傳遂成為罕見中的極品。然於罕見原拓之中亦真偽屬雜，從青銅器辨偽角度審視，部分幾可亂真之偽銘原拓，亦份屬難得之珍本，而借助該類偽銘原拓與真器原拓或影本之比較，除有助鑑別器銘之真偽外，從中既可瞭解作偽者之手法，其仿作技術之高超，亦不得不加以拜服，難怪研究者稍一不慎，遂易受蒙騙。這一類精品涉及不少傳世重器，例如毛公鼎（497 字）、大盂鼎（291 字）、邾公華鐘（83 字）、宗周鐘（118 字）、子禾子釜（108 字）、兮甲盤（133 字）等，余於《偽作先秦彝器銘文疏要》（香港書局，1974 年）中已有詳細介紹。今日主要就其中一件鮮有人道及，然卻早為人熟知之曶鼎（403 字）原拓作簡單介紹。

一、曶鼎原器之存佚

曶鼎原為畢沅家藏，畢沅（1730—1797），號秋颿，鎮洋人。清乾隆間曾為陝西巡撫。據吳士鑑題識記述（見下文），曶鼎乃畢氏於西安時所得。原器已沉於太湖，或云已燬於兵燹。余於 1990 年過訪上海博物館，當時馬承源館長特別自庫房中搬出館藏曶鼎乙器，審視之下，真令我大開眼界。是鼎直耳，上端稍外侈，深腹，三短足，俱飾牛首形。檢諸器身，不見銅鑄范線，疑係失臘法所製。惟銘文鑄製特佳，與《三代》著錄相校，極度形似。南歸後，蒙馬館長寄贈原拓乙紙。十數年來，余一直視若珍寶。今日睹物思人，實在不勝唏噓。根據阮元《積古齋鐘鼎彝器款識》4.40 記述，曶鼎乃畢沅得之於西安，器“高二尺，圍四尺，深九寸，款足作牛首形”（4.39）。今所見上博藏器，牛首形足特短，兩耳高度亦長於三足。類此短足大鼎亦見於新發現之秦陵大鼎（《文博》2004.2），然自畢沅歿後，似乎並無聽聞有人曾見曶鼎原器，故上海博物館所藏曶鼎形制是否與原器相同，固不得而知，然從銘文及原拓與傳世曶鼎拓本比較，知該鼎銘之仿真度極高，從而可推見該仿品之花紋、形制及大小或應仿自原器，若然，由於原器已佚，是鼎之價值自不言而喻。

二、舀鼎原拓之類別

傳世舀鼎原拓並不多見，邊成輯有《舀鼎八家真本彙存》影本，書中有邊成題辭："乙酉春二月上浣，政平邊成時客春申江上，書成題詩以完跋尾。"所稱八家包括：

1. 翁覃谿藏何夢華手拓未剔本
2. 江建霞藏未剔本
3. 吳思亭錢獻之小篆釋文本（附原拓）
4. 陳朗亭錢獻之手拓本
5. 朱筱鷗藏黃小松釋文本（附原拓）
6. 張叔未藏吳侃叔稿書釋文本（附原拓）
7. 何子貞藏本
8. 鄒適廬藏本

拓本頁後別有吳士鑑題識：

> 舀鼎爲畢秋颿制軍藏器，乾隆壬寅（當作戊戌），得於西安，嘉慶丁巳，公卒，身後籍没，此鼎不知所往，或云沉於太湖，或云燬于兵燹，皆無確據。道光以後，原器精拓，幾如星鳳，阮文達公《積古齋款識》據吳侃叔、錢獻之兩家釋文，王蘭泉侍郎《金石粹編》則專用錢釋。余於今年夏購得此卷，乃侃叔先生舊藏拓本，手書釋文六紙，即文達據以著錄者，人間僅見之本，彌可寶貴，惜第三節釋文已佚，其半不可考見……光緒戊申，九月既望，吳士鑑識于含嘉堂。

又吳士鑑於《九鐘精舍金石跋尾甲編》舀鼎條下云：

> 右舀鼎拓本乃張止原（復純）所藏，有止原題識及印章。止原，江寧人，入畢秋颿制軍幕府，與洪稚存作《開成石經聯句詩》（見《蒼莨閣集》）。此本當爲秦中初拓，制軍身後籍没，此鼎不知所往，或云燬于

罕見金文原拓介紹

兵燹，或云沉於太湖，皆無確據，人間拓本，稀如星鳳，至可寶也。

而據鄒安《周金文存》3.6 跋稱：

> 余訪智鼎近十年，未遇一可收者。今夏，既借印吳式棻學士藏卷，又得見河間龐氏册，皆爲吳侃叔題釋，自謂眼福不淺。冬初，道州何星叔示其曾祖子貞先生集拓，内有已剔精本，以巨價商讓，復於次月得元和江建霞所藏未剔本，兩美相合，舊輯金拾，乃無遺憾矣。

壬子十一月杭州鄒安記

又云：

> 智鼎已未剔二本均於壬子買得，何藏在鐘鼎文集册内，僅有子貞先生一名印在角，江建霞原藏四本，一已剔，一未剔，二精摹本，此未剔本與二摹本同出，獨闕已剔一本。甲冬初，忽於汲修齋見徐氏隋軒所藏一本，以爲靈鶼本也，亟議價异歸，互校不合，細審印章，知爲胡氏摹本，銅瘢均合，惟細點紋不能盡仿，而末行田字略偏，技亦神矣。前有"徐印渭仁"及"紫珊"二章，又胡氏一章，江建霞一章，胡章係"海鹽胡氏有聲手摹"八字，江章係"靈鶼閣藏"四字，後有孫星衍題字一行，又莫遠湖一章，摹本而加以考釋、名印，殆莫徐二誤爲真本矣！由此可見真本不多，且不易得，余訪之十餘年，不能再有第三本，意中事也！

甲寅冬十月初旬景叔再記

是知當時已有仿本，故鄒氏乃有"真本不多，且不易得"之嘆，四年後又云：

> 智鼎已未剔二本，余印入《周金文存》後，即被錢唐陳叔通齊年（癸卯補殿同年）索讓去，原册遂闕，求之十年，曾無一遇。今夏至滬，忽見此本，以無攜金爲作緣於同好，計二百廿元，旋同好以無印跋嫌昂，正售去一漢琮，乃以其價贖之，時有允加百元索讓者，爲周金集册計，不願再缺此大寶，另加詳跋，并和四詩以紀之。丁卯五月，適廬鄒壽祺，時年六十四。

而據《奇觚室吉金文述》(2.21—28)著録稱：

> 右購本，……此鼎已燬於兵火，原拓罕覯，此係道光時翻本，與沉

165

書合，因翦貼之。

曶鼎於道光時猶有翻刻本，亦可得而略説也。

三、曶鼎仿器原拓與其他原拓之比較

當日目驗上博藏器及於獲贈該器原拓後，皆曾先後取與《三代吉金文存》4.45.2 著録曶鼎銘文校對，兩者互異之處甚多，故知是異范異拓，如第四行末有"牛鼎"一辭（圖一），"鼎"字於《三代》所見，字畫之間有缺斷，上博原拓亦大致相當，惟《三代》"鼎"字左上角斜筆筆畫完整，而上博則缺其半。知者或謂此捶拓時施墨過多，遂掩去部分筆畫耳！惟經檢視上博原拓背面，"鼎"字該畫確屬缺筆，由是可以肯定兩者確是異范異拓。

上博藏曶鼎原拓	《三代》4.45.2
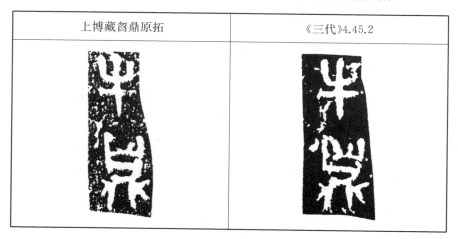	

圖一

茲復就所知曶鼎拓本五種作比較如下，拓本五種分別見於以下著録：

1. 史語所藏原拓（與《三代》4.45.2 爲同范異拓）

2.《中日歐美澳紐所見所拓所摹金文彙編》4（此本乃巴納先生於1954 年購於東京，巴納認爲乃石印原拓本。拓本右下角鈐"鍾山珍賞"朱文印；此本與二玄社《中國法書選》1，甲骨文、金文卷 No.60 同范異拓）

　3.《弘齋藏吉金文字》(日本京都大學人文科學研究所藏)

　4.《平安館舊藏金文拓本》(北京大學圖書館藏)

　5. 曶鼎仿器原拓(上海博物館藏)

　爲求簡明易曉,乃各截取拓本中兩段文字互校(圖二 A1,2;B1,2;C1,2;D1,2;E1,2),稍加留意,五者之文字體勢,字畫粗細,乃至銹斑形態確實互有不同。選取同一字形作比較,彼此之差異有立可判別者,亦有須經細校始可知其微細差別者,檢諸附圖可以察知,於此暫不擬作詳細描述。又別有上海圖書館藏吳式芬《鐘鼎款識》册五著錄曶鼎原拓,當日曾經對校,又與前五者略異。

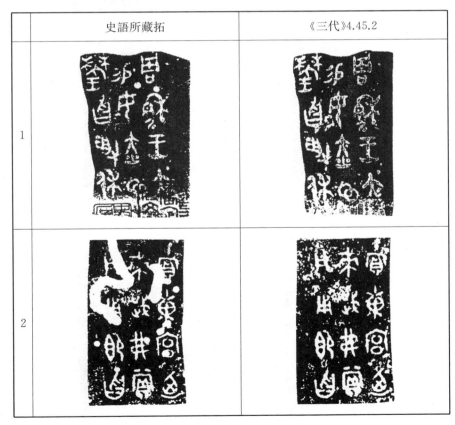

史語所藏拓	《三代》4.45.2
1	
2	

圖二 A

《彙編》4	《中國法書選》1 （甲骨文、金文卷 No.60）
1  	
2  	

圖二 B

《弘齋》藏拓	《平安館》金石拓本
1	 1 

（續圖）

	《弘齋》藏拓		《平安館》金石拓本
2	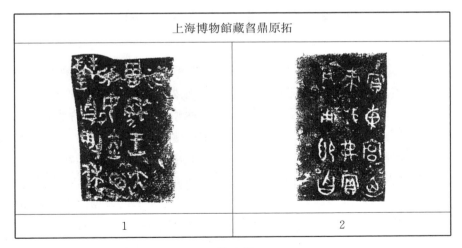	2	

圖二 C、D

上海博物館藏曶鼎原拓	
1	2

圖二 E

　　要之，由上博藏器原拓與其他拓本對比，得知曶鼎拓本大別有原器原拓本、翻刻本、石印原拓本、仿器原拓本等四種，而原拓本又有未剔本及已剔本之分。復由吳士鑑及鄒安等人題跋，知原曶鼎確有原拓本傳世，今所見《三代吉金文存》著錄及史語所藏拓應爲最早之原器拓本，而經由上述五種拓本取樣互校示例，復因摩挲上博仿器，以及利用曶鼎仿器原拓，或可提供以下幾點粗淺之體會。

1. 審視原拓紙背,可以得見字坑之深淺,甚至立知原器字畫是否確有殘缺。

2. 由字畫之完整或殘缺,經比對其他拓本,可以判知屬同范異拓抑異范異拓。

3. 由於舀鼎原器佚失,而仿製器倘若仿自原器,今人遂可由仿製器得見原器面貌之梗概,兼且仿製器銘技術超凡,仿真度甚高,故其原拓之價值彌足珍貴。

至於該份舀鼎原拓既未經著録,亦鮮有學者道及,誠爲罕見珍品,今謹藉此機會作一簡單介紹。

附録:罕見金文原拓知見目①

從事金文研究者,每於銘文有可疑處,恨不能以一睹原器爲最大之心願;然銅器之庋藏,每爲私家或博物館所寶,索觀非易。倘能退而求其次,獲見墨本,尋其究竟,亦一大樂事也。是以原拓之本身固極可寶貴,而其於研究,則更別具價值。海内外收藏之中國青銅器逾萬,余嘗擇其有銘文者,廣事收輯,十年於兹,自拊已得其七八,其中過半之器,亦能在摩挲之餘,兼施捶拓,今欲再睹原物,雖不可遽得,然原銘之精神面貌,於一紙墨本中,仍可窺見,由是益覺原拓之價值,其於原器實不遑多讓。惟傳世有銘銅器,倘僅憑一己之力,縱使連年奔走,亦勢難盡拓盡睹,故於來往博物館之暇,遂兼及原拓之蒐録,期於氈墨之間,一補未睹原器之憾。不數年間,余竟於國内外各大圖書館中,獲見金文原拓不下一萬五千餘份,其中有已經著録之金文原本,如《澂秋館》《攈古録》和《小校經閣金文》拓本等。然罕見之善本原拓更不下五十餘種,如《諟齋吉金墨本》七十四册、《弘齋藏吉金文字》《舀盦手集商周秦漢六朝吉金文字》《雪堂藏彝器拓片》(一百

---

① 見張光裕:《雪齋學術論文二集》,臺北:藝文印書館,2004 年。

方）、《三代銅器鐘鼎拓片》《鐘鼎拾零》《簠齋存古餘録》等皆是，而所拓諸器中亦有未經著録者，經初步整理約七十餘目。又見原拓紙上，往往鈐有時人印鑑，或附加墨注，所述多有鮮爲人知之資料，對查考某器之出土、庋藏過程，極有助益。嘗思將手鈔筆記整理輯録，取與有關金文著録互作參校補苴，並擴而充之，使成一銅器收藏流傳年譜，既能保存前人心力所聚，又可供來茲參考。惟是項材料，卷帙浩繁，整理費時，恐非短期間可以完成者，今僅將所見各種善本原拓先行臚列簡介，俾大雅君子，藉知庋藏所在，瑰寶得以時放光華，亦或有益於學林者乎！

金 文 原 拓 目	現　　藏
1. 小校經閣金文原拓 2. 李玄伯舊藏散頁拓 3. 李玄伯舊藏册頁綜合篇 4. 善齋藏全形卷軸 5. 謚齋吉金墨本（七十四册）	臺北中研院歷史語言研究所
6. 金文原拓（全形）六七七封	臺北"國家圖書館"
7. 黃濬尊古齋藏金文原拓本	孔達生先生珍藏
8. 黃濬尊古齋金文集（未刊行） 9. 孫壯藏拓移林館金文拓本（原于省吾先生珍藏）	中國社會科學院考古研究所
10. 百煉盦金文拓本（謝剛國集） 11. 白辟父簋（舊拓本） 12. 澂秋館彝器拓本（陳寶琛藏器） 13. 金豁周康元拓本 14. 讀雪齋彝器全形拓本（孫壯藏器，附北平孫氏讀雪齋藏器目，1928 年） 15. 范權藏拓（柯昌泗輯） 16. 簠齋藏吉金拓本（陳介祺藏編，四〇册，清同光間濰縣陳氏拓本） 17. 古拓傳珍（拓本二十五葉） 18. 故宮博物院吉金拓片（1935 年北平燕京大學圖書館據東莞容氏頌齋藏拓本曬印） 19. 故宮博物院吉金文字（北平故宮博物院古物館拓本） 20. 歷代金文雜綴（邵章輯，拓本）	北京大學圖書館

（續表）

金文原拓目	現藏
21. 毛公鼎拓本一幅 22. 平安館金石拓片（葉志詵拓輯，有墨注，四冊） 23. 三代鐘鼎拓片 24. 天壤閣藏器拓墨（十種，摹拓本） 25. 銅器拓片 26. 晚學齋吉金拓本（四卷，四冊） 27. 欣遇廬吉金集粹（吳誦孫集拓，1938 年欣遇廬藏集拓本） 28. 盂鼎拓全形拓本 29. 喆庵藏拓（1936 年，八冊） 30. 鐘鼎拓片（九種，李錦鴻拓） 31. 鬱華閣金文	北京大學圖書館
32. 尊古齋金石集（原拓一千餘幅，中有全形拓多幅） 33. 尊古齋古兵精拓 ＊ 以上兩種拓本已連同《瓦當文字》《陶佛留真》《造像集拓》 　《古鏡集影》及《古玉圖錄》等共七種，已由上海古籍出版社 　（1990 年 6 月）印行	清華大學圖書館
34. 攈古録金文 　　鐘鼎款識八冊（吳式芬底稿拓本） 　　三代鐘鼎款識十四冊（多鈐"攈古已録印"） 35. 存古録（吳愙齋舊藏原拓）十四冊 36. 從古堂款識學九冊（徐同柏原稿本、陳簠齋校箋）	上海圖書館
37. 李國松藏拓 38. 方若雨藏拓 39. 延鴻閣吉金拓本（七十六器） 40. 溥淪（彝庵） 41. 延鴻閣金文集録 42. 黃濬古兵集景二卷（約一七四器） 43. 尊古齋金石集	中國國家博物館
44. 北京（國家）圖書館藏金文原拓及全形拓 ＊ 可參閱賈雙喜：《北京圖書館藏拓片集》（北京：北京圖書出版 　社，1997 年）；又部分全形拓已收入北京圖書館金石組編：《北 　京圖書館藏青銅器銘文拓本選編》（北京：文物出版社， 　1985 年） 45. 壽州楚器銘文拓本一卷（未刊，曾毅公輯）	中國國家圖書館

（續表）

金 文 原 拓 目	現 藏
46. 五家集古録（每器後皆有各家題跋）	四川大學博物館
47. 容庚先生捐贈散頁原拓	廣東省中山圖書館
48. 中國西周青銅器銘文珍拓（兩冊，原拓片一三七幅）	陝西寶雞博物館
49. 陶齋吉金拓銘（壺父集拓）	香港大學圖書館
50. 弘齋藏吉金文字 51. 陳乾吉金文字 52. 吉金文字拓本 53. 澂秋館原拓本	日本京都大學
54. 鐘鼎款識原器拓片（一冊） 55. 徐仲琳所集金石文字（五冊） 56. 傅節文舊藏金石拓本（兩函十冊）	東京大學東洋文化研究所
57. 望文生誼齋珍存金文拓本 58. 陳氏（德九）家藏秦詔量瓦集錦 59. 雪堂藏三代吉金文字	貝塚茂樹先生珍藏
60. 契室藏金文拓本（陳簠齋跋金文原拓） 61. 周原金文原拓（一函） 62. 頌齋吉金文字 63. 鍾麗泉農部藏金文陶瓦原拓（二帙，十冊，上帙金文，下帙陶瓦等雜器）	松丸道雄先生珍藏
64. 金文遺珍（沙方福 Frank. H. Chalfant 舊藏）	澳大利亞國立圖書館
65. 篤慶堂藏原拓 66. 六舟彝器銘文一百方 67. 簠齋藏陶金文 68. 馮氏金文研譜原拓 69. 吉金蛻景	澳大利亞巴納先生珍藏
70. 雪堂藏彝器銘文一百方	美國國會圖書館
71. 鐘鼎拓片	密西根大學圖書館
72. 方德九藏金拓本（鐘鼎拾零）	芝加哥大學圖書館

（續表）

金 文 原 拓 目	現　　藏
73. 故宮吉金拓片(六十六種) 74. 故宮藏金墨拓(六函) 75. 唐風樓藏三代吉金文字	哥倫比亞大學圖書館
76. 匋盦手集商周秦漢六朝吉金文字 77. 平安館舊藏金文拓本(三冊) 78. 簠齋存古餘録(兩函十册) 79. 金專文拓本(四函)	柏克萊大學圖書館

　　録列既畢，憶昔寰宇訪金之旅，助我之故舊同道，不知凡幾，感激之情，無日或忘。當日年輕氣盛，厚擁盡睹天下彝銘之壯志豪情，跨歐陸、涉五湖、越九州、行萬里路，不知艱苦爲何物，逸興干雲，如今思之，仍不禁莞爾。爲紀其事，嘗手製聯語乙副，用識歲月。

　　　　半千賦奇緣，縱走天涯，盡傾一心爲金石；
　　　　三代遺墨拓，散庋寰宇，偏教萬卷藏雪樓。

　　聯成之後，嘗有緣面謁于思泊先生，先生謔笑云：“有豪氣。”自知大言不慚，有失謙遜，幸方家有道，勿以淺薄爲怪也！

　　（原載《金石拓片數位典藏研討會論文集》，臺北：中研院歷史語言研究所，2005 年。）

從古文字"康"字釋讀談
《莊子》之養生

曩日曾發表《古文字中之"康"與"瀍"》一文。① 時隔多年,既有新材料可對該文稍作補充,復對"康"義之闡發別有體會。兹不煩引述經整理之原文,再進而就古文字"康"字形義探求所見義涵,結合傳世及出土文獻,嘗試連貫《莊子》中所言"心齋"、"安時而處順"及"庖丁之言"等養生之道。權爲續貂,並用以自勉。

一、"康"字釋義

《説文解字》並無收録"康"字,惟於禾部穅下云:

> 穅,穀之皮也。从禾米,庚聲。康,穅或省作。②

許氏以康爲穅之或體,其實穅字較康後出,倘據《説文》,康字亦从米,庚聲,穅則更增禾旁,爲偏旁累增字。③《説文》穅字條下段注云:

> 今人謂已脱於米者爲穅,古人不爾。穅之言空也,空其中以含米

---

① 張光裕:《古文字中之"康"與"瀍"》,《第一屆國際暨第三屆全國訓詁學術研討會論文集》,高雄:中山大學,1997 年,頁 749—754。
② 此條引段注本《説文》。又臣鍇曰:"《爾雅》云康,空也。从禾米。米皮去其内即空之意也。"小徐本作"穅,穀之皮也,从禾米庚聲。彄莊反。康或省作"。
③ 參李孝定:《讀説文記》,臺北:中研院歷史語言研究所,1992 年,頁 187。

也。凡康寧、康樂皆本義空中之引伸。今字分別,乃以本義从禾,引伸義不从禾。

是穅、康二字有虛空義,而凡从康之字亦有虛義,如溏、歉、㡿、轅諸字皆然。《說文》云:

> 溏,水虛也,从水,康聲。

段玉裁注:

> 《爾雅音義》引作“水之空也”……《釋詁》曰:“溏,虛也。”虛,師古引作空。康者,穀皮中空之謂,故从康之字皆訓爲虛。歉下曰:“饑虛也。”㡿下曰:“屋㡿㡕也。”《詩》:“酌彼康爵。”箋云:“康,虛也。”《方言》曰:“㡿,空也。”《長門賦》:“棟梁,虛梁也。”《急就篇》顏注曰:“轅,謂輿中空處,所用載物也。”水之空,謂水之中心有空處。

段注之解說可謂清晰明白,於《說文》歉、㡿條下段氏亦一再申述此義。然何以“康”有虛義? 郭沫若於《釋支干》一文首揭“康字所从之庚,爲鐃鉦之象形”。小篆康字从米,卜辭及金文之康字乃庚下从“ ”,皆不从米作。並以爲康字必以和樂爲其本義,故殷周帝王即以其字爲名號,大凡和樂字,古多借樂器以爲表示,而康字蓋从庚,庚亦聲也。[1] 李孝定《金文詁林讀後記》“康”字條下云:

> 康字从庚从仌,當以郭沫若氏之說爲長。喜、樂之字皆以樂器取義,則和樂、逸康之字从庚,宜不足異,蓋庚實爲樂器之象也。

郭氏說康字本義至審,然以“康字所从之庚,爲鐃鉦之象形”云者,則猶可進一步闡釋,蓋鐃鉦固爲樂器之屬,然早期鉦器,口曲,中通,柄在下,手持而擊之,與鐘鎛之可懸掛者殊,故愚以爲可更作“康字所从之庚,爲鐃鉦鐘鎛之象形”,且以編鐘、編鎛演奏,更能增强和樂效果,從古文字“康”“庚”之字形比對編鐘之懸掛形象,(圖一、圖二)更能表達二者之具體相似程度。

---

① 郭沫若:《釋支干》,載郭沫若著、中國科學院考古研究所編輯:《甲骨文字研究》,北京:科學出版社,1962年新1版,頁10。

圖一

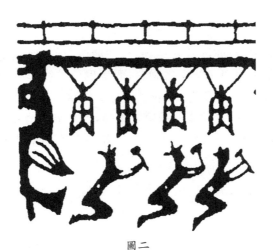

圖二

康字於西周金文中除習見於康侯、康宮、康寢等名詞外,餘多用作形容詞,如:

小克鼎(《集成》2796):“用匄康勳(樂)、屯右、眉壽。”

仲冉父簋(《集成》4188):“用易眉壽、屯右、康勳(樂)。”

師奎父鼎(《集成》2813):“用匄眉壽,黄耇、吉康。”

陳曼簠(《集成》4596):“齊陳曼不敢逸康。”

命瓜君壺(《集成》9719):“康樂我家。”

蔡侯申尊、盤(《集成》6010、10171):“康諧龢好。”

“康樂”、“吉康”、“逸康”、“康諧”之詞義、用法與今日所見相同,就詞義而言,與虛義無涉,然康字皆从庚,庚爲鐘鉦之屬,鐘鉦本身中空,故敲擊之餘,涵虛所發聲音,清越空靈,而康寧、康樂云者,蓋緣鐘聲所表現之和諧

177

美好音律,觸引舒泰順圈,祥和安逸之感覺,乃生和樂義。故《荀子·樂論》云:

> 樂也者,和之不可變者也。

"和樂且湛"、"終和且平",鐘聲有節,自可顯現和善之美。前引段氏所言"凡康寧、康樂皆本義空中之引伸"亦即是之故也。《書·洪範》:

> 身其康彊,子孫其逢吉。

"康彊",猶康樂強健,亦涉及安逸和樂。"健康"一辭雖後出,然倘指強健體魄而言,亦當指由内在健全之體質,而表現於外體形貌,表裏一致是謂"健康",其成辭固亦與"康"字形義發展息息相關。

"康",金文中或書作"穅",乃康之繁體,古文字中增"宀"與否,皆無損其字義,如福之作福,親之作窺是也。金文"康"字,其義大別有三,其一用作名詞,如:

> 大克鼎(《集成》2836):"賜女田于康。"

或用爲形容詞,如:

> 晉公盆(《集成》10342):"整辥爾容……晉邦唯翰,永康寶。"

"永康寶"與秦公鐘"秦公……溥有四方,其康寶"[1]用例相當,"康寶"即"康寶",猶言安好永保。然"康"字亦有取"康"之虛空義者:

> 㝬簋:"王曰,有余佳小子,余亡康晝夜,坙褱先王……用惠康朕皇文剌且考。"[2]

雖云康、穅同字,然兩字形竟分別見於同篇銘文,其詞義則有所分別。"用惠康朕皇文剌且考",謂使朕之皇文剌且考安逸和樂,説者多無異辭。而"亡康晝夜"詞例與"成王不敢康,夙夜基命宥密"(《詩·周頌·昊天有成命》)相若,《鄭箋》云:

---

① 盧連成、楊滿倉:《陜西寶雞縣太公廟村發現秦公鐘、秦公鎛》,《文物》1978年第11期。

② 扶風縣圖博館:《陜西扶風發現西周㝬王㝬簋》,《文物》1979年第4期。

不敢自安逸早夜。

以“安逸”訓“康”固可通讀無礙，然揆諸歔篇文意，則宜取康之虛空義，《説文》云：

康，屋康烺也，从宀，康聲。

康烺，言大而空虛也。《方言》十三㵼下郭注引作“㵼烺”，並以“空貌”釋之，是康、㵼俱有虛空意，故“亡康”云者，猶言無虛，涵泳其意，可引申爲不懈怠，“亡康晝夜”猶言“夙夜匪懈”，詩義亦同此，與《詩·大雅·烝民》“既明且哲，以保其身。夙夜匪解，以事一人”可互爲注腳。是知凡从康諸字皆有虛義者，實本於“庚”有中空之象。文獻中之康爵、康瓠，以虛爵、虛瓠爲訓，其理亦至明易曉。[1] 準乎此，其後康字復被引申爲平坦、通達，乃出現“康衢”、“康莊”等詞語，[2]亦可得而略説也。

　　古文字中从康之字猶有“㿻”字，目前僅三見。1992年元月於香江古肆曾見一青銅鼎，器蓋及口沿下皆有銘，蓋銘位於蓋頂第二、三兩圈紋飾之中，作半環形，惜爲銹掩，依稀可辨者僅“王孫”二字。器銘則在口沿下斜肩外，兩行直書：

王孫歇
□㿻鼎

“㿻鼎”一名亦見河南淅川下寺楚墓出土之偁鼎，[3]器蓋及口沿各有銘文八字：

楚叔之孫偁之㿻鼎

---

　　① 《詩·小雅·賓之初筵》：“酌彼康爵，以奏爾時。”鄭《箋》云：“康，虛也。”《爾雅·釋器》：“康瓠謂之甈”，《説文通訓定聲》壯部十八“康”條下聲訓云：“《爾雅》，康瓠。李注：空也，康空一聲之轉。”
　　② 《列子·仲尼》：“堯治天下五十年，……微服遊於康衢”；《爾雅·釋宮》：“四達謂之衢”；《晏子春秋·内篇問下》：“異日，君過於康莊，聞寗戚歌，止車而聽之”；《爾雅·釋宮》：“五達謂之康，六達謂之莊。”
　　③ 河南省文物研究所、河南省丹江庫區考古發掘隊、淅川縣博物館：《淅川下寺楚墓》，北京：文物出版社，1991年，頁112。

又去歲於臺北故宫博物院青銅器陳列室，得見鄝公鼎乙器，銘十二字，亦自名爲“𣽴鼎”。

“𣽴”从水从皿，康聲，就音讀而言，𣽴鼎可讀爲“湯鼎”，康、湯二字，一爲溪紐，一爲透紐，古韻俱屬陽部，故得通假。新見《上海博物館藏戰國楚竹書四・曹沫之陳》簡 65：“今與古亦然，亦隹聞夫墨（禹）、康（湯）、桀受矣。”其中“禹、湯”，書作“墨、康”，①又《上海博物館藏戰國楚竹書二・容成氏》簡 42：“湯王天下三十又（有）一世而受（紂）作。”“康”又可書作“湯”，②益證“𣽴鼎”自可讀作“湯鼎”也。“湯鼎”一名曾見於新出土徐䑍尹譬鼎，蓋器各四十四字，銘中明言“徐䑍尹譬自作湯鼎”。③ 又信陽長臺關楚墓竹簡 214 號：

一迅缶，一湯鼎，有純蓋。④

可見鼎中確有自名爲湯鼎者。前文曾一再談及，康字因从庚作，引申有虛空義，故从康諸字多具虛義，今“𣽴”字既从“康”得聲，疑亦兼取其義，故得副鼎中虛可容物之實也。一般而言，鼎爲食器，然就器用言，鼎亦可盛湯。《説文》水部：

湯，熱水也。

《孟子・告子上》：

冬日則飲湯，夏日則飲水。

學者因據此以爲自名湯鼎，乃就其功用言，以鼎煮水供食用或盥洗。⑤“𣽴鼎”自名，其寓意亦或同於“湯鼎”，惟其用字則更兼具虛容之意耳。“𣽴鼎”、“湯鼎”之稱不見於中原他國青銅器，就稱名習慣及形制，俱可及

① 馬承源主編：《上海博物館藏戰國楚竹書(四)》，上海：上海古籍出版社，2004 年。

② 馬承源主編：《上海博物館藏戰國楚竹書(二)》，上海：上海古籍出版社，2002 年。

③ 浙江省文物管理委員會等：《紹興 306 號戰國墓發掘簡報》，《文物》1984 年第 1 期，頁 10—25。

④ 河南省文物研究所：《信陽楚墓》，北京：文物出版社，1986 年，圖版 123。

⑤ 劉慶和：《徐國湯鼎銘文試釋》，《考古與文物》1985 年第 1 期，頁 101；葉植：《楚式鼎争議》，《江漢考古》1994 年第 4 期，頁 71—75；李零：《楚國銅器類説》，《江漢考古》1987 年第 4 期，頁 69。

見徐、楚地區青銅器有其本身特色。

至若卜辭及文獻屢見"庚"、"康"、"唐"、"湯"諸字亦每因音同或音近通假。如卜辭之"康且丁"、"康丁"，①《史記》則書作"庚丁"，②清華簡《繫年》簡 18"衛叔封於庚（康）丘"，又簡 18"衛人自庚（康）遷于淇衛"；③殷先王"成湯"，卜辭作"唐"，④金文亦書作"成唐"，⑤《史記・殷本紀》則作"成湯"，⑥河南固始出土宋公欒（綮）簠稱"有殷天乙唐孫宋公綮"⑦，又山東棗莊徐樓村墓葬出土宋公𢓶鼎及新見宋公𢓶簠（鋪）亦有"有殷天乙唐孫宋公𢓶"之稱述。⑧"天乙唐"即"天乙湯"，是唐、湯通假已早發其端矣。

《說文》云：

> 唐，大言也。从口，庚聲。喝，古文唐，从口易。

古文唐字寫法，不外早期唐、湯通假之孑遺而已。

"康"、"唐"字俱从庚，故"康"有虛義，"唐"字亦然。古籍所見唐字，即多有虛空義。朱駿聲《說文通訓定聲》壯部十八唐字條下引《管子・地員》"黃唐無宜也"，《莊子・田子方》"是求馬於唐肆也"及西方書"福不唐捐"⑨皆其證。他如枚乘《七發》"淹沈之樂，浩唐之心，遁佚之志，其奚由至哉？"李善注："唐，猶蕩也。"王充《論衡・正說》："唐之爲言蕩蕩也。"《太

---

① "丁卯卜，貞，王賓康且丁，翌日，亡尤。"（《合集》35957.4）"辛巳卜，貞，王賓康丁，爽妣辛……亡……"（《合集》36290）

② 《史記・殷本紀》："帝廩辛崩，弟庚丁立，是爲帝庚丁。"

③ 李學勤主編：《清華大學藏戰國竹簡》（二），上海：中西書局，2011 年。

④ 《殷契佚存》八七三："貞，御自唐、大甲、大丁、且乙百羌百牢"（商承祚：《殷契佚存》，南京：金陵大學中國文化研究所，1933 年。又《合集》300.1。）

⑤ 齊侯鎛："虩虩成唐，有嚴在帝所，尃受天命"。（《集成》285，稱"叔尸鎛"）

⑥ "主癸卒，子天乙立，是爲成湯。"（《史記・殷本紀》）"湯名天乙。"（《世本上・商世》）

⑦ 固始侯古堆一號墓發掘組：《河南固始侯古堆一號墓發掘簡報》，《文物》1981 年第 1 期，頁 3。又《集成》4589。

⑧ 張光裕：《讀新見宋公𢓶鋪二器札迻》，載復旦大學出土文獻與古文字研究中心編：《出土文獻與古文字研究（第 6 輯）——復旦大學出土文獻與古文字研究中心成立十周年紀念文集》，上海：上海古籍出版社，2015 年，頁 113—122。

⑨ 《妙法蓮華經八・觀世音菩薩普門品二五》："若有衆生，恭敬禮拜，觀世音菩薩，福不唐捐。"

玄·唐》："陰氣兹來,陽氣兹往,物且盪盪。"范望注:"唐,蕩也。盪盪,空貌。"讀唐爲蕩或盪,亦見虛空之貌。

由古文字中所見"康"、"遽"二字用例,以及"庚"、"康"、"唐"、"湯"得以通假等實例之整理,對有關形聲兼會意,聲亦兼意及本義應與本音相應①等理論之探求,期或稍有小助。"康樂"、"吉康"、"逸康"、"康諧"之詞義來源,或亦可得而略說也。而細審"康彊"、"康和"及"健康"與"養生"關係又至爲密切,蓋"養生"之道,除涵養與全德外,與"康"義實不可須臾離也。今試續加申說如下。

二、"康"字之"涵虛存氣"與《莊子》之養生

鐘、鎛中空是爲虛象,然虛中固有"氣"存焉,故敲擊則有清越開朗之聲,聞者内心感受諧協,引發祥和舒暢而散諸外,内外融和,合而爲一,是爲和樂,"康樂"乃至"健康"由是生焉。金文中有"康諧穌好"語(蔡侯申尊),益能體現和樂之象。此蓋緣於涵虛存氣,靈臺清明,内外通暢使然也。《莊子·人間世》:

> 回曰:"敢問心齋。"仲尼曰:"若一志,無聽之以耳而聽之以心,無聽之以心而聽之以氣!聽止於耳,心止於符。氣也者,虛而待物者也。唯道集虛。虛者,心齋也。"

"心齋"亦因涵虛有以致之。涵虛首重"存氣",否則虛而無物亦無所用。《莊子·知北遊》:

> 人之生,氣之聚也;聚則爲生,散則爲死。

《孟子·公孫丑上》:

> 氣,體之充也。

---

① 參見孔仲温:《論字義的分類及本義的特質》,《中山人文學報》1993 年第 1 期,頁146。

《荀子·修身》：

> 以治氣養生，則後彭祖以修身。

又云：

> 治氣養心之術：血氣剛強，則柔之以調和；智慮漸深，則一之以易良。

而對"氣"之理解，歷來有不同之闡釋。有以爲"氣"乃充盈於體內者，如《靈樞經·決氣篇》：

> 上焦開發，宣五穀味，熏膚充身澤毛，若霧露之溉，是謂氣。

又以爲"氣"秉自然，無待積屯，已然存在。《張子正蒙·神化篇》：

> 所謂氣也者，非待其鬱蒸凝聚，接於目而後知之。

惟各人體質不同，氣之强弱亦殊，如《論衡·氣壽》：

> 人之稟氣，或充實而堅强，或虛劣而軟弱。

故醫家每多重視人體血氣運行之强弱。血氣通足，暢旺順適，神氣自然，則爲健康之象，且爲長壽之徵。《國語·周語》記載魯大夫展禽云：

> 若血氣强固，將壽寵得没，雖壽而没，不爲無殃。

《漢書·藝文志·方技略》：

> 醫經者，原人血脈、經絡、骨髓、陰陽、表裏，以起百病之本、死生之分。

血氣足，更需運行通暢。《左傳·昭公元年》：

> 晉侯有疾，鄭伯使公孫僑如晉聘，且問疾。……子產曰："……節宣其氣，勿使有所壅、閉、湫、底，以露其體……"

孔穎達疏：

> 壅，謂障而不使行，若土壅水也；閉，謂塞而不得出，若閉門户也；湫，謂氣聚；底，謂氣止，四者皆是不散之意也。

滄煙疏雨

至於血氣方剛云者，又多與人之修養互爲表裏。黃帝帛書《五正》篇：

> 黃帝曰："勿争若何？"（闔冉）對曰："怒者血氣也，争者外（外字或爲衍文）脂膚也。怒若不發，浸廪（淫）是爲癰疽。"

血氣蓄積於内，怒而不發當爲病。《莊子・在宥》：

> 人大喜邪，毗於陽；大怒邪，毗於陰。陰陽並毗，四時不至，寒暑之和不成，其反傷人之形乎！使人喜怒失位，居處無常，思慮不自得，中道不成章。於是乎天下始喬詰卓鷙，而後有盜跖。

《淮南子・原道訓》云：

> 人大怒破陰，大喜墜陽。

亦同此理。《莊子・達生》：

> 桓公田于澤，管仲御，見鬼焉。公撫管仲之手曰："仲父何見？"對曰："臣無所見。"公反，誒詒爲病，數日不出。齊士有皇子告敖者曰："公則自傷，鬼惡能傷公！夫忿滀之氣，散而不反，則爲不足；上而不下，則使人善怒；下而不上，則使人善忘；不上不下，中身當心，則爲病。"

上而不下，下而不上，不上不下，是皆壅塞不通之象，衝動易怒，精神恍惚，乃關乎忿滀之氣失控，病由自傷，即是之謂也。至若士人爲學，固然講求個人之風骨才氣，當中亦涉及"血氣"或"氣血"之底蘊。《文心雕龍・體性》：

> 才力居中，肇自血氣。氣以實志，志以定言。吐納英華，莫非情性。

魏劉邵《人物志・九徵》：

> 凡有血氣者，莫不含元一以爲質，稟陰陽以立性，體五行而著形。

古人每云"讀書養氣"，誠然，"胸有詩書氣自華"，多讀書自可達致心平氣和之效。此亦養氣功夫之表現。是故莊子言養生，極爲重視凝神養氣，順中以爲常，順中實即涵虛通達之果效，且能顯示"康"義之底蘊。《莊子・

養生主》：

> 吾生也有涯，而知也無涯。以有涯隨無涯，殆已。已而爲知者，殆而已矣。爲善無近名，爲惡無近刑，緣督以爲經，可以保身，可以全生，可以養親，可以盡年。

爲善爲惡均與養生攸關，愛惜生命者不應只著眼於虛名之表面，不愛惜生命者毋須作自我傷殘，而保身、全生、養親、盡年四者，皆有賴順乎中道而行始能達致。"養親"，叔岷師嘗讀爲"養新"，①"養新"猶言"更生"，使生命之生機持續不斷。《莊子·達生》：

> 棄世則無累，無累則正平，正平則與彼更生，更生則幾矣。

郭象注云："更生者，日新之謂也，付之日新，則性命盡矣。"養生之道，講求凝神養氣。養生要抛棄名利之累，使形體健全，情神充足，與天爲一。形神能相兼顧，内外養存，奉行中道，康寧立見。馬王堆帛書《老子》乙篇：

> 至虛極也，守静督也，萬物旁作，吾以觀其復也。天物云云，各復歸於其根曰静，静是胃（謂）復命，復命，常也，知常，明也，不知常芒，芒作，凶。

"守督静"乃"知常"，與"緣督以爲經"可互爲發明。故《莊子·養生主》又云：

> 安時而處順，哀樂不能入也，此古之所謂縣解也。

能"安時而處順"，自然心態安詳，"身其康彊"。康和舒暢，神朗氣清，自可領悟養生之要旨。庖丁爲文惠君解牛之説解，則由不同層面，揭示莊子養生之道。《莊子·養生主》：

> 庖丁釋刀，對曰："臣之所好者，道也，進乎技矣。始臣之解牛之時，所見無非牛者。三年之後，未嘗見全牛也。方今之時，臣以神遇

---

① 王叔岷：《莊子校詮》，臺北：中研院歷史語言研究所，1988年，頁101。裕案：《郭店楚簡·緇衣》簡18"大人不新（親）其賢，而信其所賤"，"親"原書作"新"，可爲師説作一旁證。

而不以目視,官知止而神欲行。依乎天理……彼節者有間,而刀刃者無厚,以無厚入有間,恢恢乎其於遊刃必有餘地矣。……雖然,每至於族,吾見其難爲,怵然爲戒,視爲止,行爲遲。動刀甚微,謋然已解,牛不知其死也,如土委地。提刀而立,爲之四顧,爲之躊躇滿志,善刀而藏之。”

　　文惠君曰:“善哉! 吾聞庖丁之言,得養生焉”。

從涵虛順通,以及“用”與“藏”之隱寓,可更深入瞭解養生之至理。古之隱者每以“飛鳥盡,良弓藏”自況,蓋亦深悟全身始足以養生,從而明曉戒慎與順乎自然之達生情懷。《莊子‧達生》:

　　達生之情者,不務生之所無以爲;達命之情者,不務知之所無奈何。養形必先之以物,物有餘而形不養者有之矣;有生必先無離形,形不離而生亡者有之矣。生之來不能卻,其去不能止。

此統言通達智、愚、妍、醜乃與生俱來之事實,接受生命中遭遇之窮達禍福,順乎死生自然之理,不必偏執於長生。倘強而爲之,勢必自敗。《莊子‧達生》篇記東野稷以御見莊公,使馬鉤百而反,顏闔能預知稷馬將敗者,蓋因“其馬力竭矣,而猶求焉,故曰敗”。所謂“形勞而不休則弊,精用而不已則勞”(《莊子‧刻意》),其理至明,對莊子養生之寓意亦至深也!《老子》九章嘗云:

　　持而盈之,不如其已;揣而梲之,不可長保。金玉滿堂,莫之能守;富貴而驕,自遺其咎。功遂身退,天之道也。

亦此之謂也。故曰“壹其性,養其氣,合其德,以通乎物之所造”(《莊子‧達生》),乃能適中以養生。《黃帝內經》中有《四氣調神大論》,亦闡明順應自然之氣,明乎生、長、收、藏之道,始能達致安康。可見只要順應天時,起居飲食均衡,保健得法,個人生命得以充實,已然符合養生之道,進而更可悟道全德。故《淮南子‧俶真》云:

　　養生以經世,抱德以終年。

換言之,積善成德,可長保身心康强安泰。

相傳彭祖壽八百,善養生。《上海博物館藏戰國楚竹書(三)》收錄《彭祖》篇,①簡2云:

> 天地與人,若經與緯,若表與裏。

乃彭祖對養生悟道之精要體會,文中稱耇老復問彭祖,倘"三去其二,豈若已"?(簡2)"三"即天地人三者,去其二,即去"天、地"二者,所餘則爲"人",若然則難以達致養生之至高理想——天人合一,故有"豈若已"疑問之詞,即謂若三去其二,豈非有如陷於止息而無所進邪?彭祖乃就人事回答耇老:"戒之毋驕,慎終保勞。"(簡2)"戒之毋驕"固然爲修養功夫之講求,而"保勞"云者,猶言需"存氣"、"養氣",倘若"勞氣",②對身心必然無益。故"保勞"亦意謂勞宜有節,始可保健康,得享天年,其中又蘊含"流水不腐,户樞不蠹"(《吕氏春秋·季春紀》)之意涵,"必静必清,无勞女形,无摇女精,乃可以長生"(《莊子·在宥》),故彭祖强調"慎終保勞"正是養生最基本之道理。至於簡1云:

> 耇老問于彭祖曰:"苟是執心不忘,受命永長。臣何藝可行,而舉於朕身,而謐于帝常?"彭祖曰:"休哉,乃將多問因由,乃不失度。彼天之道,唯恒……"

"彼天之道"實包括耇老所問"苟是執心不忘,受命永長"之方法。"執心不忘","執心"一辭,見《逸周書·謐法》:

> 大慮行節曰孝,執心克莊曰齊……剛德克就曰肅,執心決斷曰肅。

潘振云:"執持其心,執,競也。主競而言,心敬則色容能莊,表裏如一,故曰齊。齊者,肅也。"③"執心",心意恒一之謂也。"不忘"猶言"不亡",不失也,或讀爲"不妄",不虛不妄。"執心不忘"蓋言不妄作、不失度,心志

---

① 馬承源主編:《上海博物館藏戰國楚竹書(三)》,上海:上海古籍出版社,2003年。

② 凡事不順適,翳於胸臆,而導致動氣、使氣者,粤方言每用"勞氣"、"激氣"作形容,於焉亦可明矣。

③ 轉引自黄懷信、張懋鎔、田旭東撰:《逸周書彙校集注》,上海:上海古籍出版社,1995年,頁696。

恒一。

　　至於“受命永長”，“受命”，或當指秉受天命，然受命者之身份，無論爲帝王，抑或老百姓，其壽命之長短，皆天賦者也。而能順應天時，盡享上蒼所賜年壽，已達永命之祈求。“謐于帝常”，《廣韻·質韻》：“謐，慎也。”“帝常”，蓋指天帝之常，即天道、自然之謂也。

　　簡文意謂耉老雖知倘能心志恒一（“執心不忘”），則可永命無疆（“受命永長”），惟如何始能全真保身、謹慎順應天帝之常道，回歸自然，“謐於帝常”？耉老乃向彭祖請教。彭祖則强調要“不失度”，並明言天地人三者之關係，猶若經緯，表裏互相配合，而“表”、“裏”云者，已包含自然之氣與人身稟受天然之氣，亦即天道與人事之結合，此正與莊子養生之基本意念完全相符。

　　《莊子·達生》嘗引仲尼曰：

> 無入而藏，無出而陽，柴立其中央。三者若得，其名必極。

反復斯言，順乎自然，進退得法，確是修德養氣之至理。要之，無論“養生”與“康和”、“康寧”、“康强”關係如何密切，“修德”更爲重要。“知不可奈何而安之若命，惟有德者能之”（《莊子·德充符》）正是此理。故“養生”至道，蓋重“全德”，《莊子·天地》：

> 德全者形全，形全者神全。

修養到家，志朗氣清，形神俱全，乃養生至高境界。贊曰：善養生者，當明涵虛存氣，内外兼修之理。“緣而葆真，清而容物”，立於中道，臻善存德，是亦“康”之至道也矣。

　　（原爲耶魯—新加坡國立大學學院（Yale-NUS College）陳振傳基金漢學研究委員會主辦、復旦大學出土文獻與古文字研究中心協辦：“出土文獻與中國古典學國際學術研討會”宣讀論文，耶魯—新加坡國立大學學院，2016 年 4 月 7—10 日。）

《説文》古文中所見言字及从心从言偏旁互用例札迻

　　研讀古籍每見从心或从言偏旁諸字，多義同通用，然何以能够相通？數目究竟有若干？前人僅於零星著述中偶有論及，而少有作全盤整理者。近讀戰國中山王鼎"愳（謀）"字从心作，與《説文》古文謀、信、詩、訊等字所从言字偏旁作""（以下用"△"號代替）者形近，或疑"△"即心字形訛，且係因心、言偏旁互用所致。然通檢《説文》古文中从心从言諸字例，心、言二者關係固然密切，古文中所見"△"形則純係"言"字訛變所致，與"心"字形構無涉。而凡"△"字僅在作爲偏旁時始行出現，絶無單獨使用，此又不可不知者也。

　　（一）言字作爲偏旁，於《説文》古文中書作"△"形者，計見於下列諸例：

　　　①謀，《説文》："慮難曰謀。从言，某聲。，古文謀。，亦古文。"段注："上从母，下古文言。"

　　　②詩，《説文》："志也。从言，寺聲。，古文詩省。"段注："左从古文言，右从之，省寸。"

　　　③信，《説文》："誠也。从人言。，古文信省也。，古文信。"

　　　④訊，《説文》："問也。从言，卂聲。，古文訊，从鹵。"

　　　⑤誥，《説文》："告也。从言，告聲。，古文誥。"（商承祚云："案桂氏義證移于詧字下謂'《玉篇》詧在誥後，即本書舊次，後人移詧

189

於前，而遺其古文'，其言甚確，《汗簡》引作詧，誤肉爲舟。"）①

　　⑥ 訟，《説文》："爭也。从言，公聲。一曰歌訟。⿰⿱⿱口，古文訟。"

今按例①謀字古文从母，猶木部梅从某作楳。中山王譽鼎（《集成》2840）："愄愄盾（皆）㳂（從）。""愄愄"當讀爲"謀慮"，②愄字下从心形，與"△"形近似，或疑爲心之形訛。惟古文信作⿰⿱，倘"△"爲"心"字，豈非二心名以異形組成字，於理實難令人信服，故"△"似仍爲"言"而非"心"字。考諸《説文》教字作"⿰⿱⿱"及"⿰⿱⿱"二形，《汗簡》引"⿰⿱⿱、教，見《説文》"。又"⿰⿱⿱"下云："一本如此作。"由《説文》及《汗簡》所引古文"教"字互證，"△"當爲"言"之訛變。王獻唐於《那羅延室稽古文字》（頁四七）中云：

　　言字中直作⿱，《説文》詩、謀、信、訊古文，言旁作⿰⿱，《玉篇》言古文作⿰，《汗簡》古文言旁作⿰作⿱，皆其形變。以▽下之Ⅴ，平而寫之如⿱。傳鈔移動，扐筆增畫，漫無究極，遂致于此。而細求其鰓理，皆彼此相應，並非異體。或謂字从心口者誤也。

王氏所言蓋可信據。查《汗簡》言部，言字有以下各體：

甲	⿱—⿱（訓）	乙	⿰—⿰（言）
丙	⿱—⿱（言）	丁	⿱—⿱（誥）
戊	⿱—⿱（言，出碧落文）	己	⿱—⿱（言）
庚	⿱—⿱（試）	辛	⿱—⿱（語）

金代虞寅墓誌蓋銘之"誌"字書作⿱，③所从"言"字偏旁之體勢作法，正與《汗簡》"己"號言字相類。另《汗簡》"之"部引"詩"字作⿱、⿱，第二字下半所見"言"字，亦無非爲⿱形之變體，"△"字末端下出之形，由此亦可得而略説也。至於"庚"號言字，於《汗簡》中除見用爲言字作偏旁外，亦用作"系"，如⿰（紹）、⿰（糾）、⿰（疎）等皆是也。

　　第②、③兩例詩、信二字，《汗簡》分別引作⿰（詩）、⿰（信）。商承祚

---

① 《〈説文〉中之古文考》，《金陵學報》第6卷第2期。

② 張守中：《中山王譽器文字編》，北京：中華書局，1981年。

③ 1979年6月山東聊城高唐縣出土。見陳昆麟：《山東高唐金代虞寅墓發掘簡報》，《文物》1982年第1期。

稱當爲二字互誤爲注。① 細審上引信字分明从"□"，與《汗簡》"之"部所收"詩"字（見前引）皆从"□"者同，商説以《汗簡》誤"詩"爲"信"是也。金代虞寅墓誌蓋銘中"信武將軍"之"信"字書作□、《古文四聲韻》所引古《史記》"信"字亦作□，皆可爲《汗簡》"詩"、"信"二字確係互誤作旁證。

至於□（虞寅墓誌）、□（《古文四聲韻》）、□（《汗簡》）三字所从右偏旁爲"言"字之變體，已知上述，其左偏旁愚意以爲當係"身"字之譌變，今試言之。

古璽"信"字有作□（《古璽文編》3728。案下引古璽所示號碼出處皆與此同。）、或□（1149）者，"□"即"心"，由陳侯午鐘（《集成》4648）"永世毋忘"、屬羌鐘（《集成》158）"永葉毋忘"之"忘"字皆作□，可以爲證。又古璽"信"字亦有作□（5427）、□（0323）、□（0191）諸形，其左旁疑即"身"字，中山王壺（《集成》9735）："余智（知）其忠信施（也）。""信"字作□，②魏安君鼎（《集成》2773）："信安君厶官。""信"字作□，③可爲旁證。□、□、□、□、□固同爲"身"形之異構，繁簡可以不論。而將上述諸"信"字作比較後，□、□、□無疑亦"身"字之訛體。《汗簡》之□（信）从身从言，與信字正體从亻从言者，形義俱同也。至各"□"竟又於"語"、"訟"及"誥（瞽）"用作"言"字，無非一再訛亂所致，此猶"□"既用爲"言"字偏旁，又別用作"系"也。

綜上所見，古文"信"字於古文中實有"信"、"伈"、"訫"、"躬（諊）"諸種寫法，其組成部分皆以言、口爲主，言、口古通，金文及古籍中多見，不必贅舉；而亻、身、心皆與人體有關，亻、身固無論矣，从"心"云者，或當如段注所云，有"言必由衷之意"使然。況身、心二字古音同部，易身爲心亦無礙也。變易偏旁後仍見原來字義，甚且可强調某字原義之作法，其例於古文字未經規範化前極爲普遍，如中山王壺（《集成》9735）"以栽不恝"，誅字从戈不从言，《古文四聲韻》引誅字正作□，栽當隱含"誅伐"之意，故得易言

---

① 同上頁注①。商氏於信字條下云："案《汗簡》引作□，誤注詩。"又詩字條下云："案言發于心，此舊説也，故古文从心而曳其聲，《汗簡》引作□，與此異。而誤以爲信字。"

② 同上頁注②。

③ 裘錫圭：《"武功縣出土平安君鼎"讀後記》，《考古與文物》1982年第2期。

爲戈,以示其義;又《汗簡》引碧落文“久”字,添長作“欸”,其造字之動機亦相同也。

（二）从心从言偏旁互用之例,計有:

① 誖,《説文》:“亂也。从言,孛聲。,誖或从心,,籀文誖,从二或。”段注:“兩國相違,舉戈相向,亂之意也。”

② 訴,《説文》:“告也,从言,厈聲。《論語》曰:‘訴子路於季孫。’,訴或从言朔。,或从朔心。”

③ 惰,《説文》:“知也。从心,胥聲。”段注:“此與言部諝,音義皆同。”諝,《説文》:“知也。从言,胥聲。”

④ 前引《説文》“謀”字,戰國金文作“悬”,从母从心。

⑤ 前引古璽“信”字諸形,亦“心”、“言”偏旁互用。

按張舜徽《説文解字約注》卷二十惰字條下云:

从言从心之字,偏旁多通,疑本一字。

《約注》所言是也。惟心、言二者字形有别,前已論及,今不贅説。至於“悔”與“誨”、“惇”與“諄”、“恂”與“詢”,字義各異,而於古書通用,則純係通假之關係,與本文所指从心从言偏旁互用者宜有别。惟前列①至⑤例已説明古文字中,从心从言之偏旁確可互易之事實。然其間亦有不可一概而論者,如:

懽,《説文》:“喜歎也。从心,雚聲。”

讙,《説文》:“譁也。从言,雚聲。”

又:

恚,《説文》:“怒也。从心,圭聲。”

詿,《説文》:“誤也。从言,圭聲。”

字雖聲同而義異,彼此既無通假之關係,且不能互易偏旁者也。而訢、忻二字則因訢與欣通,故訢、欣、忻三者得以遞用之關係而相通:

訢,《説文》:“喜也。从言,斤聲。”段注:“按此與欠部欣音義皆

同，《萬石君傳》：'僮僕訢訢如也。'晉灼引許慎曰：'訢，古欣字。'蓋灼
所據《説文》訢在欠部欣下，云：'古文欣从言。'"

　　欣，《説文》："笑喜也。从欠，斤聲。"

　　忻，《説文》："闓也。从心，斤聲。司馬瀺曰：'善者，忻民之善，閉
民之惡。'"段注："闓者，開也。言闓不言開者，闓與忻音近，如昕讀若
希之類也。忻謂心之開發，與欠部欣謂笑喜也異義。《廣韻》合爲一
字，今義非古義也。"

古文欣从言者，蓋言、欠字義皆自口出故耳！訢、忻雖云異義，然忻字於古
籍亦與欣通。俗書"欣賞"有作"忻賞"者，蓋或心喜之欣有由衷之意。故
得忻、訢（欣）互通歟！

　　从心从言偏旁可以互用概如上述。古文字中从心从口偏旁亦多互用
者，如"惟"、"唯"：

　　惟，《説文》："凡思也。从心，隹聲。"段注："按經傳多用爲發語之
詞。《毛詩》皆作維，《論語》皆作唯，《古文尚書》皆作惟。"

陳侯因資鐘（《集成》4649）："其惟因資。"惟字書作𢳆，从心从唯，足見惟、
唯相通，於春秋時已發其端矣。韓耀隆《中國文字義符通用釋例》第十條
"口、心義異或作"所引猶有"哲、悊"、"曉、憢"、"唏、悕"、"喜、憙、憘"等，皆
不易之例證也。至於从言从口可以互用，其義至顯，字例尤多，如"詠、
咏"、"譜、喈"、"諭、喻"等，俯拾皆是，則毋庸贅舉矣！

　　（原載《董作賓先生九五誕辰紀念集》，1988 年 8 月，頁 49—51。）

從簡帛所見“然句”看“句”、“后”、“逡”諸字的關係

簡帛中時見“然句”(然笱)或“而句”一詞,比對文例知皆當讀爲“然後”或“而後”,於句中作連詞用。例如郭店楚簡《六德》簡 46:

三者皆同,然句(後)是也。

上博楚竹書《性情論》簡 1:

寺(待)勿(物)而句(後)乍(作)。

郭店《尊德義》簡 9:

知命而句(後)知道,知道而句(後)知行。

又有“而句”、“然句”同見,而讀爲“而後”、“然後”者,如《語叢一》簡 26、27:

知己而句(後)知人,知人而句(後)知禮,知禮而句(後)知行,其知博然句(後)知命。知天所爲,知人所爲,然句(後)知道,然句(後)知命。

及年代稍晚,“然句”、“而句”亦間有書作“然后”、“而后”,而讀爲“然後”、“而後”者,如銀雀山漢墓竹簡《陳忌問壘》簡 298:

然后(後)以其法射之。

定州竹簡《論語·陽貨》簡 543:

[也]! 子三年,然后(後)免於父[母之]懷。

馬王堆《老子乙本・德經》凡"而後"皆書作"而句",而《老子甲本》則書作"而后",如：

> 故失德而句(后)德,失德而句(后)仁,失仁而句(后)義,失義而句(后)禮。

"而後"作"而后"者猶見銀雀山《孫臏兵法》簡249：

> 事備而后動。

又《晏子・景公飲酒七日不納弦章之言晏子諫》簡528：

> 景公飲酒[□],三日而后發。

而"句"亦有添加偏旁"竹"書作"筍"者。"然筍"、"而筍"之用亦爲晚出,如馬王堆《老子甲本》卷後古佚書《五行》：

> 能爲一,然筍(後)能爲君子。

又：

> 樂而筍(後)有(德),有德而國家興。

以上例子於簡帛中所見衆多,不煩盡舉,然已足以説明,類似現象絶非偶然現象,率皆有規律可循。

"句"、"筍"古音屬見母,古韻入侯部,"后"、"後"古音屬匣母,古韻亦入侯部。"句"、"筍"、"后"可以讀爲"後",主要因音同或音近之關係。惟"後"字雖可用爲"然後"字,然當用爲"先後"、"前後"或"之後"字,於簡帛或古文獻中從不書作"先句"、"前句"、"之句",或"先后"、"前后"、"之后",且"後"字於楚簡中本書作"逡",如上博《性情論》簡9、10：

> 會之,觀其先逡而逆訓之。

郭店《性自命出》簡17：

> 會之,觀其之〈先〉逡而逆訓之。

上博《孔子詩論》簡2：

訟平德也，多言遱。

上博《仲弓》簡4：

使雍也从於宰夫之遱。

《説文》彳部"後"字條下云："古文後从辵。"《古文四聲韻》引古《孝經》、古《老子》、古《尚書》"後"字，亦皆從"辵"。今由楚簡可予印證。

"句"，《説文》云："曲也。从口，丩聲。"由上例所見，如置於"然"、"而"之後，則多讀爲"後"，然單獨用爲語助詞，於簡帛文獻中則讀爲"苟"，或用爲"苟且"字，如郭店《緇衣》簡40/背：

子曰：句（苟）有車，必見其軾。

句（苟）有衣，必見其敝。

人句（苟）有言，必聞其聖。

句（苟）有行，必見其成。

上博《緇衣》簡20同一句例，"苟"亦書爲"句"。又《性自命出》簡50：

句（苟）以其情，雖過不惡。

《成之聞之》簡12：

句（苟）不從其由，不反其本，未有可得也者。

馬王堆帛書《戰國縱橫家書》十四《蘇秦謂秦王》章：

王句（苟）爲臣安燕王之心，而毋聽傷事者之言。

又《老子乙本》卷前古佚書：

吾句（苟）能親親興賢，吾不遺亦至矣。

或用爲"苟且"字，如睡虎地秦墓竹簡《爲吏之道》簡50壹、51壹：

臨財見利，不取句（苟）富。

臨難見死，不取句（苟）免。

"后"，《説文》："繼體君也。"段注："經傳多假后爲後。《大射》注引《孝經》曰：后者，後也。此謂后即後之叚借。"

簡帛中"然后"、"而后"之"后"多假爲"後"，然"后"字亦用爲"句"，而"句"亦有用爲"后"者，"然句"、"然后"、"而句"、"而后"用例已見前述。郭店楚簡"后"字凡三見，而其用有二，一作"后"，用爲"然后（後）"之"后"，《唐虞之道》簡3：

> 必正其身，然后（後）正世。

一作"后"，用爲"后稷"字，《唐虞之道》簡10：

> 后稷治土。

由筆勢及文例知之，原簡"后"亦宜爲"后"字。至若"后稷"又有書作"句稷"者，如上博《孔子詩論》簡24：

> 句（后）稷之見貴也。

又郭店《尊德義》簡7：

> 句（后）稷之藝地，地之道也。

至於郭店《緇衣》簡23：

> 毋以嬖御塞莊句（后），毋以嬖士塞大夫、卿士。

"句"今本作"后"，簡文"后"書爲"句"，與"后稷"作"句稷"者同。"后"、"句"之所以混用，疑乃字形近似之故。今考"句"，金文中或作"句"（兩从盨，《集成》4466），"句"（其尨句鑼，《集成》422），與"后"作"后"或"司"者形近，兼以二者古音亦相近似，轉寫之間，遂易致訛舛。至如馬王堆《易經》姤卦：

> 尚九，狗其角。

上博《周易》簡42書作"上九，敂丌角"，今本《周易》作"上九，姤其角"，益證"句"、"后"兩者得以互用，純屬通假之關係。

綜上所論，"然句"之"句"讀爲"后"或"後"，固有其嬗變之跡，且更可由古今音變得尋其緒。研究古音學者曾致力於古匣紐歸見之考證，並考知"匣"、"見"二紐於古音中關係至爲密切。李新魁《上古音"曉匣"歸"見溪群"説》①及謝雲飛《自諧聲中考匣紐古讀》②皆論之甚詳。謝氏於文中"諧聲偏旁於今屬匣紐,而所諧之字於今於古皆有屬見紐者"乙節例 10 下云:

　　"后"聲:《廣韻》"厚韻"后"音"胡口切",然考從"后"得聲之字有"見"紐而音"古厚切"之"垢、詬、茩"等字,亦有音"古候切"之"姤"字,可知"見"紐實"后"聲字之古本紐,"匣"則其今變紐也。兹列《廣韻》"后"聲而"匣"紐者 11 字如下:

　　"户鈎切":鈼、鈵、骺。

　　"胡口切":垕("厚"之古文作"垕",《説文》"旱部"厚"字下云"古文厚從后土",段注云"從土,后聲","后"之古紐既屬"見",則"厚"亦同也)、后、郈、听。

　　"胡遘切":鮜、逅、后、趷(別有"厚"字,其説明參見"垕"字注)。

今從"然句"用例與"句"、"后"、"後"之關係分析,又可一得實例,進一步支持"'見'紐實'后'聲字之古本紐,'匣'則其今變紐也"之説。

　　由上證知,根據古音,"然後"與"而後",於古代實應讀作"然句"或"然笱","然后"或"而后"無非音變之結果,其通假之用自戰國晚期已啓其端,及至漢代使用漸廣。書作"然後"及"而後",則又其餘事矣!

餘説:

　　上引《廣韻》有"胡口切"之垕(厚)字,《説文》云:"厚,山陵之旱也。從厂從旱。垕,古文厚,從后土。"段注云:"從土后聲。"今案"厚",郭店楚簡作"厚"、"厚"、"厚"、"厚"等形,字本從"石",《説文》"古文厚,從后土"云者,許慎未見古文原字形,抑因"后"與"石"字古文形近而誤釋耶? 段注云者,則又從晚出字形立説耳!

　　(原載《簡帛》[第 1 輯],上海:上海古籍出版社,2006 年,頁 223—228。)

　　①　李新魁:《上古音"曉匣"歸"見溪群"説》,《李新魁語言學論集》,北京:中華書局,1994 年。
　　②　謝雲飛:《自諧聲中考匣紐古讀》,《南洋大學學報》1970 年第 4 期。

讀定州漢墓竹簡《論語》
通假字札記

一、引　言

　　定州漢墓竹簡《論語》於 1973 年在河北定州西漢中山懷王劉脩墓中出土。1993 年劉來成先生完成了竹簡《論語》釋文和校勘記的工作，由李學勤先生作最後審定。1997 年河北省文物研究所定州漢墓竹簡整理小組將定州漢墓竹簡《論語》乙書交由文物出版社正式發行。① 可惜的是，該書僅錄釋文及注釋，原簡照片及摹本則付諸闕如。就該書所見竹簡本釋文與今本《論語》對校，所見異文比比皆是，對研究《論語》版本及內容有莫大的價值，但有關"通假"的例子，僅在注釋中簡單標示爲"同音假借"、"音同可通假"、"某借爲某"、"古二字通"或"二字可通"等，未作較深入說明。最近重讀竹簡《論語》，略有所見，其中自然亦涉及一些古音問題，可是個人對古音的認識不深，故打算主要從通假字的界定、古文字形構及古籍用例等方面，提出一些粗淺的看法。由於缺乏原簡對照，有關文字釋讀，一以該書釋文爲準。②

---

　　① 河北省文物研究所定州漢墓竹簡整理小組：《定州漢墓竹簡〈論語〉前言》，北京：文物出版社，1997 年。
　　② 見《定州漢墓竹簡〈論語〉》釋文部分。

二、通假字的界説

　　有關"通假"問題的討論,學者間迄今仍未有一致的看法,相關文章和專著也多不勝數,在此並不打算加以一一引録及評述,但是卻希望在探討"通假字"例前,把"通假字"的界定問題作一簡單述説。

　　"通假"是研讀經傳時常見的現象,它與文字學所談"六書"中"本無其字,依聲託事"的"假借",在本質上是有區別的。清人王念孫對"通假"有其獨到的見解。王引之於《經義述聞·序》中云:

　　　　(家)大人曰:詁訓之指存乎聲音,字之聲同聲近者,經傳往往假借,學者以聲求義,破其假借之字而讀以本字,則涣然冰釋。①

又,王引之亦嘗加以申説云:

　　　　許氏《説文》論六書假借曰:"本無其字,依聲託事,令長是也。"蓋無本字而後假借他字,此謂造作文字之始也。至於經典古字,聲近而通,則有不限於無字之假借者。往往本字見存,而古本則不用本字而用同聲之字。學者改本字讀之,則怡然理順;依借字解之,則以文害辭。②

　　"字之聲同聲近者,經傳往往假借",所指即"通假"的現象,其出現的原因也就是"往往本字見存,而古本則不用本字而用同聲之字"的緣故。簡單來説,經傳中的"通假"是"本有其字"的,而"六書"中所稱的"假借"則是"本無其字"的。近人劉又辛與周大璞嘗將"通假"及"假借"兩者等同起來,認爲"用不著多立'通假'這個術語"。③ 而近年也有學者主張使用"通用"一詞,既可涵蓋一些無法確立"本字"與"借字"的問題,甚至連"通假

---

　　① 王引之:《經義述聞》,南京:江蘇古籍出版社,1985年,頁2。
　　② 《經義述聞》卷三十二《通説下·經文假借》,頁756上。
　　③ 劉又辛:《通假概説》,四川:巴蜀書社,1988年,頁141—142;周大璞:《假借質疑》,《武漢大學學報(社會科學版)》1982年第2期,頁38。

字"也算作是"通用字"。① 但是"通用"的範圍實在太廣,而且更容易與
"異體字"、"同源字"及"古今字"等混爲一談。因此,"通假"這個術語是否
正確,固然值得我們考慮,但在沒有找到更合適和妥當的用語前,"通假"
一詞的保留還是有其價值的,尤其是爲了不與"六書"中的"假借"相混淆,
更顯得"通假"一詞的重要。

最近幾年指導學生撰寫論文,往往都涉及"通假"的問題,與同學往還
討論時,已逐步把"通假"的觀念試作更清晰的釐訂。在内容上雖然仍離
不開前賢討論的範疇,但由於簡單易曉,因此值得向大家作初步的
推介。②

第一,"通假"是指捨"正字"(或"本字",以下暫且劃一以"正字"稱
述)不用而借用其他音同或音近的字。"正字"是指在文句中起著詞匯意
義或語法意義的詞,而被借用的字就是"通假字"。由於只借其聲而不借
其意,因此被借用的"通假字"本身,在文句中根本沒有任何詞匯意義或語
法意義,必須讀以"正字"才能令句子文從字順。這是"通假字"跟"正字"
之間在文句中所起作用的最大差別。而"音同"是指兩字的聲母和韻母都
一樣,"音近"是指兩字的聲母或韻母雖有些微差別,但讀音仍然相當接
近。嚴格來説,兩字如果只是雙聲或只是疊韻,便不符合"通假"的原則。
因此,"凡言通假,必須著眼於聲與韻雙方面的同近"。③

第二,"通假字"與"正字"之間並無意義上的關係,這是有別於同源字
和異體字的。

第三,"通假字"是一種共時的語言現象,所以"通假字"和"正字",在
書面語中必須共同存在。

以上三項標準只是基本的原則,而當我們説某字跟某字通假時,必須

---

① 有關"通用字"一詞的使用問題,請參考吴辛丑:《簡帛典籍異文研究》,廣州:中山
大學博士論文,2000 年 11 月,頁 28—30。

② 以下有關"通假字"的標準和看法,主要採録自張錦少:《郭店楚簡、漢帛書〈五行〉
篇通假字比較研究》,香港中文大學中國語言及文學系《專題研究》論文,2000 年,頁 3。並
作增補和修訂。

③ 龍宇純:《有關古書假借的幾點淺見》,《訓詁論叢》第 3 輯,臺北:文史哲出版社,
1997 年,頁 13。

是因爲在原句中某字意義扞格難通，要讀以音同或音近的另一個字才能恰然理順，如果原句中某字的意義已經符合句意，那就不可視爲"通假字"了。再者，如何去辨識"通假字"與"正字"，特別是如何確認"正字"與"通假字"是否共時存在？又其中是否存在錯字或誤字？這些問題可能仍會引起不少困擾。因此，最好能够結合古籍和古文字材料的用例作輔助説明。王國維先生考釋古文字時便注意到"考之史事與制度文物，以知其時代之情狀；本之《詩》《書》，以求其文之誼例；考之古音，以通其誼之假借；參之彝器，以驗其字之變化"。又説："文字之變化脈絡不盡可尋，故古器文字有不可盡識者，勢也。古代文字假借至多，自周至漢音亦屢變，假借之字不能一一求其本字，故古器文誼有不可强通者，亦勢也。"①有關這方面的論點，周何先生亦曾加以申説："凡云假借者必有驗證可求，求之於文獻資料，以證明這兩個字在過去曾經通用成爲習慣，已爲當時一般人所接受的假借字。如無驗證可求，古籍淹没，也許那些證據正好就在那些亡逸的書裏面，如今已無法找尋，爲求態度嚴謹起見，只好一概視爲音近之誤，而不認作假借字。因爲同音字太多，真正成爲假借的畢竟有限，不希望把錯別字誤認爲假借，擾亂了典籍的正解，於是只好割愛了。"②

先秦時期，由於當時的文字結構仍未經正式規範，除了文字本身往往出現同字異構的差異外，用字時借音的通假現象亦相當普遍，相關例子在商周青銅器銘文和簡帛文獻裏都可以很容易找到。逮及秦漢，文字的約定俗成和規範雖已逐步改進，可是不少方言區使用文字時仍然未能完全擺脱借音的方式，但相對今天所見先秦楚簡資料來説，數目上顯然已減少得多，從郭店楚簡《五行》篇通假字的使用較諸馬王堆帛書《五行》篇經部爲多的統計，可以説明這個現象。③

"通假"的出現主要是因甲、乙兩字因音同或音近的關係，故彼此得以借用，而我們也必須認識到古人在書寫記録時往往都是憑音記字、以字記

---

① 王國維：《毛公鼎銘考釋序》，《王觀堂先生全集（六）》，臺北：文華出版公司印行，1968 年，頁 1990。

② 周何：《訓詁學中的假借説》，《訓詁論叢》第三輯，臺北：文史哲出版社，1997 年，頁 64。

③ 見上頁注②張錦少文。

音的事實,每當因某種關係未能即時將"正字"書寫記錄,但只要利用聽音記字的手段,便可將主要的訊息經由不同的文字加以表達。因此,不少"通假字"實際上是起著注音的作用,古書中所見到的通假現象,無疑是瞭解昔日語音的最佳紀錄之一,對古代音韻的研究有重大的意義和價值。

　　要而言之,當我們辨認通假字時,上述三項界定的標準是必須審慎考慮的,同時更必須特別注意甲、乙兩字之間僅有音的關係,而並無任何意義上的聯繫。如此一來,與"同源字"、"異體字"和"古今字"之間的分別也就清楚得多了。

三、定州漢墓竹簡《論語》所見通假字

　　根據上述界定通假字的三項原則,在定州漢墓竹簡《論語》一書中,經粗略整理和統計,可算得上是"通假"的例子僅有二十餘組,①其中可分爲三類:

(一) 聲母、韻部俱同

1. 迷/彌(《子罕》9.10)　　明母　脂部

簡本: [淵喟然嘆曰]:"卬之迷高,□□迷堅,瞻之在前,忽……[然善牖人,博]我以文,約我以禮,……墅。雖欲從之,未由也[已]。"224(頁43)

今本: 顏淵喟然歎曰:"仰之彌高,鑽之彌堅。瞻之在前,忽焉在後。夫子循循然善誘人,博我以文,約我以禮,欲罷不能。既竭吾才,如有所立卓爾。雖欲從之,末由也已。"

2. 牖/誘(《子罕》9.10)　　余母　幽部

簡本: [淵喟然嘆曰]:"卬之迷高,□□迷堅,瞻之在前,忽……[然善

---

① 有待竹簡影本及摹本正式公佈後再作全面整理和統計。

牖人，博]我以文，約我以禮，……璽。雖欲從之，未由也
[已]。"224（頁 43）

今本：顏淵喟然歎曰："仰之彌高，鑽之彌堅。瞻之在前，忽焉在後。
夫子循循然善<u>誘</u>人，博我以文，約我以禮，欲罷不能。既竭吾
才，如有所立卓爾。雖欲從之，未由也已。"

3. 耐／能（《憲問》14.28、《衛靈公》15.32）　　泥母　之部

簡本：子道三，我無<u>耐</u>焉：仁者不憂，知者不惑，勇者 394……（頁 66）

今本：子曰："君子道者三，我無<u>能</u>焉：仁者不憂，知者不惑，勇者
不懼。"

簡本：[子曰："知及之，仁弗能守；雖得之，必失]之。知及之，仁[能]
447 守之。不狀以位之，民不敬。知及之，仁<u>耐</u>守之，狀以位
448 之，動之不以禮，[未善也]。"449（頁 73）

今本：子曰："知及之，仁<u>不能</u>守之；雖得之，必失之。知及之，仁能守
之，不莊以涖之，則民不敬。知及之，仁能守之，莊以涖之，動
之不以禮，未善也。"

4. 是／氏（《憲問》14.40）　　禪母　支部

簡本：衛，有何貴□□孔<u>是</u>之門 405……（頁 67）

今本：子擊磬於衛。有荷蕢而過孔<u>氏</u>之門者，曰："有心哉，擊磬乎！"

5. 音／陰（《憲問》14.41）　　影母　侵部

簡本：……曰："《書》云：'□□□<u>音</u>，三年不言。'何謂也？"407（頁 67）

今本：子張曰："《書》云：'高宗諒<u>陰</u>，三年不言。'何謂也？"

6. 后／後（《先進》11.27、《陽貨》17.21）　　匣母　侯部

簡本：子路曰："有 295……[人焉，有社稷焉，何必讀書，然<u>后</u>為]學？"
296（頁 52）

今本：子路曰："有民人焉，有社稷焉，何必讀書，然<u>後</u>為學？"

簡本：……[也]！子三年，然<u>后</u>免於父[母之]懷。543（頁 85）

今本：子曰："予之不仁也！子生三年，然<u>後</u>免於父母之懷。"

7. 絞/徼(《陽貨》17.24)　　見母　宵部

簡本："惡<u>絞</u>以爲知者,惡不孫以爲勇者,惡[訐]552……"(頁 86)

今本："惡<u>徼</u>以爲知者,惡不孫以爲勇者,惡訐以爲直者。"

8. 功/公(《堯曰》20.1)　　見母　東部

簡本：寬得衆,敏則有功,<u>功</u>則[説]。602(頁 97)

今本：寬則得衆,信則民任焉,敏則有功,<u>公</u>則説。

9. 尚/上(《陽貨》17.23)　　禪母　陽部

簡本：子曰："君子義之爲<u>尚</u>,君 547 勇而無義爲[亂,小人有]548……[義爲盜]。"(頁 85)

今本：子曰："君子義以爲<u>上</u>,君子有勇而無義爲亂,小人有勇而無義爲盜。"

10. 獨/匵(《子罕》9.12)　　定母　屋部

簡本：子貢曰："有美玉於斯,昷<u>獨</u>而藏諸,求善賈而賈 227……"(頁 43)

今本：子貢曰："有美玉於斯,韞<u>匵</u>而藏諸? 求善賈而沽諸?"

11. 予/與(《公冶長》5.23)　　余母　魚部

簡本：子曰："孰謂尿生高直? 或乞醯焉,乞諸其鄰而<u>予</u>之。"102(頁 24)

今本：子曰："孰謂微生高直? 或乞醯焉,乞諸其鄰而<u>與</u>之。"

12. 武/舞(《衛靈公》5.10)　　明母　魚部

簡本：……曰："行夏之□,乘殷之路,服周之絻,[樂則□]425《<u>武</u>》。"426(頁 71)

今本：子曰："行夏之時,乘殷之輅,服周之冕,樂則《韶》《<u>舞</u>》。"

13. 梁/諒(《衛靈公》15.36、《季氏》16.4)　　來母　陽部

簡本：子曰："君[子貞而不<u>梁</u>]。"455(頁 74)

今本：子曰："君子貞而不諒。"

簡本：……曰："益者三友，損者三友。友直，[友諒，友多]475……[便辟]，友善柔，友辨年，損476……"（頁77）

今本：孔子曰："益者三友，損者三友。友直，友諒，友多聞，益矣。友便辟，友善柔，友便佞，損矣。"

（二）聲母相近、韻部相同

14. 祝/篤（《先進》11.20）　　章/端母　覺部

簡本：[子]曰："論294[祝是]與，君子者乎？仁狀[者乎]？"285（頁51）

今本：子曰："論篤是與，君子者乎？色莊者乎？"

15. 幾/豈（《述而》7.33、《憲問》14.13、《陽貨》17.7）　　見/溪母 微部

簡本：子曰："若聖與仁，則吾幾敢？印爲之不厭，誨人不卷，則183……已矣。"184（頁35）

今本：子曰："若聖與仁，則吾豈敢？抑爲之不厭，誨人不倦，則可謂云爾已矣。"

簡本："……幾其然375……"（頁65）

今本：子曰："其然，豈其然乎？"

簡本：子曰："然，有是言[也。不曰]堅乎，靡而不514……[而]不緇。吾[幾]515……"（頁83）

今本：子曰："然，有是言也。不曰堅乎，磨而不磷；不曰白乎，而不緇。吾豈匏瓜也哉？焉能繫而不食？"

（三）聲母相同、韻部相近

16. 鄰/吝（《泰伯》8.11）　　來母　真/文部

簡本：……曰："如周公之材之美已，[使驕且鄰，其餘無可觀]。"

201（頁 39）

今本：子曰："如有周公之才之美，使驕且吝，其餘不足觀也已。"

17. 郊/吝（《堯曰》20.2）　來母(?)　真/文部

簡本：子曰："不教而殺胃之[虐]；610……内之郊胃之有司。"611（頁 98）

今本：子曰："不教而殺謂之虐；不戒視成謂之暴；慢令致期謂之賊；猶之與人也，出納之吝謂之有司。"

18. 亦/易（《述而》7.16）　余母　鐸/錫部

簡本：……"以學，亦可以毋大過矣。"157（頁 33）

今本：子曰："加我數年，五十以學易，可以無大過矣。"

此外，如果我們採用《經典釋文》稱引《魯論》或鄭本的文字，還可以找到幾條通假的例子，例如：

19. 賦/傅（《公冶長》5.7）

簡本：子曰："由也 82……之國，可使治其賦也，不智其仁也。"83（頁 22）

今本：子曰："由也，千乘之國，可使治其賦也。不知其仁也。"

賦，《釋文》云："梁武云：《魯論》作傅。"①"賦"、"傅"，俱屬幫母魚部，故可通假。《尉繚子·原官十》："均井地，節賦斂。"②銀雀山竹簡《尉繚子·五》則作"均地分，節傅斂"③；又，江蘇連雲港尹灣漢墓出土的竹簡《神烏賦》原簡亦書作"神烏傅"④，都是"賦"、"傅"通假的好例子。

20. 燕/宴（《述而》7.4）

簡本：[子]之燕居也，申申如也，沃沃如[也]。142（頁 32）

---

① 陸德明：《經典釋文》，上海：上海古籍出版社，1985 年，頁 1358。

② 《尉繚子》，見《宋本武經七書》卷三，上海：商務印書館，1945 年，頁 1。

③ 銀雀山漢墓竹簡整理小組編：《銀雀山漢墓竹簡（壹）》，北京：文物出版社，1985 年，頁 85。

④ 連雲港市博物館等：《尹灣漢墓簡牘》，北京：中華書局，1997 年，頁 71。

今本：子之燕居，申申如也，夭夭如也。

《釋文》云：“燕，鄭本作‘宴’。”①《後漢書·仇覽傳》注，引作“子之宴居”。②“燕”、“宴”同爲影母元部，二者通假。“燕”、“宴”通假的例子，在文獻的載述中頗爲常見，例如《詩經·邶風·谷風》：“宴爾新婚，如兄如弟。”③《釋文》云：“宴本又作燕。”④又，《左傳》昭公十五年：“王一歲而有三年之喪二焉，於是乎以喪賓宴。”⑤《漢書·五行志》引“宴”作“燕”。⑥

四、“祝”/“篤”；“孰”/“篤”用例小議

前引第 14 例，《先進》：“論篤是與”，簡本作“論祝是與”。“祝”爲章母，“篤”爲端母，章、端旁紐，且同屬覺部，故可通假，但在古籍用例中則僅此一見。《論語·泰伯》：“君子篤於親”，⑦《汗簡》引《古論語》“篤”作“竺”。⑧“竺”與“祝”聲同，故亦得與“篤”通假。但是由竹簡本與今本《論語》的對照中，《泰伯》篇裏也出現相關的異文：

21. 孰/篤（《泰伯》8.13）

簡本：子曰：“<u>孰</u>信好學，守死善 203……危國弗入，亂國弗居。天□□□□□□□□□204……”（頁 40）

今本：子曰：“<u>篤</u>信好學，守死善道。危邦不入，亂邦不居。天下有道則見，無道則隱。邦有道，貧且賤焉，恥也；邦無道，富且貴焉，恥也。”

“孰”、“篤”在古音裏都是“覺”部，但“孰”是“禪”母，“篤”爲“端”母，兩者在

① 《經典釋文》，頁 1362。
② 范曄撰，李賢注：《後漢書》，北京：中華書局，1965 年，頁 2481。
③ 阮元校刻：《毛詩正義》，見《十三經注疏》，北京：中華書局，1980 年，頁 304。
④ 《經典釋文》，頁 226。
⑤ 《春秋左傳正義》，見《十三經注疏》，頁 2078。
⑥ 班固撰，顏師古注：《漢書》，北京：中華書局，1962 年，頁 1384。
⑦ 《論語注疏》，見《十三經注疏》，頁 2486。
⑧ 《汗簡》，見《汗簡·古文四聲韻》，北京：中華書局，1983 年，頁 37。

聲紐上相距較遠,"禪"紐屬舌面音,"端"紐屬舌頭音,兩者之間的關係,除了都是舌音,甚至可用準旁紐加以解釋,但始終難愜人意。

按楚簡中"埶"與"篤"皆書作"𥴝"(𥴝),如郭店楚簡:

名與身𥴝(埶)親。(《老子》1.1.35)①

身與貨𥴝(埶)多。(《老子》1.1.36)②

𥴝(篤)於仁者也。(《性自命出》11.55)③

《上海博物館藏戰國楚竹書(一)》《性情論》簡 24:"篤於仁"④的"篤"字書作"䓒",於"𥴝"下加添"心"旁。《説文》云:

篤,馬行頓遲。从馬,竹聲。⑤

埶,食𩜁也。从𠬝𦎧。《易》曰:埶𩜁。⑥

"𥴝"與"埶"兩字形構都是以"𠬝"爲主體。"埶"字在金文裏書作"𣪘",伯侲簋:"伯侲作𣪘(埶)簠"。⑦ 楚簡中所見"埶"字書作"𥴝",仍保存古意。

"篤"、"埶"二字,在意義上既無關連,"𥴝"、"埶"、"𥴝"、"篤"與"䓒"、"篤"的通假實例,除了可用聲同和聲近去解釋外,從字形結構上分析,"𥴝"與"埶"的關係則遠較"䓒"與"篤"爲密切。而由於"䓒"與"篤"音近,故在楚簡中"䓒"才可通假爲"篤"。

在楚帛書中,"築"字書作(𥳔),楚帛書丙 2:

曰女,可以出師㪔(築)邑。⑧

---

① 張光裕主編:《郭店楚簡研究》第一卷《文字編》,臺北:藝文印書館,1999 年,頁659。

② 《郭店楚簡研究》第一卷《文字編》,頁 659。

③ 《郭店楚簡研究》第一卷《文字編》,頁 704。

④ 馬承源主編:《上海博物館藏戰國楚竹書(一)》,上海:上海古籍出版社,2001 年,頁 255。

⑤ 許慎撰,段玉裁注:《説文解字注》,上海:上海古籍出版社,1988 年第 2 版,頁465 下—466 上。

⑥ 《説文解字注》,頁 113 下。

⑦ 羅振玉編:《三代吉金文存》,香港:龍門書店,1968 年,頁 10。

⑧ 李零:《長沙子彈庫戰國楚帛書研究》,北京:中華書局,1985 年,頁 75。

楚帛書丙 8：

> 曰臧：不可以𣪠（築）室。①

《説文》的古文"築"字，小徐本作"𥉉"，②大徐本作"𥉒"，③段玉裁則改作"𥉋"，認爲是"从土箮聲"，今從楚系文字所見，段氏的看法是正確的。

現在回來再看"孰"與"篤"是否能看作是通假的關係？我們可以從文獻中所見"毒"、"熟"及"竺"、"熟"的用例來作討論。

《老子》第五十一章：

> 故道生之，德畜之，長之育之，成之熟之，養之覆之。④

"成之熟之"，嚴可均曰："王弼作'亭之毒之'。"⑤馬王堆帛書《老子》乙本亦作"亭之毒之"，甲本"毒"字殘泐。⑥"毒"爲"端"紐，"熟"爲"禪"紐，兩者在聲母上差別稍大，不過"毒"與"篤"則聲稍近，《説文》古文的"毒"字，小徐本作"𧮫"，⑦大徐本作"𧮪"，⑧段玉裁則改作"𧮬"云：

> 从刀者，刀所以害人也。从箮爲聲，箮，厚也，讀曰篤。簡字，鍇本及《汗簡》《古文四聲韻》上从竹不誤，而下謂从副从副，鉉本則竹又誤爲艸矣。⑨

可見从"言"的古文"築"或"毒"字，他們與"篤"都是舌頭音，古音爲端紐，古韻同屬覺部。難怪在馬王堆帛書裏，既有"毒"字，但卻又出現以"竺"爲"毒"的例子，例如：

《戰國縱橫家書·蘇秦獻書趙王章》224：

① 《長沙子彈庫戰國楚帛書研究》，頁 78。

② 徐鍇撰：《説文解字繫傳》，北京：中華書局，1998 年，頁 112 上。

③ 許慎撰，徐鉉校定：《説文解字》，香港：中華書局，1972 年，頁 120 上。

④ 朱謙之撰：《老子校釋》，北京：中華書局，1984 年，頁 204。

⑤ 嚴可均：《老子唐本考異》（鐵橋漫稿），嚴靈編：《無求備齋老子集成》，臺北：藝文印書館，1970 年，頁 9。

⑥ 國家文物局古文獻研究室編：《馬王堆漢墓帛書（壹）》，北京：文物出版社，1980 年，187 下。

⑦ 《説文解字繫傳》，頁 11 上。

⑧ 《説文解字》，頁 15 上。

⑨ 《説文解字注》，頁 22 上。

怨竺（毒）積怒，非深於齊，下吏皆以秦爲夏（憂）趙而曾（憎）齊。①

但是同一"竺"字除可讀爲"毒"外，也同時可讀爲"篤"或"熟"，例如《蘇秦獻書趙王章》236：

臣願王與下吏羊（詳）計某言而竺（篤）慮之也。②

原文釋文讀"竺"爲"篤"，自然是"通假"的關係，如果參看《戰國策·趙策一》：

臣願大王深與左右羣臣卒計而重謀，先事成慮而熟圖之也。③

亦不排除"竺慮"宜讀爲"熟慮"。無論如何，"毒"、"熟"或"竺"、"熟"的用例只能説明前述"埶"、"篤"的例子，並不是孤立的。但是如果採用"通假"的關係去解説，則仍然解決不了"禪"、"端"二紐並不相近而卻可以通假的緣故。因此，根據前述識別"通假"的原則，目前只能承認"祝"、"篤"確是通假的關係，而"埶"、"篤"；"毒"、"熟"及"竺"、"熟"三組用例，在古音雖同屬"覺"部，但由於聲紐互不相近，並不完全符合通假用例。如果從寬處理，視爲通假，便需要更多音韻學的理據來支持了。

五、餘　　説

由於校讀定州竹簡《論語》，因而注意及該書使用通假字的問題，在前文中已一再強調凡言"通假"，"正字"與"通假字"之間既需共時存在，而且沒有意義上的關係，同時一定要符合聲母與韻母近同的要求。或許有人會認爲這個標準過於嚴格，因而能夠稱得上是通假字例的數目可能會相

---

① 《馬王堆漢墓帛書》整理小組編：《馬王堆漢墓帛書（叁）》，北京：文物出版社，1978 年，頁 103。
② 《馬王堆漢墓帛書（叁）》，頁 104。
③ 劉向集録：《戰國策》，上海：上海古籍出版社，1985 年，頁 606。

對遞減,但爲了希望學者間不要動輒輕言"通假",有了這個標準的界定或者可以將問題看得更清楚,否則如果要求過於寬鬆,對"通假"或"假借"的區別不够清晰,反而容易對某些問題造成不必要的混淆。再者,討論"通假"問題時,有關古音常識的運用特別重要,而且對古音的瞭解和看法也往往會影響某些字例的判別,例如:

22. 廉/貶(《陽貨》17.5)

簡本:"今之狂也湯;古之[矜]也廉。"530(頁 84)

今本:"今之狂也蕩;古之矜也廉。"

《釋文》云:"魯讀廉爲貶。"①"廉"爲來母,"貶"爲幫母,古音同屬談部,但是"來"、"幫"二紐並不相近,似乎無由通假。近年不少學者從事複輔音的研究,如果從複輔音的角度考量,或許能得出滿意的解答。

此外,具備古文字學的常識,則有助印證某些通假字例產生的背景,例如前引第 17 例曾列出《堯曰》篇中有"郄"、"吝"通假的字例。"郄"字書未見,但從"郄"、"吝"的對應關係來看,其讀音應該與"吝"字相近,而且由第 16 例所見,"鄰"、"吝"通假的例子,"郄"極有可能是"鄰"字的異構。竹簡《論語》的注文説:"郄爲鄰之省,古鄰、吝通。"②但卻沒有加以解釋。今案金文中有"🔥明"一辭,"🔥'或書作'🔥',學者間大別有二説,一釋咎,以爲炎之別體,亦有學者釋咎,而通作㽮者。……該字或逕釋㽮,假借爲瞬,並以《説文》'瞬,目精也'爲説;亦有讀爲隣,並以《管子·水地篇》'隣以里者,知也',以明智爲説。'㽮明'之確解雖未獲一致之結論,然就隸定而言,則以讀'㽮'爲近是……釋咎者蓋以該字從二火,然細察諸字構形,疑非從二火相連之炎字。蓋金文炎字乃二火分書,戰國楚繒書及包山楚簡所見'炎'字亦不連體,該字所從實爲大形……小篆'㽮'字所從之'炎'乃形近而訛。後人不察,釋此字者皆以《説文》爲依歸,及經秦漢以後之隸變,㽮字所從炎旁更一訛再訛而成'米'形矣。"③ 今所見"炎"的左旁,無

---

① 《經典釋文》,頁 1386。
② 見《定州漢墓竹簡〈論語〉》,頁 99,注 22。
③ 巴納、張光裕:《善夫梁其簋及其他關係諸器研究》,臺北:南天書局有限公司,1996 年,頁 491—492。

非是甲骨、金文""形的訛變所致,並非是"鄰之省"的結果。當然,有關"郏"字的形構,仍有待檢視原簡予以印證。

　　至於前述第 3 例,"耐"、"能"二字通假,固無可疑,但是在簡本裏前云"仁弗能守",後稱"仁耐守之",同一章中同一用字卻分別寫作"能"及"耐",則頗耐人尋味,原簡是否如此,抑釋文誤植所致? 姑且存疑待考。

　　(原載《龍宇純先生七秩晉五壽慶論文集》,臺北:學生書局,2002 年,頁 151—164。)

《儀禮》兼用今古文不始於鄭玄考

　　曩日，翻檢《士相見禮》鄭注，與武威漢簡本相參對，發現簡本有與鄭注所稱之今文合者，亦有與彼所稱之古文合者。復通檢武威簡九篇，所見亦然，因知簡本兼有今古文。自來經生之言，皆以經今古文之混淆自鄭康成編注羣經始；鄭玄生當東漢之世，而武威漢簡則出自王莽之時（《武威漢簡·敘論》云：“根據墓室的結構和所出器物形制來看，這個墓應屬於王莽時期的。”）由是言之，鄭玄之前，至少《儀禮》一書已今古文並用矣！此説如得證實，未嘗非學林一快事也。近得王關仕《儀禮漢簡本考證》一文（臺灣師範大學1966 年 6 月碩士論文）已申此義。文中既歸納所見之今古文，更於考證之末，有糅合今文不始鄭氏説一節，總千餘字。然細觀之，該文所述，尚有未盡與可議者，因思以十三經注疏本爲底本，將鄭玄所言“古文作某”或“今文作某”之注文，剔出條列，與簡本參對，然後輔以漢石經殘字、唐石經、諸校勘記及其他故籍，以觀究竟，作一全盤性之稽討，俾見當時簡本今古文雜糅之成分若何，以備觀覽。本擬將今本、鄭注及簡本相異之字，探其本原，尋其假借、引申、譌誤之所由。惟念學力淺薄，不足以任斯業。但懸此志，冀他日能償宿願耳。

　　本文於《儀禮》各篇次序，悉從《武威漢簡》。凡有關字句皆以＿綫標示，以便檢驗。

《士相見之禮》

1. 左頭奉之

注：今文“頭”爲“脰”。

簡：<u>左桓</u>奉之。

陸德明《經典釋文》："爲脰，音豆，頸也。"

2. 主人對曰，某子命某見……某將<u>走</u>見

注：今文無"<u>走</u>"。

簡：某將走見。

3. 主人對曰，某<u>不</u>敢爲儀，<u>固請</u>吾子之就家也

注：今文"<u>不</u>"爲"<u>非</u>"，古文云"<u>固以請</u>"。

簡：主人對曰，某非敢爲儀，請吾子之就家。

阮元《儀禮注疏校勘記》(以下簡稱"《校勘記》")："'古文云："固以請。"'徐本，通解同，集釋無'也'字，張氏云，疏無'也'字。"

案：簡本亦無"也"字，又"請"句，與今本各有所省。

4. 賓對曰，某<u>不</u>敢爲儀，固以請

注：今文"<u>不</u>"爲"<u>非</u>"。

簡：某非敢爲儀。

5. 主人對曰，某也固辭不得命，<u>將走見</u>

注：古文曰"<u>某將走見</u>"。

簡：不得命，<u>將走見</u>。

6. 賓對曰，某<u>也</u>不依於摯不敢見，固以請

注：今文無"<u>也</u>"。

簡：<u>某不依於摯</u>，不敢見。

7. 主人對曰，某<u>也</u>固辭不得命，敢不敬從

注："<u>也</u>"，今文無。

簡：主人對曰，<u>某固辭不得命</u>。

8. 賓對曰，某<u>也</u>非敢求見

注：今文無"<u>也</u>"。

簡：<u>某非敢求見</u>。

9. 賓入尊摯再拜，主人答<u>壹</u>拜

注：古文"<u>壹</u>"爲"<u>一</u>"。

簡：主人答<u>壹</u>拜。

10. 賓對曰，某也既得見矣，敢辭

注：“也”，今文無。

簡：某既得見矣，敢辭。

11. 左頭，如麛執之

注：今文“頭”爲“脰”。

簡：左短□麎執之。

12. 君答壹拜

注：古文“壹”作“一”。

簡：再拜稽首□答壹拜。

13. 凡言，非對也，妥而後傳言

注：古文“妥”爲“綏”。

簡：綏而後傳言。

14. 毋改，衆皆若是

注：古文“毋”作無，今文“衆”爲“終”。

簡：無改，終皆如是。

嚴可均《唐石經校文》：“‘衆皆若是’。集説本‘衆’作‘終’，鄭注今文‘衆’爲‘終’。”

《釋文》：“毋改，音無，下同。”

15. 若父，則遊目毋上于面，毋下於帶

注：今文父爲甫，古文毋爲無。

簡：如父，則游目無上於面，無下於帶。

《釋文》：“毋上。”

案：父篆文作“𢖩”。甲、乙本《服傳》及丙本《喪服》所見父字多作“𠂇”，“丶”爲一頓其筆，與“丿”連書作“丿”，此蓋一仍篆體之舊，隸變所致也，而本篇《士相見之禮》父字作“父”者亦然，惟“丶”之落筆過尖，猶未越於“丿”畫所致耳，非彼形誤也。蓋漢簡所著隸書，行筆之間有若今之行書，不似碑文之一筆一畫不苟者也，如《漢隸分韻》引王純碑作“父”，石經《論語》作“父”是又已具今隸之形矣。又“若”簡本作“如”。

16. 君子欠伸，問日之早晏

注：古文“伸”作“信”，“早”作“蚤”。

簡：君子吹<u>申</u>，問日之<u>蚤</u>[晏]。

《釋文》：“伸，音申。”又：“作蚤，音早。”

《説文》：“伸，屈伸。从人，申聲。”又：“申，神也。”

段注：“伸，古經傳皆作信……韋昭《漢書音義》云：信，古伸字。謂古文假借字……宋毛晃曰：古惟申字，後加立人以別之。”

朱駿聲《説文通訓定聲》：“伸……即申字……經史多以信爲之。”

劉熙《釋名·釋言語》：“信，申也，言以相申，使不相違也。”

李孝定《甲骨文字集釋》：“許書虹下出古文蚰，解云，申，電也，實即此字初誼……象電燿屈折激射之形……許君以神也訓申，乃其引申誼。”

案：簡本作“申”，蓋用本字，古文作“信”者，經傳之引申古字也，今本作“伸”，乃後起借字。

17. 夜侍坐，問夜膳葷，請退可也

注：古文“葷”作“薰”。

簡：問夜膳<u>儀</u>。

《釋文》：“膳葷，香云反。”

《校勘記》：“‘膳葷，謂食之’。敖氏無‘葷’字。”

18. 若君賜之食，則君祭先飯，徧嘗膳飲而俟

注：今云“咕嘗膳”。

簡：君祭先飯，<u>咕嘗膳</u>。

《釋文》：“徧嘗，音遍，注同。”

又：“咕嘗，音貼，他篋反。《穀梁》‘未嘗有咕血之盟’，咕，嘗也。劉音當蜜反，云，此意謂未快或楚，未詳，或音沾。”

《校勘記》：“‘今云咕嘗膳’。臧琳曰：《釋文》‘咕嘗音貼，《穀梁》未嘗有咕血之盟，咕，嘗也。’案，咕既訓嘗，則咕即嘗之駁文，咕下不得更着嘗字，蓋古文‘徧嘗膳’，今文‘徧咕膳’，注當作‘今文云咕膳’，‘文’脱，‘嘗’衍也。《説文》口部無咕，食部有飴，云‘相謁食麥也’。《廣雅》二《釋詁》飴、嘗同訓爲食，則飴爲咕之本字無疑。”

案："呫嘗",複語,簡本作"呫嘗",與注所稱今文合,則"呫"似非駁文。

19. 若君賜之爵

注：今文曰"若賜之爵",無"君"也。

簡：如賜之爵。

20. 凡執幣者不趨,容彌蹙以爲儀

注：今文無"容"。

簡：(斷簡無文。)

21. 執玉者則唯舒武,舉前曳踵

注：今文無"者",古文"曳"作"拽"。

簡：〔執玉者〕唯邦戚,舉前肆踵。

22. 宅者在邦,則曰市井之臣,在野則自草茅之臣

注：今"宅"爲"託",古文"茅"作"苗"。

簡：毢者在國……則曰草茅之臣。

《釋文》："草茅。"

《唐石經校文》："'草茅之臣',毛本'草'作'艸',而下文'刺草'仍作'草'。"

《校勘記》："'今宅爲託',毛本作'今文宅或爲託',徐本無'文''或'二字,集釋有'文'字,無'或'字,通解無'文'字,有'或'字。"

案：張爾岐句讀本引作"今文宅或爲託",蓋從毛本歟?

《服傳》

23. 疏衰裳齊牡麻絰,冠布纓削杖布帶疏屨期者

注：今文無"冠布纓"。

案：簡甲、乙本《服傳》及丙本《喪服》皆有"冠布纓"三字。

24. 大功布衰裳牡麻絰纓布帶三月,受以小功衰,即葛九月者。傳曰：大功布九升,小功布十一升

注：古文依此禮也。

案：鄭注未知何指。

《特牲》

25. 特牲饋食之禮,不諏日

注：今文"諏"皆爲"詛"。

簡：不詛日。

《釋文》："不諏,子須反,謀也。"

又："爲詛,莊助反。"

26. 席于門中,闑西閾外

注：古文"闑"作"槷","閾"作"蹙"。

簡：席于門中,槷西棫外。

《校勘記》："'古文闑作'……徐本、釋文、集釋、通解俱作'槷',毛本作'栔'。"

27. 乃宿尸

注：古文"宿"皆作"羞"。

簡：乃宿尸。

28. 占曰吉敢宿

注：今文無"敢"。

簡：占曰吉,宿。

29. 陳鼎于門外,北面,北上,有鼏

注：古文"鼏"爲"密"。

簡：北上,有密。

30. 皆復外位

注：今文"復"爲"反"。

簡：皆復外位。

31. 主婦視饎爨于西堂下

注："古文'饎'作'糦'。"

簡：主婦視餏爨于西堂下。

《釋文》："視饎,尺志反,注糦同。"

32. 盛兩敦,陳于西堂,藉用萑

注：古文"用"爲"于"。

簡：藉用萑。

《釋文》："萑,音完,細葦也。"又:"藉用。"

又引《大射》："萑,音丸。"

《校勘記》："'盛兩敦,陳于西堂,藉用萑',萑,唐石經初刻作藋。"

案:漢簡"萑"正作"藋",知唐石經初刻蓋有所據,藋乃萑之隸變,六朝、隋、唐俗體因之。

33. 佐食升胹俎,鼏之

注:古文"鼏"皆作"密"。

簡:佐食升甀,密之。

34. 祝命授祭

注:授祭,祭神食也。《士虞禮》古文曰"祝命佐食墮祭",《周禮》曰"既祭則藏其墮","墮"與"授"讀同耳,今文改"授"皆爲"綏",古文此皆爲"授祭"也。

簡:祝命繻祭。

35. 設大羹湆于醢北

注:今文"湆"皆爲"汁"。

簡:設大羹湆于醢北。(案:此乃補簡,不足爲證。)

36. 主人洗角,升酳,酳尸

注:今文"酳"皆爲"酌"。

簡:主人洗角,升酳,酳尸。

《校勘記》："'今文酳皆爲酌',錢大昕曰:《少牢》《士虞》注並云:'古文酳爲酌',《特牲》注'今文'亦當爲'古文'之譌。"

37. 尸祭酒啐酒,賓長以肝從

注:今文曰"啐之",古文無"長"。

簡:尸祭酒啐酒,[賓長以肝從](缺簡)。

38. 祝酌授尸,尸以醋主人

注:古文"醋"作"酢"。

簡:[尸以醋主人]。(缺簡)

39. 佐食授授祭

注:今文或皆改"妥"作"授"。

簡：［佐食授授祭。］（缺簡）

40. 實于左袂，挂于季指

注：古文"挂"作"卦"。

簡：［詩］裏于左袂，卦于季指。

41. 主婦洗爵酌致爵于主人

注：今文曰"主婦洗酌爵"。

簡：主婦洗酌致爵于主人。

42. 坐挩手

注：古文"挩"皆作"說"。

簡：坐挩手。

《釋文》引《大射》有"挩手，始銳反。"

《儀禮石經校勘記》（校勘字體）："挩，唐石經作'挩'，諸本皆作'挩'，今悉從'挩'。"

案：作"挩"，俗寫。

43. 主人更爵醋，卒爵降

注：古文"更"爲"受"。

簡：主人受爵詐，卒降。

44. 主婦拜受爵

注：今文"授"爲"受"。

簡：主婦拜受爵。

案：此條注文，《十三經注疏》本無，《句讀》本有之，惟於授旁作"×"，未知何指，蓋或《注疏》本"更"之誤字歟。下條注"古文更爲受"所注與此條同出一段，或《句讀》本之"今文授爲受"是"古文更爲受"之誤，未可知也。

45. 尸卒爵……佐食洗爵酌致于主人……更爵

注：今文曰"洗致"，古文"更"爲"受"。

簡：尸卒爵……佐食洗致于主人……受爵。

46. 賓辭洗，卒洗，揖讓升

注：今文無"洗"。

簡：賓辭，卒洗，揖讓升。

47. 尸備答拜焉

注：古文"備"爲"復"。

簡：尸備合拜焉。

48. 舉觶者皆奠觶于薦右

注：今文曰"奠于薦右"。

簡：舉觚者皆鄭于薦右。

49. 祝命嘗食，饔者舉奠許諾

注：古文"饔"皆作"餕"。

簡：選者舉鄭許諾。

50. 鉶芼用苦

注：今文"苦"爲"芐"。

簡：刑芼用枯。

51. 執匜者西面淳沃

注：今文"淳"作"激"。

簡：淳沃。

《校勘記》："'今文淳作激'，陸氏曰：激，一本作浮，劉本作徹，音敷。按浮與淳形相似而誤，徹者又勇之誤，故其字音敷也。"

52. 刌肺三

注：今文"刌"爲"切"。

簡：刌肺三。

53. 主婦俎觳折

注：古文"觳"皆作"穀"。

簡：主婦俎觳折。

《少牢》

54. 宿，前宿一日

注：古文"宿"皆作"羞"。

簡：［宿前一日。］（缺簡）

55. 廩人概甑

注：古文"甑"爲"烝"。

簡：廩人溉甑。

56. 司馬升羊右胖，髀不升……皆二骨以並

注：古文"胖"皆作"辯"，"髀"皆作"脾"。

今文"並"皆爲"併"。

簡：司馬升羊右辨，脾不升……皆二骨以併。

《釋文》："右胖，音判。"又："髀，步禮反，又方爾反。"又："作辯，音遍，一音皮莧反。"又："作脾，必爾反，又婢支反。"

57. 卒脀皆設扃鼏

注：古文"鼏"皆爲"密"。

簡：皆設扃密。

阮元《儀禮石經校勘記》："'皆設扃鼏'，石經諸本皆作'鼏'，監本訛作'冪'。"

《唐石經校文》："'卒脀皆設扃鼏'，'扃'當作'扃'，監本、毛本'鼏'誤作'冪'。（漢碑冥或从目作冥、冪、冥。）"

彭元瑞《石經考文提要》："'皆設扃鼏'，監本作'扃鼏'，今從欽定《三禮義疏》，武英殿本、唐石經、宋本《儀禮鄭注》、《儀禮集釋》、《儀禮集説》。"

《校勘記》："'卒脀皆設扃鼏'，'鼏'，唐石經、徐本、《集釋》、楊、敖俱作'鼏'，注同，《通解》毛本作冪。"

案：句讀本"鼏"作"冪"，蓋沿監本，毛本之譌歟！

58. 司宮尊兩甒醴于房户之間，同栿，皆有冪

注：古文"甒"皆作"廡"，今文"冪"作"鼏"。

簡：司宮尊兩甒……皆有冪。

《釋文》："兩甒，亡甫反，注廡同音。"

《校勘記》："'今文鼏作冪'，徐本、張氏同，與此本標目合，毛本、《通解》《集釋》，'鼏''冪'二字俱倒。按鼎冪、尊冪在今文則皆作冪，在古文則皆作密，後人妄爲分別，而刊本又復淆譌不可致詰，此注當有誤字，張氏據注以改經，因非李、黃據經以改注，亦未爲得，蓋以冪爲古，鼏爲今，《儀禮》

223

中無此例。"

案：句讀本引注作"今文冪作羃"。

59. 乃啓二尊之蓋冪,奠于棜上,加二勺于二尊,覆之南柄

注：今文"啓"爲"開",古文"柄"皆爲"枋"。

簡：乃剞二尊之蓋幂……南柄。

60. 長枇

注：古文"枇"作"匕"。

簡：長匕。

案："匕"簡本作"**士**",考釋作"出",非也。蓋"**士**"字之書,合乎隸法,惟其"丿"畫過長且向左上剔致渭誤也,其仍爲"匕"字不誤。

《唐石經校文》："'長枇',《集説》本作'匕',鄭注'古文枇爲匕'。"

61. 舌皆切本末

注：今文"切"皆爲"刉"。

簡：舌皆刉本末。

62. 婦贊者一人亦被錫衣,移袂,執葵菹嬴醢。

注：今文"錫"爲"緆","嬴"爲"蝸"。

簡：被錫衣,移袂,執葵菹醢。

《釋文》："被錫,依注讀爲髲鬄,上音皮義反,下大計反,劉士歷反,下同。"

《校勘記》："《釋文》有爲緆二字,云音羊。○按緆字不當从易,疑陸誤。"

63. 主婦興,入于房

注：今文曰："主婦入于房。"

簡：主婦入于房。

64. 尸取韭菹,辯擩于三豆

注：今文"辯"爲"徧"。

簡：尸取韭菹,辨擩于三豆。

65. 上佐食舉尸牢幹

注：古文"幹"爲"肝"。

簡：尸牢乾。

66. 北面酌酒，乃酳尸

注：古文"酳"作"酌"。

簡：北面酌酒，乃酳尸。

67. 縮執俎，肝亦縮

注：古文"縮"爲"蹙"。

簡：槭執柤，肝亦槭。

68. 上佐食以綏祭

注："綏"或作"挼"，"挼"讀爲"墮"……古文"墮"爲"肵"。

簡：上佐食以繻祭。

《校勘記》："'古文"墮"爲"肵"'，張氏曰，經云'上佐食以綏祭'，'墮'當爲'綏'，後注有云，'綏亦當爲挼，古文爲肵'，此綏爲肵之證也，從經。"

69. 嘏于主人……使女受禄于天……眉壽萬年，勿替引之

注：古文"嘏"爲"格"，"禄"爲"福"，"眉"爲"微"，"替"爲"袂"。

簡：假于主人……受禄于天……牛壽萬年，勿瑟引之。

70. 實于左袂，挂于季指

注：古文"挂"作"卦"。

簡：實于左袂，卦于季指。

71. 上佐食綏祭……其綏祭如主人之禮

注："綏"亦當作"挼"，古文爲"肵"。

簡：上佐食繻祭……其繻祭如主人之禮。

72. 主婦洗酌獻祝，祝拜，坐受爵

注：今文曰："祝拜受。"

簡：祝拜，坐受爵。

73. 尸謖

注："謖"或作"休"。

簡：尸休。

案：此注雖未明言今古文：然據《士虞禮》注："古文謖或爲休。"因據以增。

74. 資黍于羊俎兩端

注：今文"資"作"齊"。

簡：資黍于羊俎兩端。

按：《句讀》引注，"齊"作"齎"。

75. 司士乃辯舉

注：今文"辯"爲"徧"。

簡：司士乃辨舉。

76. 養者奠爵皆答拜……主人答壹拜

注：古文"一"爲"壹"也。

簡：［主人答壹拜。］（補簡）

《唐石經校文》："'主人答壹拜'，監本、毛本、集說本'壹'作'一'，鄭注'古文壹爲一'。"

《石經考文提要》："'主人答壹拜'，監本作'一拜'，今從欽定《三禮義疏》、唐石經、宋本《儀禮》《集釋》。"

《儀禮石經校勘記》："石經、李本、《義疏》皆作'壹'，監本、敖本、殿本作'一'。臣元謹案：鄭注'古文壹爲一'，則經文作'壹'明矣。"

《校勘記》："'古文一爲壹也'，毛本'壹'爲'一'，徐本、《通解》俱作'一'爲'壹'，與此本標目合，《集釋》與毛本同，按經有兩一字，'一拜'，徐本作'壹拜'，則所謂'古文一爲壹'者，自指'一爵'言，李氏誤認爲指'壹拜'言，故倒注文耳，至毛本經注不相應，其誤更不待辨矣。"

案：句讀本作"古文壹爲一"，蓋以監本、毛本、《集說》歟！

又如監、毛，算說不誤，則自與《士》《有》《冠》《射》《公》之注相合，非鄭氏之矛盾也，或爲鄭氏所見本異耳。

《有司徹》

77. 司宮攝酒

注：今文"攝"爲"聶"。

簡：司宮聶酒。

《釋文》："爲聶，女輒反。"

78. 乃燅尸俎

注：古文"燅"皆作"尋"。

簡：乃深于俎。

《釋文》："燅，音尋，劉徐鹽反，温也，注燖同。"

79. 乃設扃鼏

注：今文"扃"爲"鉉"，古文"鼏"爲"密"。

簡：乃設扃密。

80. 乃議侑于賓

注：古文"侑"皆作"宥"。

簡：乃義或于賓。

81. 西縮……亦西縮

注：古文"縮"皆爲"蹙"。

簡：西宿……亦西宿。

82. 雍人合執二俎，陳于羊俎西並

注：古文"並"皆作"併"。

簡：陳于羊俎，西并。

83. 羊肉湆，臑折

注：今文"湆"爲"汁"。

簡：羊肉汁臑折。

84. 二手執挑匕枋，以挹湆

注：今文"挑"作"扰"，"挹"皆爲"极"。

簡：二手執桃匕枋扱汁。

《釋文》："執挑，湯堯反，劉湯姚反，又他羔反，一音由，又食汝反。"

又："或作'挑'，本又作'扰'，劉弋羔反。"

《唐石經校文》："'二手執桃匕枋'，各本'桃'作'挑'，《金石文字記》云，'挑'誤作'桃'。按鄭注'挑謂之歃，讀如"或舂或枕"之枕字，或作挑者，秦人語也'，'今文挑作枕'，此注三枕字及挑，謂今文挑，兩挑字皆當考正。《讀詩記》'或舂或揄'，董氏迤引《韓詩》作'抗'，《説文》臼部：'舀'或作'抗'，從手從穴，則'枕'作'抗'。(《詩釋文》"揄，《説文》作舀"，是陸所

見《説文》引《詩》作"或舂或舀","舀"即"抌"字，與鄭此注正合，今《説文》作"或簸或舀"，則誤涉下句。)但鄭注既出經字作'挑'，又出或字作'挑'，是正本、或本皆作'挑'，二者定有一誤。檢《釋文》出經注'挑'字，其誤正同，今當以音求之，而孫恤已下反切與六朝唐初又異，唯以《釋文》證《釋文》，庶爲得之。《釋文》：'執挑，湯堯反，劉湯姚反，又他羔反，一音由。''或作挑，劉弋羔反。'弋羔即他羔，《詩釋文》'挑兮，他羔反'，是'弋羔'爲'挑'字，知'湯堯、湯姚'爲'桃'字矣。其云'又他羔反'者，依注'或作'讀也，'一音由'者，依《詩》與糅協也。然則經注'挑'字，唯'或作挑'之'挑'當作'挑'，餘皆當作'桃'。(杭氏世駿《續方言》引此"或作挑"，改"或作桃"，非是。)注内'枕'字亦當據《説文》《讀詩記》校正，而古文作'桃'字或作'挑'，今文作'抌'，始袟然不紊也，驗唐代碑刻從木者往往變從手，疑長興彫版'桃'字已混作'挑'，今宜據改作'桃'不誤。"

《儀禮石經校勘記》："'執挑匕枋'，《釋文》、監本、李本、敖本、《義疏》、殿本作'挑'，石經作'桃'，臣元謹案，《釋文》'挑，湯堯反'，其爲挑字無疑，石經作'桃'，無依據，從《釋文》近古。"

《校勘記》："'二手執挑匕枋以挹湆。'桃，唐石經、徐、陳、《通解》《要義》、楊氏俱作'桃'，注同。《釋文》《集釋》、敖氏，毛本俱作'桃'，盧文弨云，注云'字或作挑'則經文本作'桃'明矣。按經文自當以'桃'爲正，諸本經文作'桃'者，注中四'挑'字俱作'桃'，注云'字或作桃'，蓋對'今文作挑'言之，盧説未是。"

又："'讀如或舂或抗之抗。'抗，《集釋》、《通解》、敖氏並從手，下同，楊氏作'揄'，《注疏》本'扰'誤'枕'。"

又："'字或作桃者'，毛本'桃'作'挑'，宋本、《釋文》作'桃'，云'本或作扰'。按《釋文》於經作'挑'，於注中此句作'桃'，與盧説相反，若依'或本作抗'，則'或'字指今文言，似亦有理。"

又："'今文桃作抌'，毛本'桃'作'挑'，'抌'作'枕'，監本唯此'桃'作'桃'，嚴本唯此'抌'作'扰'。"

85. 主人北面于東楹答拜

注：古文曰："東楹之東。"

簡：主人北面于<u>東楹東</u>答拜。

86. 婦贊者執二籩<u>醴贊</u>

注：今文無"<u>二籩</u>"。

簡：婦贊者執<u>醴贊</u>。

87. 入于房，取糗與<u>腶脩</u>，執以出

注：今文"<u>腶</u>"爲"<u>斷</u>"。

簡：入于房，取桌與<u>段脩</u>，執以出。

《釋文》："與腶，丁亂反，本又作'段'，音同，加薑桂以脯而鍛之曰腶脩。"

案：《釋文》所云"本又作'段'"，與簡本合。句讀本所引"腶"，皆誤作"腶"。

88. 主婦主人之北，西面答拜

注：今文無"<u>西面</u>"。

簡：主婦主人北，<u>答拜</u>。

89. 司宮設席于房中<u>南面</u>，主婦立于席西

注：今文曰："<u>南面立于席西</u>。"

簡：<u>南面于席西</u>。

《唐石經校文》："'主婦立于席西'，集説本'婦'下有'南面'，鄭注，'今文曰南面立于席西'，此注'立'字，監本、毛本誤作'尸'，今據宋單鄭注本、鍾本。"

案：簡本或脱'立'字。《句讀》本引'立'作'尸'，或沿監本、毛本之誤。

90. 主婦奠爵……坐挩手

注：古文"<u>挩</u>"作"<u>説</u>"。

簡：坐<u>挩</u>手。

《校勘記》："'古文挩作説'，'挩'，集釋作'挩'。"

91. 衆門東北面，皆答<u>壹</u>拜

注：古文"<u>壹</u>"爲<u>一</u>。

簡：皆答<u>壹</u>拜。

《校勘記》："'古文壹爲一'，徐文、集釋同，毛本'古'作'今'，按全部注

内壹爲一,並云'古文'。"

案：《句讀》本作"今文壹爲一",或仍毛本也。

92. 司士設俎于豆北,羊胳一,腸一

注：古文"胳"爲"胳"。

簡：羊胳,腸一。

93. 宰夫贊主人酌,若是以辯

注：今文"若"爲"如","辯"皆爲"徧"。

簡：[若是以辯]。（缺簡）

94. 繼上賓西面,皆東面,其殽體,儀也

注：今文"儀"皆作"職",或爲"議"。

簡：[其殽體,儀也]。（缺簡）

95. 主人受酌降,酬長賓于西階

注：古文"酌"爲"爵"。

簡：主人受酌降,州長賓于西階。

96. 主人就筵

注：古文曰："升就筵。"

簡：[主人就筵]。（缺簡）

97. 兄弟之後生者,舉觶于其長

注：古文"觶"皆爲"爵",延熹中,設校書定作"觶"。

簡：舉爵于其長。

《釋文》："延熹,許其反。"

《校勘記》："'兄弟之後生者,舉觶于其長。'觶,張氏從古文作爵,按注既云'古文觶爲爵',則鄭本自從今文作'觶',張氏識誤務存鄭舊,而此條顯與鄭背,殊不可解,今列其説,而存其異字,以備參考。"

又："'延熹中。'熹,徐本、《釋文》《集釋》《要義》俱作熹,《通解》、毛本作景,盧文弨云,延熹,漢桓帝年號,然此實熹平之誤。今按延熹校書,熹平刊石,似屬兩事。"

案：延熹爲156—167年,熹平爲172—178年(據萬國鼎《中國歷史紀年表》)。漢熹平石經殘字集録載有《司徹》殘字"舉觶者"、"舉觶"。二

"觶"字與今本同,本諸鄭玄所云屬實,則殘石出熹平之年,而作"觶"者,顯經延熹改定之後也,而簡本作"爵"者應在延熹校書之前矣! 今考簡本出王莽之世(9—23 年),益明見也。

98. 腊辯,無髀

注:古文"髀"作"脾"。

簡:腊辨,無脾。

99. 乃摭于魚腊俎

注:古文"摭"爲"摕"。

簡:乃摭于魚腊俎。

《釋文》:"爲揲,之石反,劉音與摭同。"

《校勘記》:"'古文摭爲摕。''古',徐本、《集釋》《通解》俱作'古',毛本作'今'。'摕',徐本作'摕',毛本作'摕',葛本、《集釋》俱作'揲',按宋本《釋文》亦作'摕',今本作'揲',《五經文字》手部有'摕'字,云:之石反,見《禮經》。"

案:《句讀》本引作"今文摭爲揲",作"今"與毛本同,作"揲"與葛本、《集釋》合。據簡本作摭,則"古"當作"今","揲"當作"摕",蓋六朝俗書"席"作"蓆",承隸變也。

100. 尸以醋主人,亦如儐,其綏祭,其嘏亦如儐

注:綏,皆當作"挼",挼讀爲藏其墮之墮,古文爲"捼"。

簡:[其綏祭]。(缺簡)

101. 祝易爵洗,酌,授尸,尸以醋主婦

注:今文"酢"曰"酌"。

簡:無"尸以醋主婦"句。

《校勘記》:"'今文酢曰酌',徐、陳、《通解》同,'酢曰酌',《集釋》作'醋曰酌',閩、監、葛本俱作'酌曰酌'。按'曰酌'二字,諸本俱與疏標目合,毛本作'醋曰酢'。"

按:"句讀本"作"今文醋曰酢",與毛本合。

102. 婦人贊者執棗糗授婦贊者,婦贊者不興受

注:今文曰:"婦也贊者執棗糗授婦贊者,婦贊者不興受。"

簡：婦人贊者執棗糗……不興受。

103. 右几，厞用席

注：古文"右"作"侑"，"厞"作"茀"。

簡：右几，厞用席。

《燕禮》

104. 羃用綌，若錫，在尊南

注：今文"錫"爲"緆"。

簡：幕如綌，如錫，在尊南。

105. 射人納賓

注：射人爲擯者也，今文曰："擯者。"

簡：擯者[納賓]。

106. 主人坐奠觚于篚

注：古文"觚"皆爲"觶"。

簡：鄭枛于匪。

《歷代石經考》載《漢熹平石經殘字集錄續編》有《燕禮》殘字作："主人坐—觚于篚。"

《說文》："觚，鄉飲酒之爵也。一曰觴受三升者謂之觚。从角，瓜聲。"

又："枛，棱也。从木，瓜聲。"注："枛與棱二字互訓，受以積竹八觚，觚當作枛，觚行而枛廢矣。《史記·酷吏列傳》曰：漢興，破觚而爲圜。應劭曰：觚，八棱有隅者。《通俗文》曰：木四方爲棱，八棱爲枛。"

案：《殘字集錄續編》之"主人坐—觚于篚"，當即經文"主人坐奠觚于篚"句。"觚"字與今本合。

又《集錄》有殘字"匪"與續編所引"主人坐—觚于篚"之"篚"有異，而與簡本之作"匪"者合，由是知之，熹平石經中，"匪"、"篚"二字已雜用矣！據《說文》匚部："匪，器似竹匧。"又竹部："篚，車笭也。""匪"、"篚"自是兩字，簡本作"匪"及漢石經作"匪"者，皆用其本字，而漢石經中又有作"篚"及今本皆作"篚"者，蓋借字也。（音同借用，復以篚之从竹，誤以匪似竹器，而以匪之當作篚也。後"篚"行而"匪"本義隱。）今統觀武威漢簡《儀禮》九篇，"筐"皆作"匪"，足證當時漢簡所書《儀禮》時，"筐"字猶未被借用也，據此，因復大膽推斷"筐"之後起借用，當自武威漢簡（王莽時代）之後，不然者，最少於儀種經文之抄寫中，借筐爲匪，當在熹平之際，或稍前也。

107. 主人降，賓洗，南坐奠觚

注：今文從此下，"觚"皆爲"爵"。

簡：南坐［鄭柧］。（漫漶）

108. 主人辭洗，賓坐奠觚于筐

注：今文無"洗"。

簡：［主人辭洗］。（漫漶）

按：集錄引此篇："賓坐奠觚于"，當即此處之經文。

109. 更爵洗

注：古文"更"爲"受"。

簡：［更爵洗］。（缺簡）

110. 主人盥洗，升，媵觚于賓

注：今文"媵"皆作"騰"。

簡：［媵觚于賓］。（缺簡）

《唐石經校文》："'媵觚于賓'（重刻），《集說》本'媵'作'騰'，篇內及《大射儀》'媵'字放此，鄭注'古文媵皆作騰'。（此注各本及《文選・舞賦》注引皆誤作'今文'，按漢石經是今文，而《隸釋》所載統作'媵'，則'騰'爲古文矣，《大射儀》亦有此注，正作'古文'，茲據改。）"

《儀禮石經校勘記》："'媵觚于賓'，漢石經《大射儀》殘字，唐石經、李本、楊本、監本、《義疏》、殿本，皆作'媵'，惟敖本作'騰'。臣元謹按，鄭注'今文媵皆作騰'，敖繼公從今文改作'騰'，不知漢石經已作'媵'矣，今擬從'媵'。"

　　按：《金石萃編》漢石經殘字所收《大射儀》文："人皿洗卄媵觚于賓。"與本處經文全同也。至於本條簡本脫簡無證，然參諸《大射儀》與此處經文相同者，簡本作："升騰柧于賓。"是簡本作"騰"也，且《大射儀》鄭注云："古文媵皆作騰。"如鄭注"古文"二字不誤，則"騰"爲古文宜矣！阮氏未見

簡本,復忽略《大射》鄭注,蓋有所失矣,今據諸簡本作"騰"及《大射》注文,則本條鄭注之"今文"或乃"古文"傳抄之誤也矣!

111. 大夫辯受酬

注:今文"<u>辯</u>"皆作"<u>徧</u>"。

簡:夫,<u>辨受州</u>。

112. 主人以虛爵降,奠于篚

注:今文無"<u>奠于篚</u>"。

簡:無"奠于篚"三字。

113. 致者阼階下再拜稽首

注:古文云:"<u>阼階下北面再拜</u>。"

簡:致者作[<u>階下再拜稽</u>]首。

按:雖缺簡,然據其字位補之,仍知其無"北面"二字。

114. 衆工不拜,受爵,坐祭,遂卒爵

注:古文:"<u>卒爵不拜</u>。"

簡:衆工[不]拜,受爵,祭,遂[卒爵]。(斷簡)

115. 士長升,拜受觶,主人拜送觶

注:今文"<u>觶</u>"作"<u>觚</u>"。

簡:士長升,再拜受<u>觚</u>,主人拜送。(無"觶"字)

116. 賓降,洗象觶

注:今文曰:"<u>洗象觚</u>。"

簡:賓降,洗象<u>觚</u>。

117. 公坐,取賓所媵觶,興

注:今文"<u>觶</u>"又爲"<u>觚</u>"。

簡:公坐,取賓所揚<u>觚</u>,興。

118. 奠爵再拜稽首,公答拜

注:古文曰:"<u>公答再拜</u>。"

簡:<u>公合拜</u>。

按:陳侯因資敦(《集成》4649)銘文:"合揚乒德。"已借合爲答,簡本作合,亦借字也。

119. 賓所執脯以賜鐘人於門内雷，遂出

注：古文"賜"作"錫"。

簡：以賜鐘人于門内溜。

《唐石經校文》引作"以賜鐘人于門内雷"。

按：經文下句"君無所辱，賜於使臣"，簡本"賜"作"錫"，則又合於本條鄭注所謂之古文也。由是，知簡本之今古文並用，益明矣。

120. 曰寡君有不腆之酒

注：古文"腆"皆作"殄"，今文皆曰"不腆酒"，無"之"。

簡：不醜［酒］。

按：腆，《説文》云："設膳腆。腆，多也。"訓酒厚之醜當从酉不从肉。醜、腆二字實音同而義異，簡本作"醜"乃用本字，今本"腆"乃借字也。

121. 寡君固曰不腆，使某固以請

注：今文無"使某"。

簡：使某固以請。

122. 與卿燕則大夫爲賓，與大夫燕亦大夫爲賓

注：今文無"則"，下無"燕"。

簡：與卿燕，大夫爲賓，與大夫，亦大夫爲賓。

《大射》

123. 西階之西，頌磬東面

注：古文"頌"爲"庸"。

簡：［西］階之西，容磬東面。

《釋文》："頌磬，如字，一音容。"

124. 冪用錫，若絺，綴諸箭。

注：今文"錫"或作"緆"，"絺"或作"綌"，古文"箭"作"晉"。

簡：幕錫，若絺，綴諸晉。

案："晉"字原簡漫漶，茲據摹本作"晉"。

125. 更爵洗，升酌散以降

注：古文"更"爲"受"。

簡：更爵洗。

126. 主人盥洗，升，媵觚于賓

注：古文"媵"皆作"騰"。

簡：升，騰柧于賓。

《金石萃編》漢石經殘字："人皿洗廿觚于賓。"

《隸釋》引作："人盥洗升媵觚于賓。下缺。"

案：劉文獻校補引漢石經新出殘字作"騰"，與簡本同，然未及見。

127. 交于楹北，降，適阼階下

注：古文曰："降造阼階下。"

簡：降阼階下。

案：《漢熹平石經殘字集錄續編》收《大射儀》殘字"交于楹—適阼階下"，當即此句經文。

128. 大夫辯受酬

注：今文"辯"作"徧"。

簡：大[夫辯受酬]。（斷簡）

案：《漢石經殘字集錄四編》作"徧"，與今文同。

129. 相者皆左何瑟，後首，内弦

注：古文"後首"爲"後手"。

簡：左何瑟，後首，内弦。

《歷代石經考·漢石經》徐鴻寶所藏《大射儀》殘石作"後首"。

130. 司射適次，袒袂，遂執弓，挾乘矢

注：古文"挾"皆作"接"。

簡：挾乘矢。

131. 士御於大夫

注：今文"於"爲"于"。

簡：士御于大夫。

《儀禮石經校勘記》："唐石經'于'、'於'二字雜出，漢石經《大射儀》殘字'于'字兩見，皆作'于'，《士昏》'記至於某'，《大射儀》'御於'，鄭注並云'今文於爲于'，是鄭亦取古文'於'字。"

案：簡本亦"于"、"於"二字雜出。

132. 皆適次而俟

注：今文"俟"作"待"。

簡：適次而寺。

案：校補引漢石經作"待"。

133. 卑者與尊者爲耦，不異侯

注：古文"異"作"辭"。

簡：不異侯。

134. 三耦俟于次北

注：今文"俟"爲"立"。

簡：偶㐰于次北。

135. 又諏以商，至乏聲止

注：古文"聲"爲"磬"。

簡：至乏聲止。

136. 授獲者退于西方，獲者興

注：古文"獲"皆作"護"，非也。

簡：受護者退于西方，護者興。

137. 獲而未釋獲

注：古文"釋"爲"舍"。

簡：護而未舍護。

案：《周禮·春官》"占夢"鄭注："舍讀爲釋，舍萌，猶釋采之，古書擇采，釋奠當作舍。"《考古》1955 年第 11 期陳邦懷《讀武威漢簡》據此注謂："簡本作'舍'，用古文明矣。"雖似是矣，然論證不足，猶未能饜人意。

138. 兼諸弣，興，順羽且左還

注：古文"且"爲"阻"。

簡：且左瓂。

139. 既拾取矢，梱之

注：古文"梱"作"魁"。

簡：既拾取矢，窜之。

140. 司射西面命曰……揚觶，椭復

注：古文“椭”作“魁”。

簡：楊觸，淳復。

141. 不貫不釋

注：古文“貫”作“關”。

簡：不關不舍。

142. 司射去扑，適阼階下，告射于公

注：今文曰“阼階下”，無“適”。

簡：司射去符，作階下，告射于公。

143. 司馬升，命去侯如初，還右

注：今文曰：“右還。”

簡：［還右］。（缺簡）

144. 大射正執弓，以袂順……公親揉之

注：今文“順”爲“循”，古文“揉”爲“紐”。

簡：以袂揎……公親柔之。

145. 卒射，釋獲者遂以所執餘獲適阼階下

注：餘獲……古文曰：“餘算。”

簡：述以所執餘獲適阼階下。

146. 十純，則縮而委之

注：古文“縮”皆作“麈”。

簡：十純，則㙄而委之。

147. 司馬師命獲者以旌與薦俎退

注：今文“司馬師”，無“司馬”。

簡：阩命護者以菁與薦退柤。

148. 士長升，辭受觶

注：今文“觶”爲“觚”。

簡：士長升，拜受柧。

149. 賓升就席

注：今文“席”爲“筵”。

簡：（脱簡無文）。

150. 賓降洗，升，媵觶于公……公答再拜

注：今文"觶"爲"觚"，"公答拜"，無"再拜"。

簡：賓降洗，升，媵柧于公……公答拜。

《校勘記》："'無再拜'，按拜字疑衍。"

案：考諸簡本正無"再"字，阮氏所疑固宜。

總上有鄭注標出"今"、"古文"字樣者共150條、連細目計之共176條目，兹將歸納所得、羅列如下：如一條之中，有標出兩目以上者，皆以①②③等附於該條號數之下，以便檢閲。

一、簡本所見與鄭注所云"今文"合者：

3①、4、6、7、8、10、14②、18、19、25、28、44、45①、46、48、61、63、77、83、84②、86、88、105、112、120②、122①②、131、142、147、150②。

共30條（31細目）。

二、簡本所見不同於鄭注所云"今文"，而與今本相合者：

2、15①、23、30、36、37①、51、52、62①、72、74、79①、102、104、121、124①②

共16條（17細目）。

三、簡本所見與鄭注所云"古文"合者：

14①、15②、16②、29、33、40、43、45②、53、55、56①②③、57、60、70、73、79②、92、97、98、126、136、137、141

共23條（25細目）。

四、簡本所見不同於鄭注所云"古文"，而與今本相合者：

5、9、12、22②、27、32、42、47、58①、59②、69②、81、85、90、91、95、103①②、119、125、129、130、133、135、138、145

共25條（26細目）。

五、簡本所見與鄭注所云"今"或"古文"以及今本皆相異者：

案：此條所列者，皆多因音同音近之相借，或義同義通相借，或形近而誤，或筆誤，或章句之缺異，或異文或正俗字，皆入此，姑列之如次，暫不俱辯。

今本	鄭注	簡本
1. 頭	脰（今）	桓
11. 頭	脰（今）	短
13. 妥	綏（古）	稱
16①. 伸	信（古）	申
17. 葷	薰（古）	儀
21②. 曳	抴（古）	肆
22②. 宅	託（今）	託
26①. 闌	槷（古）	槸
31. 饎	糦（古）	䭈
34. 挼	綏（今）	繻
49. 馨	餕（古）	選
50. 苦	芐（古）	枯
58②. 幂	鼏（今）	幕
59①. 啓	開（今）	刱
62②. 蠃	蝸（今）	（缺字）
64. 辯	徧（今）	辨
65. 幹	肝（古）	乾
66. 酳	酌（古）	酳
67. 縮	蹙（古）	槭
68. 綏	斫（古）	繻①
69①. 碬	格（古）	彶
69③. 眉	微（古）	牛
69④. 替	袂（古）	瑟
71. 綏	斫（古）	繻
75. 辯	徧（今）	辨
78. 㚄	尋（古）	深

---

① 按：本條鄭注云："綏或作挼，挼讀爲墮……古文墮爲斫。""綏或作挼"無注明"今"、"古文"，據 71. 注文："綏亦當作挼，古文爲斫。"因列之作"斫"。

80. 侑	宥（古）	或
81. 縮	蹙（古）	宿
82. 並	併（古）	并
84①. 挑	扰（今）	桃
87. 腶	斷（今）	段
99. 摭	撠（古）	摭
101. 醋	酌（今）	醋
106. 瓹	觶（古）	柧
111. 辯	徧（今）	辨
115. 觶	瓹（今）	柧
116. 觶	瓹（今）	柧
117. 觶	瓹（今）	柧
118. 公答拜	公答再拜（古）	公合拜
120①. 腆	殄（古）	醜
123. 頌	庸（古）	容
124③. 箭	晉（今）	晉
132. 俟	待（今）	寺
134. 俟	立（今）	㧪
139. 楣	魁（古）	𡨄
140. 楣	魁（古）	淳
144①. 順	循（今）	揗
144②. 揉	紐（古）	柔
146. 縮	蹙（古）	槭
148. 觶	瓹（今）	柧
150①. 觶	瓹（今）	柧

計上共 52 條目。今單就粗略之判別,復將此 52 條目歸納如下:

A. 簡本所見應合于鄭注所云"今文"者:

22②、106、115、116、117、124、144、148、150

計 9 條目。

B. 簡本所見應合於鄭玄所云"古文"者：

67、82、146

計 3 條。

C. 簡本所見不同於鄭注所云"今文"，而應與今本相合者：

58②、59①、64、75、84、87、101、111

計 8 條目。

D. 簡本所見不同於鄭注所云"古文"，而應與今本相合者：

16①、26②、69①、81、118、120、123、144②

計 8 條目。

E. 其他：

1、11、13、17、21②、26①、31、34、49、50、62、65、66、68、69③、69④、71、78、80、99、132、134、139、140

計 24 條目。

六、因簡本殘缺不能相參證者：

20、21①、35、37②、38、39、54、76、93、94、96、100、107、108、109、110、114、128、143、149

共 20 條目。

七、其他：

第 3②條，按：此條簡本作"請吾子之就家"，"請"上少鄭注"固以"二字，又少今本一"固"字。

第 41 條，按：此條簡本作"洗酌致爵"，多鄭注一"致"字，"洗"下少今本一"爵"字。

第 24 條，按：此條未知鄭注所云何指。

第 89 條，按：此條簡本作"南面于席西"，"于"上少鄭注一"立"字，又少今本"主婦立"三字。

第 108 條，按：此條簡本雖漫漶，然據其字位補之，知少鄭注"北面"二字，而與今本相合。

第 127 條，按：此條今本作"適阼階下"，鄭注作"造阼階下"，"適"、"造"二字既異，簡本皆無之。

共6條目。

總上歸納所得，簡本之合於鄭注所稱"今文"與"古文"者，固無論矣，至其不與鄭注所稱"今文"或"古文"合而與今本相同者，則彼之不與鄭注所稱"今文"合者，是否即當時之"古文"？或彼不與鄭注所云"古文"合者，是否即當時之"今文"？則不可遽斷也。又簡本之有與鄭注所引"今"、"古文"以及今本皆相異者，粗略觀察，以其當有因音同借用，或同義借用，或傳抄錯誤，或當時鄭氏所見傳抄之本有異，或其本因口授相傳而偶誤，故有以致之，然以學力未逮，不及細論，皆未敢斷也。《服傳》一篇，鄭注但出"今文無冠布纓"一條，則或可知當時鄭玄所見《服傳》之今古文本相異處極少；對《服傳》成篇早晚之論定亦或有所輔助，其他所據各篇，則今古文相異較多，故所列亦較詳。又歸納所見，簡本之與鄭注所云"今"、"古文"不合而與今本相合，或皆不相合者，爲數不鮮，因疑鄭氏當時未能及見武威漢簡之傳抄本，致有此現象，否則或可當條列其異也。

至若鄭注所引今古文往往有互相矛盾者，如《大射》注"今文席爲筵"，《士虞》注"古文席爲筵"之類。則或是鄭玄所見"今"、"古文"各不止一本也。王國維《觀堂集林》卷七"漢時古文諸經有轉寫本說"亦云："後漢古文學家如衛宏、賈逵、許慎、馬融，或給事中，或領秘書，或校書東觀，故得見中秘古文。然如鄭玄平生未嘗窺中秘，而其注《尚書》《周官》頗引逸書，又其注《禮經》也，不獨以古文校今文，且其所據之古文亦非一本，如《聘禮》'繅三采'注云：'古文繅或作藻，今文作璪。'……凡言某古文或爲某者，是其所據古文必非一本（案：《特牲》注：'今文或皆改妥作授。'是又今文亦非一本矣。）且皆非中秘之本。夫兩漢人未聞有傳古文《禮》者，而傳世之古文《禮》尚有數本，則古文《尚書》《左氏傳》等民間本有是學者，其有別本可知。"王氏所懸疑者極具卓識，以今鄭注所引"今"、"古文"與漢簡本相校，其不合者竟若是之多，此漢簡本是又一轉寫本，而與鄭氏所見者不同也。再者或鄭氏所見今文本已羼入古文，或所見古文本已羼入今文，或鄭氏本人筆誤所致，皆未可必也，諸多假設，無可憑證，然皆本其所疑，作較合理之推論而已。茲舉例觀之，若《燕禮》注："今文'滕'皆作'騰'。"《大射》注："古文'滕'皆作'騰'。"驟視之，是鄭注相矛盾也，然《唐石經校文》

云："'縢觚于賓'，《集説本》'縢'作'騰'，篇内及《大射儀》'縢'字放此，鄭注'古文縢皆作騰'。（此注各本及《文選·舞賦》注引皆換作'今文'，按漢石經是今文，而《隸釋》所載統作'縢'，則'騰'爲古文矣，《大射儀》亦有此注，正作'古文'，兹據改。）"《儀禮石經校勘記》又云："'縢觚于賓'，漢石經《大射儀》殘字，唐石經、李本、楊本、監本、《義疏》、殿本皆作'縢'，惟敖本作'騰'。"按敖本作"騰"者，或所見本作"騰"，或據《大射儀》鄭注改也，今及見簡本《大射》此句正作"騰觚于賓"。鄭注云："古文縢皆作騰。"則可互證也。而簡本《燕禮》此文脱簡，鄭注所云"今文縢作騰"者則不能參證，至於"今"字是否如《唐石經校文》所謂"換作'今文'"？雖未可斷言，然此説參簡本《大射》之後亦足以立也。是知鄭注"今"、"古"文齟齬者，則亦有因歷代傳抄或治經者遽改有以致之，非盡康成之過矣。

王關仕考證糅合今古文不始於鄭氏説中以爲劉向合今古文，愚見則未敢苟同也；考證云：

> 苟悦《漢紀》卷二十五引劉向曰："《禮》始於魯高堂生，傳《士禮》十八篇，多不備。"若八非誤字，則劉向已合宣帝時所益一篇，且該篇"發見自老屋，當類孔壁本，是劉向已合今古文矣"。然據此言之，蓋亦未必向已合今古文也。向謂"傳《士禮》十八篇，多不備"，則向亦未必足見十八之數。若合"發自老屋，當類孔壁本"一篇成十八之數者，則餘十七篇悉爲今文，與所益"發自老屋"之古文截然分也，皆不足以據云簡本之今古文並用之現象，且考證既據《論衡·正説》篇合諸苟悦《漢紀》立説，竟忽略《論衡·謝短》篇云：宣帝時，河内女子壞老屋，得逸《禮》一篇，六十（當爲十六）中，是何篇？高祖詔叔孫通制作《儀品》，十六篇何在？而復定《儀禮》，十六篇，秦火之餘也，更秦之世，篇凡有幾？《儀禮》於西漢時，皆以爲十七篇，此言十六，是秦火之餘，而《論衡·正説》篇："至孝宣時，河内女子壞老屋，得佚《易》《禮》《尚書》各一篇。"由是益此當合十七之數，故考證謂若八非誤字，則向已合宣帝時所益一篇。

由是論定"是劉向已合今古文"矣者，誠可商也。謂劉向合今古文，疑之者固可，然立論則猶未安也。至簡本今古文之並用，起自何時？雖以漢世家法甚嚴，然以地域之不同，觀念之或殊，及見今古文之餘，或偶有所亂而不自知者也，故其始于何人，何時，誠難論斷，今亦存疑待考而已。

1967 年 1 月 6 日脱稿于臺大

後記：

本文承王師叔岷、屈師翼鵬、戴師靜山删正；並蒙陳槃庵老師賜閱，且示高見云：

劉師培云："周季漢初之儒，凡治《春秋》均三傳並治。"其所舉例有荀子、陸賈《新語·道基》篇等（詳《左盦集》卷二《〈春秋〉三傳先後考》）。又云蕭望之亦兼通《春秋》三傳（詳同上書卷二《左氏學行於西漢考》）。

余考治《春秋》而兼明今古文學説者，蕭望之以下，尹更始、翟方進、劉歆、班氏父子（彪、固）、王充、鄭興、賈逵、王符、馬融等並然（詳拙著《〈左氏春秋〉義例辨綱要》頁 56、57。）以此推之則西漢儒生之治羣經大抵皆今古文並用，不甚守家法，康成之注《儀禮》、武威漢簡《儀禮》之揉合今古文，正證明其時之風氣使之然也。

啓導初學，銘感無既！

（原載《書目季刊》第 2 卷第 1 期，1967 年，頁 3—22。）

重刊補記：

本文始作於 1966 年，是時參加臺灣大學中文系"儀禮復原小組"未及兩年，因新得陳夢家《武威漢簡》，乃取與《儀禮》對讀，偶有體會，故筆而記之，純爲學步之作。發表迄今，倏忽已五十年矣。八十年代以還，沈文倬先生先後發表《漢簡〈士相見禮〉今古文雜錯並用説》及《儀禮漢簡異文釋》兩文，所論精審賅洽，遠超拙文。反觀余對禮學研究，數十年間，竟了無寸進，慚愧莫名。今重刊舊稿，純爲感念師長昔日提攜之恩，未敢作其他之想也。

從新見材料談《儀禮》飲酒禮中之醴柶及所用酒器問題

《儀禮》飲酒中多見用"柶"記述，然"柶"之爲物，研讀《禮經》學者似乎皆未及知見，要或只據經傳及宋人禮書載記爲說。兹就經文所述，對"柶"之形制、材質及用途擇要分述如下。

一、形制——有"枋"、有"葉"

《士昏禮》禮使者：

> 贊者酌醴，加角柶，面葉，出於房。主人受醴，面枋，筵前西北面。

《士冠禮》賓醴冠者：

> 贊者洗于房中，側酌醴；加柶，覆之，面葉。賓揖，冠者就筵，筵西，南面。賓受醴於戶東，加柶，面枋，筵前北面。

《聘禮》主君禮賓：

> 宰夫實觶以醴，加柶於觶，面枋。

"枋"即"柄"字。"葉"或書作"擖"，《聘禮》："（賓）降筵，北面，以柶兼諸觶，尚擖，坐啐醴。"張爾岐《儀禮鄭注句讀》："案冠禮、昏禮，面葉。葉，柶大端也。古文葉作擖，擖音葉，箕舌也，與匙頭相類，可以借用。擖字或

246

攦字之訛,尚攦即尚葉也。尚葉者,仰柶端向上也。"

二、材質——"角"、"木"

1. 角質
《士冠禮》冠日陳設:

　　有筐實勺、觶、角柶,脯醢,南上。(鄭注:"柶狀如匕,以角爲之者,欲滑也。")

《士昏禮》禮使者:

　　贊者酌醴,加角柶,面葉,出於房。主人受醴,面枋,筵前西北面。

《士喪禮》事死之初事:

　　楔齒用角柶,綴足用燕几。(《禮記・喪大記》:"始死,遷尸於牀,幠用斂衾,去死衣,小臣楔齒用角柶,綴足用燕几,君大夫士一也。"又《周禮・天官冢宰》:"大喪,共含玉、複衣裳、角枕、角柶。")

2. 木質
《士喪禮》陳大斂衣奠:

　　東方之饌:兩瓦甒,其實醴酒,角觶,木柶。

《既夕禮》:

　　厥明,滅燎,陳衣。凡絞紟用布,倫如朝服。設棜於東堂下,南順。齊于坫,饌於其上:兩甒醴、酒,酒在南;筐在東,南順,實角觶四,木柶二,素勺二。

三、用　途

1. 酌醴用柶

醴，《説文》云：“酒一宿孰也。”“醴”有因釀製材料不同，可分稻醴、黍醴、粱醴及酏醴，且有“清、白（濁）”之別（見《禮記·内則》），由於“醴”只經一夜浸釀，酒精成分甚低，且仍帶酒滓，故酌醴酒以柶扱用，《周禮·漿人》：“清醴醫酏糟而奉之。”鄭玄注：“飲醴用柶者，糟也；不用柶者，清也。”主人及賓受酌醴則“加柶，面枋”（《士昏禮》《士冠禮》），贊者酌醴則“加柶，面葉”（《士昏禮》），而酌醴者“興”之前皆“建柶”於觶（《士冠禮》），《士喪禮》所用“角柶”則“建于米”（《士喪禮》：“宰洗柶，建于米，執以從。”）經傳所見酌醴之“柶”，多與觶相配使用，他如爵、觚、角、散，皆未見有“柶”相配，蓋因所酌乃清醴，或禮用之異使然。

2. 祭禮用柶

《士冠禮》賓醴冠者：

> 冠者即筵坐，左執觶，右祭脯醢，以柶祭醴三。

《聘禮》主君禮賓：

> 賓祭脯醢，以柶祭醴三。

3. 喪禮用柶

主要用於“楔齒”，《士喪禮》記死事之初“楔齒用角柶”，張爾岐《儀禮鄭注句讀》：“爲將含，恐其口閉急也。”“楔齒”用“角柶”，然於酌醴仍用“木柶”（見上引文）。

4. 匕鉶渻及扱鉶芼用柶

鉶制未詳，有以爲鼎屬。唐陸德明《經典釋文》於《召南·采蘋》引鄭玄曰：“鉶，三足兩耳，有蓋，和羹之器。”而其所載乃以菜和羹，肉有汁曰羹，故亦用柶。《特牲》尸入九飯：“祭鉶，嘗之，告旨。”鄭注：“鉶，肉味之有菜和者。”又《公食大夫禮》爲賓設正饌：“宰夫設鉶四於豆西。”鄭注：“鉶，菜和羹之器。"

《士虞禮·記》鉶芼與豆籩之實：

> 鉶芼用苦，若薇有滑。夏用葵，冬用荁，有柶。（《禮記·內則》
> 云："凡和，春多酸，夏多苦，秋多辛，冬多鹹，調以滑甘。"）

《少牢饋食禮》尸十一飯：

> 上佐食受，坐設於羊鉶之南，皆芼，皆有柶。尸扱以柶，祭羊鉶，
> 遂以祭豕鉶，嘗羊鉶。（鄭注："芼，菜也，羊用苦，豕用薇，皆有滑。"）

《公食大夫禮》賓祭正饌：

> 賓興受坐祭。梲手，扱上鉶以柶，辯擩之，上鉶之間祭。（鄭注：
> "扱以柶。扱其鉶菜也。"）

《有司徹》主婦獻尸：

> 尸坐，左執爵，祭糗脩，同祭於豆祭；以羊鉶之柶挹羊鉶，遂以挹
> 豕鉶，祭於豆祭，祭酒。次賓羞豕匕湆，如羊匕湆之禮。

四、匕、柶之稱名

綜上所述，知酌醴所用"柶"之爲物，應爲角質或木質，由"面枋"、"面
葉"推知，"柶"身亦當扁平，故可平置於觶口，上半爲柄，可作執持，下半亦
扁平，稍寬厚，使易於扱物。鉶所用"柶"，與酌醴所用之"柶"，其形制是否
相當，學者間則有不同意見，宋聶崇義《新定三禮圖》卷十三鉶柶圖下云：

> 醴有柶，用角爲之；鉶有柶，用木爲之。舊圖云：柶長尺，檼博三
> 寸，曲柄長六寸，漆赤中及柄端。

陳祥道《禮書》卷一〇三醴柶與鉶柶圖下云：

> 柶施於醴，亦施於鉶，公食大夫，少牢饋食，鉶柶不言其材，蓋亦
> 角爲之歟。其制則先儒以爲枋長尺，檼博三寸，醴柶之檼淺，鉶柶之

撅深,理或然也。

聶、陳二説言銅柶之材質各異,陳氏探求柶撅之深淺又以"理或然也"爲説,殊難饜人意。只是鑒於資料缺乏,目前亦無從考究。至於《説文》云:

柶,《禮》有柶。柶,匕也。从木,四聲。

段玉裁云:"常用器曰匕,禮器曰柶。匕下曰:一名柶。"兩者解説亦無助於對"柶"形制之認識,而"柶,匕也"之説,反而令人有所混淆。固然,從《儀禮》經文可據用途之異,將"柶"、"匕"二者分別看待,如《士昏禮》預陳饌:"匕俎從設。"是"匕"用於杭肉,其器定必大於酌醴之"柶"。考古發掘往往得見"鼎"、"匕"同出,"匕"之大小亦每因從設之鼎而異。近世殷墟考古出土實物有所謂"骨柶"者,其形制固有助禮學之探研,然該類器物,能否逕名曰"柶",並取與《禮經》所稱之"柶"相提並論,要皆有待論證。

現藏中國國家博物館,傳河南安陽出土之"宰豐骨柶",學者有專文予以論説,[1]文中稱經骨料鑒定知該晚商骨柶,"是用商郊所獲赭紅色爪哇犀牛骨料製作,並雕刻上文字及圖案花紋",並認爲"其器自命爲'묘'實即'柶'字本字。古代匕、柶用途與形制式樣相同,但所用場所不同,普通實用者爲匕,而以獸骨做成並雕上花紋在宗廟、朝廷等重大禮儀場所使用者爲'柶'"。然由於所論"骨柶"年代與《儀禮》成書年代相距甚遠,且"묘"能否因"矢"古韻在書紐脂部,"柶"古韻在心紐質部,而借助陰入對轉條例讀爲"柶",並以自名爲説,則仍需審慎考慮。況且《禮經》中"匕"、"柶"二物各具功能,不宜因"實用"與"禮儀"之異作爲稱名之分別。凌純聲先生有《匕鬯與醴柶考》乙文嘗從歷史、民族及民俗學等材料,對"匕"、"柶"所作考訂至爲詳盡,然最後仍以"匕、柶之別,迄無定論"作結。[2] "匕"、"柶"之定名,誠非易事也。

---

① 王暉:《宰豐骨柶刻辭與功能考釋》,《中國國家博物館館刊》2011 年第 12 期,頁56—61。

② 凌純聲:《匕鬯與醴柶考》,《中研院民族學研究所集刊》卷 12,1961 年,頁 179—216。

五、新見西周青銅爵"柶"組合

　　2011 年於友人處新見西周青銅爵乙件，①通高 16.5 厘米，器形簡樸，器身僅飾弦文三道，然靠鋬部位斜插一扁長帶柄條狀物，亦爲青銅鑄製，長 17 厘米，上半爲鏤空鳳鳥形，下半平素，末端與爵底原有殘留物呈膠著狀（圖一、圖二、圖三）。扁長柄狀物上半爲鏤空鳳鳥，工藝精湛，鳳首頭頸飾羽毛狀回紋兩行，配以鉤形鳥喙，昂首睥視，抽象式鳳冠環罩鳥首，上伸鳥爪，拳曲有力，懾人氣勢，與爵身之簡樸形成巨大對比。新見組件之青銅爵乃飲酒器，因疑所附條狀物或當爲"醴柶"之屬。

圖一　銅爵　　　　　　　　圖二　銅爵（局部）

　　經查檢相關著録，傳世及考古所見但稱"匕"或"柶"之實物爲數甚多，如《鄴中片羽二集》所載銅匕兩件（圖四）、浚縣辛村古墓出土玉匕（圖五）、

----

　　①　匯寶閣：《青銅器——形式極致之美》，香港：匯寶閣古美術，2011 年，頁 9—14。

圖三　銅爵（俯視）

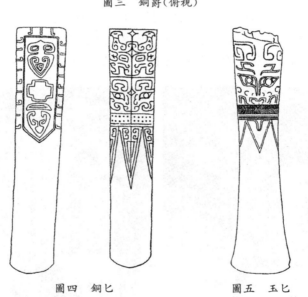

圖四　銅匕　　　　　　　圖五　玉匕

殷墟出土骨匕（圖六）及骨柶（圖七）即其著者，然諸器形制、大小皆與上述新見器形未盡相同，難與《儀禮》用"柶"即時比附。高本漢（Bernhard Karlgren）編著之 *A Catalogue of the Chinese Bronzes in the Alfred F. Pillsbury Collection* 圖版 97，①著録一件與本器相類之扁長帶柄條狀

---

① Bernhard Karlgren, *A Catalogue of the Chinese Bronzes in the Alfred F. Pillsbury Collection*. Minneapolis: published for the Minneapolis Institute of Arts by the University of Minnesota Press, 1952, Pl. 97.

青銅器,長 15.5 厘米(圖八)。該器上半飾龍形及鳥形,下半近末端處則略見肥厚,凌純聲《匕邕與醴柶考》乙文曾予引録,[1]名曰龍鳥匕。高本漢嘗臆測屬攪拌用物,類今日所見調酒棒,惟並無談及其他相關之共存器物。經與本組件之扁長帶柄條狀器比觀,兩者形制相當,長短大小亦相若,從紋飾判斷,皆同屬商晚至西周早期物。今所見鏤空鳳鳥青銅條狀器,既附於青銅爵内,倘無錯配,定必與飲事攸關,姑暫視爲"醴柶"之屬。雖然經傳所見飲酒禮中,迄無"爵柶"配搭之例,其或時代不同,禮有變異,抑别有其他因由,固有待考證。要之,與該青銅"醴柶"形制相同者,因另有龍鳥青銅"醴柶"之實物可互爲印證,故該青銅"醴柶"誠非孤立特例,新見西周青銅爵"柶"組合之發現,對《禮經》所述名物制度之考訂,當有重要參考價值。

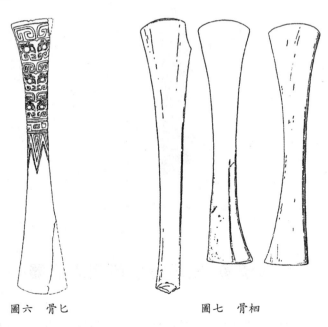

圖六　骨匕　　　　　　　　　圖七　骨柶

---

①　凌純聲:《匕邕與醴柶考》。

圖八　扁長帶柄條狀銅器

六、《儀禮》飲酒禮中所用之酒器

　　《儀禮》飲酒禮中之飲器，大別有爵、觶、觚、角、散五種，而其稱名皆宋人所定，①經比對現存青銅器之同名器物，知青銅爵、觶、觚乃流行於晚商

---

　　①　例如宋呂大臨《考古圖》卷五於"主人舉爵（新平張氏）"下云"以上四器，（轉下頁）

至西周前期，後此蓋未之見。《禮經》稱述之"爵"、"觶"、"觚"，其形制是否與商周所用者相同？抑其器形已隨時代遞遷而有所變化？容庚先生曾懷疑商周青銅爵形器"是否即《儀禮》中所用未可知也"。①至於《説文》云：

> 爵，禮器也。象爵之形，中有鬯酒，又持之也。所以飲器象爵者，取其鳴節節足足也。

圖九　宋人禮圖所繪"爵"形

今案宋人禮圖所繪"爵"形，正於器身嵌一鳥雀形（圖九），蓋疑宋人乃據説文"飲器象爵"而取象者也。至於禮書稱爵，有"足爵"及"廢爵"之別，今所見爵多爲前者，後者之形制猶有待探究。

經注及禮書中又有以器物容積多寡作稱名之劃分者，如《士冠禮》："有篚實勺、觶、角柶，脯醢，南上。"鄭注云"爵三升曰觶。"《説文》則云：《禮》曰：一人洗舉觶。觶受四升。《周禮·冬官·考工記下》："梓人爲飲器，勺一升，爵一升，觚三升。"賈疏云："釋曰，爵制，今《韓詩説》：'一升曰爵，二升曰觚，三升曰觶，四升曰角，五升曰散。'古《周禮説》亦與之同。"宋王黼《博古圖》卷十四爵下總説亦云："前世凡觴一升曰爵，二升曰觚，三升曰觶，四升曰角，五升曰散。"聶崇義《三禮圖》所列觶、角、散三器，圖形完全相同，圖説則以三升、四升、五升予以分別。《論語·雍也》："子曰：'觚不觚，觚哉！觚哉！'"馬融注云："觚，禮器，一升曰爵，二升曰觚。"以上所言諸器升數，似皆據《韓詩》爲説，其制實未有定式。如以今日所見商周青銅爵、觚、觶、

（接上頁）形制、文飾相似，謂之舉者，舉亦爵、觶之名，因獻酬而舉之，故名其器曰舉。……今禮圖所載爵皆以雀背負戔，經傳所不見，固疑不然，今觀是器前若嘴，後若尾，足脩而鋭，其全體有象於雀，其名又曰舉，其量有容升者，可謂之爵無疑。"又卷五"觚（廬江李氏）"下云："腹作四棱，削之可以爲圜，故曰破觚爲圜，足之四棱，漢宮鳳闕，取以爲角隅（今四隅乃安獸處），故曰上觚棱而棲金爵。下爲四象，禮所謂象觚也。愚按，《論語》'子曰："觚不觚，觚哉！觚哉！"'疑即此也。"另《考古圖》卷四自"持父癸卣"以下觶形四器皆入於卣類而無説。至於"觶"名亦宋人所定，或不稱器名，或但稱共名曰"尊彝"、"彝"。

①　容庚：《商周彝器通考》，上海：上海人民出版社，2008年，頁287。

角之體積相比較,亦未必能够相脗合。今擬利用現存戰國時期青銅酒器之形制及花紋,結合相關文獻,對上述問題試作粗略申説。

戰國射獵宴饗紋青銅器中,時見手持高身類似觚形飲器,如首陽吉金藏宴射刻紋畫像匜(圖十)、①上海博物館藏宴樂畫像紋杯(圖十一)、②成都百花潭出土畫像紋壺(圖十二)、③保利博物館藏畫像紋壺(圖十三)④等器皆可得見,有以爲該類飲器即青銅觚之屬,⑤然觚之稱名乃宋人所定,且青銅觚只流行於商晚至西周前期,已見前述,圖中飲器是否可逕稱爲觚,固有可議,又今所見青銅觚"腹小而口侈,所容不多,飲時酒易四溢,且腹下或有鈴,有端拱之意,與他飲器不類,則觚之是否爲觚,不無可疑"。⑥ 2009 年於西安出現一件西周初年青銅觚形酒器。其圈足内壁有銘文四行,器銘自名曰"同"。⑦ 學者間遂引《尚書·顧命》"太保承介圭,上宗奉同瑁……(王)乃受同瑁"爲説,並以注、疏視"同"爲"酒杯"之屬爲證。⑧ 然青銅觚自名爲"同",目前仍屬孤證,戰國射獵宴饗畫像紋青銅器所見類似觚形器者,能否逕稱曰

圖十　宴射刻紋畫像匜花紋

---

　　①　首陽齋、上海博物館、香港中文大學文物館:《首陽吉金——胡盈瑩、范季融藏古代青銅器》,上海:上海古籍出版社,2008 年,圖錄 12。

　　②　馬承源:《漫談戰國青銅器上的畫像》,《文物》1961 年第 10 期,頁 26。

　　③　四川省博物館:《成都百花潭中學十號墓發掘記》,《文物》1976 年第 3 期,頁 40。

　　④　保利藝術博物館:《保利藏金(續)》,廣州:嶺南美術出版社,2001 年,頁 186。

　　⑤　周亞:《首陽齋藏金二三議》,載《首陽吉金——胡盈瑩、范季融藏古代青銅器》,上海:上海古籍出版社,2008 年。

　　⑥　《商周彝器通考》,頁 306。

　　⑦　吳鎮烽:《内史亳丰同的初步研究》,頁 30—33;王占奎:《讀金隨札——内史亳同》,《考古與文物》2010 年第 2 期,頁 34—39。

　　⑧　同上注。又請參考王國維:《周書顧命考》《書顧命同瑁説》,《觀堂集林》,北京:中華書局,1959 年。裕案:宋人禮圖所繪觚器,其形狀確如帶柄杯。未知是否受注文稱同爲"酒杯"之影響。

圖十一　宴樂畫像紋杯花紋

圖十二　畫像紋壺花紋（成都百花潭出土）

“瓠”或“同”，固亦難遽予論定也。

　　今案商周青銅觶體形多屬矮短，《儀禮》成書年代已晚及戰國，書中稱用之觶之形制是否依然相同，從年代差距比觀，固不能令人無疑，且遞及春秋，形狀較爲矮短之商周“觶”形酒器已不復見。然檢諸傳世及近年出土西周青銅觶形器，間亦有高身束頸、口作喇叭形者，如上海博物館藏西周早期父庚觶（圖十四），①陝西梁帶村出土西周青銅觶（圖十五），②1975

<hr>

①　上海博物館編：《認識古代青銅器》，臺北：藝術家出版社，1995年，頁105第28號。
②　銅觶器號爲 M502：99。見陝西省考古研究院、渭南市文物保護考古研究所、韓城市景區管理委員會編著：《梁帶村芮國墓地：2007年度發掘報告》，北京：文物出版社，2010年。

圖十三　畫像紋壺花紋（保利藝術館藏）

圖十四　父庚觶　　　　圖十五　銅觶　　　　圖十六　銅觶
　　　　　　　　　　（梁帶村出土）　　　（召李 M1 出土）

年扶風召李 M1 墓出土西周青銅觶（圖十六），①1976 年扶風莊白出土西周早期蕉葉紋觶（寶雞博物館展廳陳列高身觶兩件，無說明出土地點，或即此二器）（圖十七、圖十八）。② 又 2005 年 5 月曾見私人藏黽觶，亦高身，口稍窄，時代似略早。類似形制爲數雖然不多，然其出現實在別具意義。蓋春秋以降，徐、楚間則出現一種與上述父庚觶形制近似之鍴形器，如徐王鍴及義楚鍴（圖十九、圖二十），③就形制而言，兩者之間容或有傳承之緒，因疑《儀禮》稱述當時所用之“觶”，或非常見矮短之商周“觶”形器，而應爲與“鍴”形相類之酒器。其實王國維先生於《釋觶、觛、卮、𣂁、鍴》

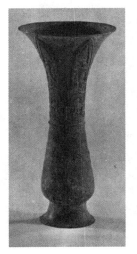 

圖十七　銅觶　　　　　　圖十八　銅觶
（莊白伯戜墓出土）　　　（莊白一號窖藏出土）

---

① 羅西章、吳鎮烽、尚志儒：《陝西扶風縣召李村一號周墓清理簡報》，《文物》1976 年第 6 期，頁 64。

② 羅西章、吳鎮烽、尚志儒：《陝西扶風出土西周伯戜諸器》（此文提到 1 件觶，1975 年出土），《文物》1976 年第 6 期，頁 54；又見陝西省考古研究所、陝西省文物管理委員會、陝西省博物館編：《陝西出土商周青銅器》，圖 98，北京：文物出版社，1979 年，頁 27（此爲莊白窖藏出土，有甲、乙兩件，見原文圖 12、13），125（見原文圖 98，莊白一座西周墓葬出土，只 1 件）。寶雞博物館陳列見於 2012 年 6 月。

③ 臺灣故宮博物院聯合管理處編輯：《故宮銅器圖錄》下冊下編，圖下肆零玖及肆壹零，臺北：中華叢書委員會，1958 年。

圖十九　徐王鐃　　　圖二十　義楚鐃

乙文,對"鐃"之稱名問題,早有卓識。① 該文大意云:徐王、義楚之祭鐃,
形與鐃同,鐃、鐃二字,即《說文》之鐉,而《說文》中"鐃"、"觛"、"傳"、"鐉"
五字古音同屬元部,其實亦同屬一字。《說文》云:

> 鐃,鄉飲酒角也。《禮》曰:"一人洗舉鐃。"鐃受四升。从角,單
> 聲。觶,鐃或从辰。觝,《禮經》鐃。

古"厄"字作"觝",是"鐃"、"厄"爲一字。《說文》又云:

> 觛,小鐃也。从角,旦聲。

《急就篇》顏本"蠡鬥參升半厄,觛",皇象本"觛"作"篳",假"篳"爲"鐃",可
證"觛"、"鐃"是一字也。又《說文》:"厄,一名觛。"是"厄"、"觛"亦爲一字。
"傳"、"鐉"二字亦本一字,蓋古書多以"耑"爲"專",如《急就篇》顏本:"蹲
踝",皇本作"踹踝",賈誼《鵩鳥賦》"何足控摶",《漢書》作"揣"。

　　由王氏所論可以推知,類徐王鐃、義楚鐃之鐃形器,實皆可稱曰"鐃",
而《儀禮》中"鐃"之形制或可據此類同時代之實物予以推說,戰國射獵宴

---

① 　王國維:《釋鐃、觛、厄、傳、鐉》,見《觀堂集林》。

饗畫像紋所見類似觚形器者,亦或仍係"觶"、"觶"之屬。至於《説文》所見"觶"之重文"觗"字,則可據《儀禮》武威漢簡本予以印證。武威甲本《特牲》"主人拜,尸鄭觗",沈文倬云:"簡本《燕禮》第 17 簡,《有司》第 40、第 41 簡作'觶'各一見,《泰射》第 40 簡作'觗'一見外,餘均作'觗'……作'觗'作'觗'均用今文或本。"①可見觶之異文或別名,於戰國至秦、漢間容有歧異,讀《禮》者似又不可不察也。

再者,以今本《儀禮》與武威簡本對校,爵、觶、觚三者稱名,每因古、今文本而互有異文。如武威《儀禮·特牲》:"尸左執爵,右取菹,擩醢,祭於豆間。"陳夢家《校記》云:"爵,今本作觶。"②王關仕云:

> 觶、爵義無別。《禮記·檀弓》:"杜蕢洗而揚觶,公謂侍者曰:如我死,則必無廢斯爵也。"且今甲本前言洗觶,後言卒爵者多。《士冠》:"實勺觶。"鄭注:"爵三升曰觶。"則爵爲總名。《有司》:"兄弟之後生者舉觶於其長。"注:"古文觶皆爲爵,延熹中詔校書定作觶。"③

今日所見商周青銅器中,有伯公父勺者(圖二十一),④銘云:"白(伯)公父乍(作)金爵,用獻用酌,用亯(享)用孝。"銘中自名爲"金爵"。審其形爲曲

圖二十一　伯公父勺

---

①　轉引自張煥君、刁小龍:《武威漢簡〈儀禮〉整理與研究》,武漢:武漢大學出版社,2009 年,頁 115。

②　轉引自《武威漢簡〈儀禮〉整理與研究》,頁 113。

③　同上注。

④　伯公父勺二器,各 14 字,陝西省扶風縣黃堆鄉雲塘村窖藏,見《文物》1978 年第 11 期,頁 9 圖 13。又《集成》9935。

柄杯狀器，與商周青銅爵形器截然兩樣，而與上文注、疏描述"同"形若"酒杯"者則類近，有以爲即禮書所稱之"廢爵"。再者，"爵"、"觚"二名，於《禮經》中又時有互作者，其稱名問題，益見複雜。

　　他如今本"觚"，武威簡本又每從木作"柧"。《儀禮》經文中亦見"觚""觶"、"觚""爵"或"觶""觚"有互文之例，如《儀禮·燕禮》主人獻賓："主人北面盥，坐取觚洗。……主人坐奠觚於篚。"鄭注："古文觚，皆爲觶。"又《儀禮·燕禮》賓酢主人："主人降，賓洗，南坐奠觚。"鄭注："今文從此以下，觚皆爲爵。"《儀禮·燕禮》賓媵觶於公："賓降洗，升媵觚於公。"鄭注："此當言媵觶，酬之禮，皆用觶，言觚者，字之誤也。古者觶字或作角旁氏，由此誤爾。"《句讀》："陸氏觚依注音觶。"《儀禮·大射》主人獻士及旅食："士長升拜受觶。"鄭注："今文觶作觚。"又《儀禮·大射》賓舉爵爲士旅酬："賓降洗，升媵觶於公。"鄭注："今文觶爲觚。"又"賓降洗象觚。"鄭注："此觚當爲觶。"《句讀》云："凡旅酬皆用觶，故知觚當爲觶。"他如《周官·冬官·考工記·梓人》："勺一升，爵一升，觚三升。"注云："觚當爲觶。"由是可見，爵、觶、觚之相混，似非單純因古今文之異，亦非僅字誤或異文故也，《禮經》所指"爵"、"觶"、"觚"三器，除其體積有大、小之異外，其形制與用途疑或因多類同，故易生歧異耳！職是之故，前云《禮經》所見飲酒禮中用"柧"，主要與"觶"相配，今既知見飲酒器之稱名竟因背景複雜而參差若是，故不排除"柧"或可配"爵"使用，新見"爵柧"之組合，或有理由令人相信，有可能爲古代禮制之孑遺。

　　要之，倘今日所見商周青銅爵、觶、觚諸器，與《儀禮》中稱述之同名用器，未能互相對應，行禮如儀云者，遂不能令人無疑。治禮學者實應細加尋繹，探其究竟，會當有助對《儀禮》名物形制之釐清，有關成書背景及所述內容是否純屬追記等問題，亦可同時作深入之思考。

　　　　　　　　　　　（原載《文物》2013 年第 12 期，頁 67—75。）

　　附記：請參考何毓靈、馬春梅《試論婦好墓"銅尺形器"的功用——兼談商周青銅爵、觚的使用》，《文物》2016 年第 12 期。文中內容可補拙稿所未備。

從簡牘材料談《論語・先進》篇
"哂"字之釋讀

朝鮮樂浪貞柏洞 364 號墓出土（平壤本）竹簡《論語》資料發佈以來，學者間已多次撰文陳述。據悉平壤本內容迄今並未全部對外公佈，目前得見已發表完簡 39 枚，殘 5 枚，合共 44 枚，758 字，內容多集中於《先進》及《顏淵》兩篇，其中《先進》33 枚，589 字（全數 60 枚，其中 27 枚疊壓），《顏淵》11 枚，167 字（其中 50 枚疊壓）。學者取與傳世本及定州本《論語》相互校對，異同亦顯而易見。① 由同墓出土的《樂浪郡初元四年（前 45

---

① 有關訊息取材自以下所引資料，部分來自友人傳送之電子文本，而未及查明出處，或有但知標題，而未及寓目者，韓文部分則純係求全而附列。幸祈讀者鑑諒。

a. 尹龍九："樂浪出土簡牘。"

b. 尹龍九："新發現的一批樂浪漢簡——以平壤貞柏洞 364 號墳出土資料爲中心。"

c. 尹龍九（인천도시개발공사）："平壤出土簡《論語》의 記載方式。"

d. 李成市、尹龍九、金慶浩："平壤貞柏洞 364 號墳출토竹簡《論語》에대하여"，"木簡과 文字"4，韓國木簡學會，2009 年。

e. 金慶浩："出土文獻《論語》，그 東아시아的 意味"，"《論語》와 東아시아 - 地下의 論語，紙上의論語"，成均館大學校東아시아學術院國際學術會議發表論文集（2010 年 8 月 26 日至 27 日）。

f. 尹龍九："平壤出土 竹簡《論語》의記載方式과 異文表記"，成均館大學校東아시아學術院國際學術會議發表論文集（2010 年 8 月 26 日至 27 日）。

g. 李成市、尹龍九、金慶浩撰寫，橋本繁翻譯：《平壤貞柏洞三六四號墓出土竹簡〈論語〉的相關資料》，《中國出土資料研究》第 14 號，2010 年。

h. 單承彬：《平壤出土西漢〈論語〉竹簡校勘記》，《第四屆中國經學國際學術研討會論文集》（上），臺灣大學文學院 2011 年 3 月。

i. 李成市、尹龍九、金慶浩：《平壤貞柏洞 364 號墓出土竹簡〈論語〉》，《出土文獻研究》第 10 輯，北京：中華書局，2011 年，頁 174—220。

年)縣別戶口簿》推斷,所屬年代與1973年定州八角廊西漢中山懷王劉脩墓發現之竹簡《論語》年代(西漢宣帝五鳳三年［前55年］以前)相當。平壤本竹簡《論語》雖僅屬殘本,然披沙揀金,其中仍有不少資料令人耳目一新,且深具學術研究價值,絕對不能等閑視之。

傳世本《論語・先進》篇“公西華侍坐”章,有“夫子哂之”、“夫子何哂由也? 曰:爲國以禮,其言不讓,是故哂之”等語。其中“夫子哂之”及“夫子何哂由也”,平壤本亦及見之,惟用字稍異:

> ……也。［孔］子訊之“求! 壐(爾)何如?”(簡33)
> 曰:“吾子何訊由也?”(簡25)

“哂”,皆書作“訊”。至於“［孔］子”,今本及定州本《論語》則作“夫子”;“吾子”,今本作“夫子”,定州本《論語》亦作“吾子”,此固版本之異,惟驟視之,“訊”、“哂”形義各殊,無論讀“哂”爲“訊”,抑或讀“訊”爲“哂”,皆頗耐人尋味。

查檢古文字材料中“哂”、“訊”二字之使用,“哂”字較晚出,“訊”字早見於甲骨文及西周青銅器銘文,分別書作:

甲骨:

金文:

等形。甲骨文作反手跪坐,並附口形,于省吾以爲“奴”字,①季旭昇認爲“有可能是訊的初文”。② 金文“訊”字則“象用繩索反綁俘虜雙手之形,从口表示審訊”。③ 西周金文及《詩經》多有“執訊”一辭。如:

翏生盨(厲王)(《集成》4459):

> 王征南淮夷……翏生從,執訊折首,孚戎器,孚金,用作旅盨。

不嬰簋(宣王,《集成》4328):

---

① 于省吾主編,姚孝遂按語編撰:《甲骨文字詁林》,北京:中華書局,1996年,頁547。
② 見季旭昇撰:《説文新證》“訊”字條,臺北:藝文印書館,2002年,頁150。
③ 陳初生編纂,曾憲通審校:《金文常用字典》,西安:陝西人民出版社,2004年,頁248。

女以我車宕伐玁狁于高陵,女多折首執訊。

虢季子白盤(宣王,《集成》10173):

　　丕顯子白,壯武于戎工,經維四方,搏伐玁狁,于洛之陽,折首五百,執訊五十,是以先行。

晉侯穌鐘(厲王,《銘圖》15300、15302、15306):

　　(晉)侯穌折首百又廿,執訊廿又三夫。(鐘三)

　　入,折首百,執訊十又一夫。(鐘五)

　　晉侯折首百又一十,執訊廿夫;大室小臣車僕折首百又五十,執訊六十夫。(鐘九)

多友鼎(厲王,《集成》2835):

　　多友有折首執訊,凡以公車折首二百又□又五人執訊廿又三人……或搏于龏,折首卅又六人,執訊二人……追搏于世,多友或有折首執訊。

《詩經・大雅・皇矣》:

　　執訊連連,攸馘安安。

毛傳:

　　馘,獲也。不服者殺而獻其左耳曰馘。

鄭箋:

　　執所生得者而言問之,乃獻所馘,皆徐徐以禮爲之。

《詩經・小雅・出車》:

　　赫赫南仲,薄伐西戎。春日遲遲,卉木萋萋。倉庚喈喈,采蘩祁祁。執訊獲醜,薄言還歸。赫赫南仲,玁狁于夷。

"執訊"猶言"執俘",《左傳》宣公十二年:

　　楚子又使求成于晉,晉人許之,盟有日矣。楚許伯御樂伯,攝叔爲

> 右,以致晉師。……攝叔曰:吾聞致師者,右入壘,折馘,執俘而還。

"執訊"與"執俘"之用辭,正好直接及間接反映"訊"字本有"執所生得者而言問之"之意,乃與審問人犯,套取口供攸關。且其字義亦當有由上位者向下"審問"、"問訊"、"偵訊"、"質問"等不同程度的含義。其後"訊"字復多用爲"徵詢"、"問詢"及"提問"義,而可不涉"審"、"偵"、"質"等内涵者,如《詩經·小雅·正月》:

> 召彼故老,訊之占夢。

《公羊傳》僖公十年:

> 君嘗訊臣矣。

何休注:

> 上問下曰訊。

《大戴禮記·曾子事父母》:

> 弗訊不言。

《周禮·秋官·小司寇》:

> 以三刺斷庶民獄訟之中:一曰訊群臣,二曰訊群吏,三曰訊萬民。聽民之所刺宥,以施上服、下服之刑。

又馬王堆漢墓帛書《春秋事語·魯莊公有疾章》:

> 魯莊公有疾,訊公子牙曰:吾將誰以[爲]子,對曰:慶父才。訊公子侑,對曰:臣以死奉煩也。

"訊公子侑,對曰:臣以死奉煩也",《左傳》莊公三十二年作"問於季友。對曰:臣以死奉般"。①

至於由"提問"延伸爲因有所疑,或不滿答問而繼續"追詢","謀求更清晰解答"或"仍有所疑,故復提問"等後續要求,則又是實際場景及詞義

---

① 見裘錫圭:《帛書〈春秋事語〉校讀》,《湖南省博物館館刊》(第 1 期),《船山學刊》雜誌社編輯出版,頁 92。

引申之結果。《説文》云：

> 訊，問也。从言，卂聲，𰋼，古文訊从卤。

段注：

> 卤，古文西。

"古文"蓋即戰國古文。《上海博物館藏戰國楚竹書（四）·相邦之道》簡4：

> 孔子退，告子贛曰："吾見於君，不問有邦之道，而問相邦之道。不亦𰈙（遣/愆）乎？"子贛曰："吾子之答也何如？"孔子曰："如𰒣（誶）"。①

《上海博物館藏戰國楚竹書（五）·姑成家父》簡1：

> 姑成家父事敫（厲）公，爲士，宛行正𰒣（誶）。②

"訊"，楚簡書作"誶"，與《説文》所引古文"訊"同。而"如誶"之"誶"讀爲"如訊"，③正可與平壤本《論語》之"訊"字互爲印證。而且"如誶（訊）"云者，又可爲傳世本《論語·先進》篇"公西華侍坐"章中"夫子哂之"、"夫子何哂由也"諸字之使用有所啓發，甚至可從中尋求不同之釋義。

今案"哂"字，《玉篇》云：

> 哂，式忍切。笑也。

字形不見於先秦古文字，其異體則有"听"、"吲"、"弞"、"弮"等數形，④皆較"訊"字晚出。《説文》欠部"弞"下云：

---

① 馬承源主編：《上海博物館藏戰國楚竹書（四）》，上海：上海古籍出版社，2002年。
② 原見馬承源主編：《上海博物館藏戰國楚竹書（五）》，上海：上海古籍出版社，2005年。斷句及釋文稍異。
③ 讀《相邦之道》簡4"如誶"爲"如訊"，首見孟蓬生：《上博竹書（四）閒詁》，"簡帛研究網"發表文章（http://www.jianbo.org/admin3/2005/mengpengsheng001.htm），2005年2月15日；又見卜憲群、楊振紅主編：《簡帛研究2004》，桂林：廣西師範大學出版社，2006年，頁68—78。
④ "臺灣教育部國語推行委員會"編："異體字字典"，網址：http://140.111.1.40/，2000年發佈。

　　　　笑不壞顏曰弞。从欠，引省聲。

段注：

　　　　各本篆作欥，今正。考《廣韻》：弞，式忍切，笑不壞顏也。《集
　　韻》《類篇》同。今案……説文無哂，後人因哂、矧造弞耳。

《龍龕手鑑》：

　　　　吲（俗）、哂（正），失忍反。笑也。

《集韻》：

　　　　弞、哂、吲，《説文》：笑不壞顏曰弞，或作哂、吲。弞，長也。

《正字通》亦云：

　　　　吲，哂本字，《説文》本作弞，笑不壞面也。

　　而考其源，"訷"、"哂"或應本爲一字之分化，縱非本爲同字，其分別
僅"言"、"口"偏旁之異，漢字中"言"、"口"偏旁互換情況並不鮮見，如
"諭、喻"、"譜、喑"、"詠、咏"皆然。今本《論語》公西華侍坐章"哂"字三
見，注家多以微笑或譏笑義作解。從"哂"、"訊"兩字出現年代作比較，
"訊"字之出現實遠較"哂"字爲早，且"哂"既不見於《説文》，或當未見用
於春秋之世，今本《論語》所用之"哂"似應係後起字。今平壤本得見今
本《論語》公西華侍坐章"哂"字書作"訊"，正可對"哂"、"訊"二字關係，
重新探索。

　　"訊"、"哂"二字形體迥異，無由誤書，倘轉從音韻求之，"訊"，息晉
切，古韻入真部；"哂"，先稽切，古韻入脂部，兩者古音俱屬"心"紐，兼且真脂
有對轉關係，①"訊"、"訷/哂"得以通用，自可理解。前引《詩經·大雅·
皇矣》："執訊連連，攸馘安安。"《經典釋文》："訊，字又作訷。"陸氏所言，亦
必有見故也。

　　結合商晚及西周之甲骨、金文，以及新近出土之戰國古文字資料，

　　─────────────

　　①　　上古真、脂二部是否能够運用對轉理論解釋，可留待聲韻學家進一步探究。

"訊"字形、義之發展,頗爲清晰,而從聲類求之,"訊"、"誜"、"哂"三者關係,皆緒然可尋。今復比對《上海博物館藏戰國楚竹書(四)·相邦之道》簡4"子贛曰:'吾子之答也何如?'孔子曰:'如誜(訊)'"句中陳述語意,確有理由懷疑今本《論語》公西華侍坐章"哂"字,或當爲"訊"字古文之誤書,若然,"夫子哂之"、"夫子何哂由也"、"是故哂之"云者,未可遽以"微笑"、"譏諷"作解。

　　至於"哂"平壤本書作"訊",則應與戰國"訊"字之古文字形書寫有關。其原因或有多種,今試舉其要者説解如下:

　　　　1. 平壤本之抄手當日所見原來文本已書作"訊"。故所抄亦同。

　　　　2. 平壤本之抄手熟知戰國古文,且認識"𢽢"或"𢿐"即古文"訊"字,當日所見原本"訊"字雖書作"𢽢"或"𢿐"等形,抄手仍據所知,逕書爲"訊"。

　　　　3. 後人不識"𢽢"乃古文"訊"字,故隸定爲"誜",復因"言"、"口"偏旁可以互通,故其後讀者復書作"哂"。今由上述,知"哂"字較"訊"字後出,而"誜"字異文如"㰻"、"㖞"皆有"笑不壞顏"義,故"哂"有微笑、譏諷及嘲笑等義,如《晉書》卷十七《蔡謨傳》:"我若爲司徒,將爲後代所哂,義不敢拜也。"是其例。"哂"字經廣爲流傳,並用於公西華侍坐章,歷朝注家遂沿用此義。

上述推論倘若尚有可取,則可將今本《論語》公西華侍坐章"哂"字釋讀試加申説如下。

　　從"訊"、"誜"、"哂"諸字形出現年代,字義發展脈絡及使用辭例作充分瞭解後,知"訊"字本有審問人犯,套取口供之義,進而賦予"審問"、"問訊"、"偵訊"、"質問"等不同程度的義涵。及"訊"字多用爲"提問"義後,則未必涉及"審"、"偵"、"質"等元素。如上引《相邦之道》子贛與孔子對話,"子贛曰:'吾子之答也何如?'孔子曰:'如誜(訊)'","如訊"云者,當隱含雖聆答案,仍未滿意(不以爲然),故仍堅持所詢,希望對方能作進一步説明。即孔子對前此有關解釋不以爲然,故云"如訊",意謂"我的回答就像早前所提問訊(提問)一樣"。孟蓬生於《上博竹書(四)閒詁》一文中説解云"如訕（訊）"的意思是説，君問我相邦之道，我即以相邦之道來回答他，意亦相若。① 同理，今本《論語》公西華侍坐章"夫子哂（訊）之"、"夫子何哂（訊）由也"、"是故哂（訊）之"諸語，則因平壤本書"哂"爲"訊"之啓示，大可釋讀爲"夫子仍有所提問"、"夫子何以再向子路提問"、"故此再加提問"。以此參讀全文，亦怡然理順。《孔子家語·三恕》云：

> 子路見於孔子。孔子曰："智者若何？仁者若何？"子路對曰："智者使人知己，仁者使人愛己。"子曰："可謂士矣。"子路出，子貢入，問亦如之。子貢對曰："智者知人，仁者愛人。"子曰："可謂士矣。"子貢出，顔回入，問亦如之。對曰："智者自知，仁者自愛。"子曰："可謂士君子矣。"

又《孔子家語·在厄》云：

> 子路出，召子貢，告如子路。子貢曰："夫子之道至大，故天下莫能容夫子，夫子盍少貶焉？"子曰："賜，良農能稼，不必能穡；良工能巧，不能爲順；君子能修其道，綱而紀之，不必其能容。今不修其道，而求其容，賜，爾志不廣矣，思不遠矣。"子貢出，顔回入，問亦如之，顔回曰："夫子之道至大，天下莫能容。雖然，夫子推而行之。世不我用，有國者之醜也，夫子何病焉？不容，然後見君子。"孔子欣然嘆曰："有是哉，顔氏之子。使爾多財，吾爲爾宰。"

從《三恕》及《在厄》的敘説，得見孔子對某一問題之解答，倘未愜於心，則有重複提問之舉，"問亦如之"或可爲"如訊"、"夫子哂（訊）之"、"夫子何哂（訊）由也"、"是故哂（訊）之"等語補一注脚。

　　簡牘新材料之出現，對吾人有所啓發之餘，亦促使吾人增添深入思考機會，並冀望有助問題之解決。平壤本《論語》版本之珍貴固無論矣，今雖僅見殘本，其學術價值仍應值得倍加重視。懇切期待全部資料可以早日公佈。

---

　　① 孟蓬生：《上博竹書（四）閒詁》，"簡帛研究網"發表文章（http://www.jianbo.org/admin3/2005/mengpengsheng001.htm），2005 年 2 月 15 日發佈。

附録：今本《論語・先進》公西華侍坐章原文

　　子路、曾晳、冉有、公西華侍坐。子曰："以吾一日長乎爾，毋吾以也。居則曰：'不吾知也！'如或知爾，則何以哉？"子路率爾而對曰："千乘之國，攝乎大國之間，加之以師旅，因之以饑饉；由也爲之，比及三年，可使有勇，且知方也。"夫子哂之。"求！爾何如？"對曰："方六七十，如五六十，求也爲之，比及三年，可使足民。如其禮樂，以俟君子。""赤！爾何如？"對曰："非曰能之，願學焉。宗廟之事，如會同，端章甫，願爲小相焉。""點！爾何如？"鼓瑟希，鏗爾，舍瑟而作，對曰："異乎三子者之撰。"子曰："何傷乎？亦各言其志也。"曰："莫春者，春服既成，冠者五六人，童子六七人，浴乎沂，風乎舞雩，詠而歸。"夫子喟然歎曰："吾與點也！"三子者出，曾晳後。曾晳曰："夫三子者之言何如？"子曰："亦各言其志也已矣。"曰："夫子何哂由也？"曰："爲國以禮，其言不讓，是故哂之。""唯求則非邦也與？""安見方六七十如五六十而非邦也者？""唯赤則非邦也與？""宗廟會同，非諸侯而何？赤也爲之小，孰能爲之大？"

後記：

　　本文曾於 2012 年 11 月 18 日上載復旦大學出土文獻與古文字研究中心網站，承好友提供胡平生於中國古代史論壇——"出土簡帛與地方社會"發言稿《平壤貞柏洞〈論語〉"孔子訊之"釋》一文（2011 年 6 月 6—7 日中國社會科學院歷史研究所主辦），又見《胡平生簡牘文物論稿》，上海：中西書局，2012 年。文中認爲簡文兩訊字皆爲"諱"之訛，並訓爲"讓"。內容與本文不盡相同，讀者可取與參看。

　　（原載《歷史語言學研究》第 7 輯，北京：商務印書館，2014 年，頁182—188。）

簡帛醫籍用字釋義例説

一

　　中國古代文獻流傳過程中，因經歷不同年代傳抄之關係，既有不同的版本，往往又因增、删、改、乙緣故，導致訛誤迭出；再者，由於字形規範化未臻完善，乃因音義借代，而出現同字異義或同義異字等現象，文義混淆問題亦隨之而生。醫籍文獻亦毫不例外，並且由於涉及醫事，故對某些專門術語或疑難字之原義探求，更須憑藉文本内容以及醫師經驗指引，始能得其確解，過去研究醫籍學者已多注意及此。本文擬選録"速瘥"、"哎咀"兩例，結合新出土簡帛醫藥材料之印證，從不同角度，重加申述。

二

　　醫籍中"差"字有二義，一用爲"差等"之"差"，有"稍"、"頗"、"較"等義。如宋寇宗奭《本草衍義》(1116 年)云：

　　　　羊蹄，葉如菜中菠棱，但無歧，而色差青白。

一用爲"瘥"，《説文》"瘥，瘉也。"即今之"癒"義。漢揚雄《方言》：

　　　　差、間、知，愈也。南楚病愈者謂之差。

唐孫思邈《千金要方》(652 年)卷一《大醫精誠》:

> 偶然治差一病,則昂頭戴面,而有自許之貌。

但古醫籍中無論"差"或"瘥"卻往往只書作"差",倘不留意,則易生誤解。如《千金要方》卷五第三:

> 其先不哺乳,吐而變熱,後發癇,此食癇,早下則差。四味紫丸逐癖飲最良,去病速而不虛人;赤丸差駛,病重者當用之。

又卷五第一:

> 然小兒氣勢微弱,醫師欲留心救療,立功差難。

同一"差"字,用義卻異。觀其究竟,主要是因文字的發展因年代不同,其字形,字義產生變化的結果。而從古文字材料中根尋,"差"與"瘥"並非只是偏旁增減的相異,而本來是兩個完全不同的字,字義也不一樣。

"差",在金文、楚簡中,字形結構稍有差別(圖一),且有不同的讀法。例不另舉。

金文	
楚簡	

圖一

"瘥",不見於金文,於楚簡中則書作"瘧",俱指病癒而言。如《包山楚簡》220 占辭:

> 恒貞吉,庚辛有閒,病速瘧。

《望山楚簡》45、61、62、63、64 又有:

> 少遲瘧。

今讀作"瘥",只不過是因古音相同或相近而借用的結果。"瘧"字從疒,盧聲。"盧",古音從紐魚部;"瘥"爲從紐歌部。聲紐彼此相同,韻部則音近

通轉，故得讀爲"瘥"。① 秦漢以後一直沿用，且與"差"字讀音亦近，故
"差""瘥"兩字得以並行。

《論語·子罕》：

> 子疾病，子路使門人爲臣。病閒，曰："久矣哉！ 由之行詐也，無
> 臣而爲有臣。吾誰欺？欺天乎？ 且予與其死於臣之手也，無寧死於
> 二三子之手乎？ 且予縱不得大葬，予死於道路乎？"

魏何晏《論語集解》：

> 孔安國曰：病少差曰閒也。

清劉寶楠《論語正義》：

> 《方言》云：南楚病愈者謂之差，或謂之閒。

由"差"、"閒"義同之實例，益見"瘥"義與"病癒"攸關。

三

"㕮咀"一辭，常見於中醫藥籍，一般皆指將藥物搗碎或切碎，亦有學
者考其古義當爲用口嚼碎，然迄今仍存在爭議。傳世古醫書對"㕮咀"曾
有解說。南齊陶弘景(456—536 年)《名醫別録·合藥分劑法則》：

> 㕮咀，古之制也，古者無鐵刃，以口咬細，令如麻豆。

陶弘景《本草經集注·序例》(約 490—498 年)：

> 凡湯酒膏藥，舊方皆云㕮咀者，謂稱畢皆之如大豆者，又使吹去細末，
> 此於事殊不允；……今皆細切之，較略令如㕮咀者，差得無末，而粒片調和。

---

① 周鳳五：《包山楚簡初考》，《王叔岷先生八十壽慶論文集》，臺北：大安書局，
1993 年，頁 362—377；湖北省文物考古研究所、北京大學中文系編：《望山楚簡》，北京：中
華書局，1995 年，注文五十；袁國華：《楚簡疾病及相關問題初探》，"中國南方文明"學術研
討會，臺北：中研院歷史語言研究所，2003 年 12 月 19—20 日。

然今由秦漢醫簡文獻所見，僅有“父且”而絶無書作“㕮咀”者。如甘肅《武威漢代醫簡》①，“父且”曾有八見：

1. 蜀椒一升，附子廿果，皆父［且］，豬肪三斤，煎之五沸，浚去宰。（簡 17）

2. 凡七物，皆父且。（簡 47）

3. 治千金膏葯方：蜀椒四升，芎藭一升，白芷一升，附子卅果，凡四物。（簡 57）皆治，父且，置銅器中。（簡 58）

4. 附子一分，皂莢一分，皆并父且。（簡 71）

5. 棗卅枚，半夏十枚，凡十物，皆父且。（簡 80 甲）

6. 半夏毋父且，洎水斗六升，炊令六沸，浚去宰。（簡 80 乙）

7. 駱蘇一升，附子廿枚，蜀椒一升，乾當歸二兩，皆父且之，以駱蘇煎之三沸，葯取以傅之，良甚。（簡 87 甲）

8. 凡四物，父且，漬以醯三升。（簡 89 甲）

又如《居延新簡》E. P. S₄. T₂.65：

皆父且以淳酸漬之壹宿，費藥成浚去宰以酒飲。

《馬王堆帛書·雜療方》：

内加及約：取空罍二斗，父且段之，□□成汁，若美醯二斗漬之。

由是“父且”原義所指，復再引起學者間的討論。例如田樹仁便認爲“父且”乃由“斧俎”演變而來；何茂活更引郭沫若云：“父乃斧之初字，石器時代男子持石斧，以事操作，故孳乳爲父母之父。”②但郭氏之説只是一家之言，未能作爲定論。而何氏因此而認爲“以刀斧及砧板將藥物或砸或切，使之細碎，以便煎製”。③ 楊逢彬即曾撰文表示異議。④ 今案“且”字殊不能與刀俎之“俎”相提並論。因爲“且”在甲骨及金文中多用爲祖先之“祖”，而

---

① 甘肅省博物館、武威縣文化館編：《武威漢代醫簡》，北京：文物出版社，1975 年。
② 田樹仁：《㕮咀考辨》，《醫古文知識》1992 年第 1 期；田樹仁：《就㕮咀一詞答楊逢彬先生》，《醫古文知識》1995 年第 1 期。
③ 何茂活：《武威漢代醫簡“父且”考辨》，《中醫文獻雜志》2004 年第 4 期。
④ 楊逢彬：《㕮咀探源——兼與田樹仁先生商榷》，《醫古文知識》1993 年第 1 期。

“俎”字在西周金文用爲盛肉器，本身是一象形字。《左傳·隱公五年》：

> 明貴賤辨等列，順少長，習威儀也。鳥獸之肉不登於俎，皮革齒牙骨角毛羽不登於器。

《儀禮·特牲》陰厭：

> 鼎西面錯，右人抽扃，委于鼎北，贊者錯俎，加匕，乃朼。佐食升肵俎，鼏之，設于阼階西。卒載，加匕于鼎。

於飲食禮中“匕俎從設”，主要都是爲盛肉進薦之故。而用爲刀俎字，文獻載記最早見於《史記·項羽本紀》：

> 樊噲曰：“大行不顧細謹，大禮不辭小讓。如今人方爲刀俎，我爲魚肉，何辭爲。”

晉杜預《左傳·隱公五年》注云：“切肉之薦亦曰俎。”亦承漢人之説而來。故將“父且”之“且”當作“砧板”，自然需要細加思考了。

至於醫籍中將“父且”加“口”旁，書作“㕮咀”，遂變爲形聲字。有學者認爲六朝時人喜造“唵”、“叭”、“嘛”、“呢”等新字，“咀”字亦當於是時應運而生。是否如此，仍有待考證。要之，中國最早的字書《説文解字》中並無“㕮”字，及至宋代《集韻》始見收錄，並云：“㕮，咀嚼也。或从甫。”從口從甫的“哺”字則早見收於《説文》：“哺，哺咀。”最值得注意是《説文》竟用“哺咀”一辭作解。《説文》云：

> 咀，含味也。

玄應《一切經音義》卷一“乳哺”注引《字林》：

> 哺，咀食也，謂口中嚼食也。

從《集韻》及《説文》所見，知“㕮咀”原來確有“咀嚼”義，“或許以口咬藥只是局部的事實”。如今解作“搗碎”或“切碎”則端視藥物本身實況，並取其引申義而已。① 例如前引武威醫簡 87 甲云：“蜀椒一升，乾當歸二兩，皆

---

① 沈書農：《中醫古籍用字研究》，北京：學苑出版社，2007 年，頁 287。

父且之", 倘用"咀嚼"作解, 自然難以理解。至於《敦煌卷子》S.4433：

> 凡不云父且者, 皆應細切, 不用之。

逮及唐代, 詞語變化益繁, 該句"父且"確指, 更需由擅醫事者, 視乎上下文意作小心判斷。

漢語中每見"吐哺"、"反哺"、"哺乳"莫不涉及咀之動作。倘若從古音探求, "父"、"哺"同爲並紐, "甫"爲幫紐, 但俱同屬魚部, 故古籍中"甫"既用爲男子美稱, 又多假借爲"父"字。《集韻》云："咬, 咀嚼也。或从甫。"其理亦顯而明也。只是今日所見古代醫籍中, 只有"父且"或"咬咀", 而從未見書作"哺咀"者, 則又是耐人尋味而已。

（原爲香港中文大學中醫中藥研究所主辦, 中國歷史研究中心、臺灣中醫藥大學、恒生管理學院共同協辦："第三屆簡帛醫藥文獻國際會議"宣讀論文, 香港中文大學, 2011 年 7 月 15—16 日。）

從命名看古人的醫療心理
——以戰國、秦、漢私名璽印爲例

    自古以來，醫學理論中特别重視預防勝於治療，既爲了防患於未然，是養生之道，也是一種對身體健康的期待。《黄帝内經·素問·四氣調神大論》云：

> 是故聖人不治已病治未病，不治已亂治未亂。

真可謂一語中的。《老子》六十四章云：

> 其安易持，其未兆易謀，其脆易泮，其微易散。爲之於未有，治之於未亂。

所論亦已早著先機。《素問·舉痛論》：

> 帝曰：善。余知百病生於氣也。怒則氣上，喜則氣緩，悲則氣消，恐則氣下，寒則氣收，炅則氣泄，驚則氣亂，勞則氣耗，思則氣結。九氣不同，何病之生？岐伯曰：怒則氣逆……思則心有所存，神有所歸，正氣留而不行，故氣結矣。

"九氣"即九種病因會引起"氣"的變化。張介賓《類經·疾病類》亦云：

> 氣之在人，和則爲正氣，不和則爲邪氣。凡表裏虛實，逆順緩急，無不因氣而生，故百病皆生於氣。

凡此乃闡釋臟腑經脈行氣失調，是導致疾病的主因。然而"思則心有所存"，則是心理因素使然，思慮清明，則正氣順流，無氣結之憂。《淮南子·

原道》云：

> 中之得則五藏寧，思慮平，筋力勁强，耳目聰明。

傳統中醫學講求陰陽協調，亦强調“心”可以主宰“氣”的運行，這在醫療心理上亦起著積極的作用。而古人深明此理，從命名選擇的那一刻開始，已道出內心殷切的期盼，而每日念著“去病”和“去疾”等名字，祈求遠離疾病的擔憂或痛楚，起碼可藉此尋求心靈上的慰藉，並懷抱著保持身體健康的那份喜悦。其中部分思想或多或少都涉及生命哲學的層面，而命名則是一種面對自身環境反射出來的感悟和期望，也是一種經驗和智慧積累的表現。

古人命名據稱有五項原則。《左傳·桓公六年》云：

> 公問名於申繻。對曰：“名有五：有信，有義，有象，有假，有類。以名生爲信，以德命爲義，以類命爲象，取於物爲假，取於父爲類。不以國，不以官，不以山川，不以隱疾，不以畜牲，不以器幣。”

前云“五以”固然有理，但“五不以”則顯然與今日所見古人命名原則不盡相符，[①]這無非是當時一家之言，未足以代表所有時人的觀念。

本文擬利用戰國、秦、漢私名璽印所見與病、疾有關命名，舉例略加申説，以見古人以“去疾”、“去病”、“棄疾”、“疾已”、“病已”等命名，雖與當時風氣攸關，然與醫療心理亦宜有相關的作用。

戰國私名璽以“去除疾病”爲主題的命名頗爲常見，如：

“長去疾”（《古璽》0856）[②]

“石去疾”（《中大》35/銀印）[③]

“司馬去疾”（《古璽》5586）

“宋棄疾”（《古璽》1428）

---

① 劉釗：《古文字中的人名資料》，《吉林大學社會科學學報》1999 年第 1 期，頁60—69。

② 羅福頤主編：《古璽彙編》，北京：文物出版社；香港：中華書局，1981 年。

③ 香港中文大學文物館編：《香港中文大學文物館藏印集》，香港：香港中文大學文物館，1980 年。

　　　　“蘇去疢”(《吉大》220)①

　　　　“郵病已”(《古璽》2039)

“去疾”用爲人名，文獻資料中曾見，《史記·鄭世家》：

　　　　鄭人欲立靈公弟去疾，去疾讓曰：“必以賢，則去疾不肖；必以順，
　　則公子堅長。”

“棄疾”，湖北隨州新近發現的春秋早期青銅器，器主即名“曾公子棄
疾”，②又《左傳·昭公六年》：

　　　　楚公子棄疾如晉，報韓子也。

《史記·秦本紀》：

　　　　哀公八年，楚公子棄疾弒靈王而自立，是爲平王。

由是得見楚地多有以“棄疾”爲名的例子。漢印亦沿戰國餘緒，有“閔病
已”(《吉大》243)，③“侯疾已”(《湖南博》514)④等私名印。至於漢代名將
“霍去病”，宋代詞人“辛棄疾”，他們的取名，都是其來有自的。

　　一般人每每將“疾病”看作同一件事，事實上兩者是稍有區別的。甲
骨文的疾字有兩種寫法，一作“𤕫”，一作“𥎊”，前者像人臥病牀上之形，
後者則像人身中箭。毛公鼎“敃(旻)天疾畏(威)”的“疾”字即書作“𥎊”。
《說文》：

　　　　疾，病也。从疒，矢聲。𤕫，古文疾，𣀕，籀文疾。

从“疒”从“丙”的“病”字，甲骨文及西周金文皆未及見，故早期的“疾”字實
兼賅“疾病”與“疾速”二義。⑤ 至於文獻所見“疾病”一辭，有學者主張爲

---

　　① 吉林大學歷史系文物陳列室編：《吉林大學藏古璽印選》，北京：文物出版社，
1987 年。

　　② 徐在國：《曾公子去疾銘文補釋》，“安徽省語言學會第十六屆年會”宣讀論文，
2012 年 11 月 23—25 日。

　　③ 同上注①。

　　④ 湖南省博物館編：《湖南省博物館藏古璽印集》，上海：上海書店，1991 年。

　　⑤ 參看李孝定：《甲骨文字集釋》卷七，頁 2523。

合成詞。① 但亦有主張"疾"是名詞，"病"則是動詞。② 然而"疾"與"病"皆可以指病重，但卻與《説文》"病，疾加也"之義無涉。③《説文》的説法乃建基於晚出的"病"字作解而已。

身體有"疾"的確令人困苦，嚴重者可以致命。古籍中對病重者往往用"寢疾"一辭加以描述。《禮記·檀弓上》：

> 曾子寢疾，病。樂正子春坐於牀上，曾元、曾申坐於足。童子隅坐而執燭。童子曰："華而晼，大夫之簀與？"子春曰："止。"曾子聞之，瞿然曰："呼。"曰："華而晼，大夫之簀與？"曾子曰："然，斯季孫之賜也，我未之能易也。元，起易簀。"曾元曰："夫子之病革矣，不可以變，幸而至於旦，請敬易之。"

曾子没有理會曾元勸喻，仍堅持將華麗的席子換走，而在易簀這麼短的時間裏，曾子卻"反席未安而没"(《檀弓上》)。又《檀弓上》：

> 成子高寢疾，慶遣入，請曰："子之病革矣，如至乎大病，則如之何。"

可見"寢疾"大多是令人擔心的事。萬一到了"病革"的地步，更是危險。又《檀弓上》曾載録孔子與子貢對話，記述孔子預料自己將不久於人世，跟著孔子大約"寢疾七日而没"了。《清華大學藏戰國竹簡(壹)》中《保訓》簡2、3：

> [王]若曰："發，朕疾甚，恐不汝及訓。昔前人傳保(寶)，必受之以詷(誦)。今朕疾允病，恐弗念(堪)終。汝以箸(書)受之。"④

所記乃周文王因爲"疾甚"，並且"疾允病"，臨終前對姬發有所訓誥。無論古今，最令人擔憂者便是"疾不已"，這種描述在西周否叔尊、卣銘中已經出現：

> 否叔獻彝，疾不

---

① 王有布：《"疾"與"疾病"》，《辭書研究》1983年第1期，頁175—177。
② 劉殿爵：《"疾"與"病"》，《中國語文研究》1984年第6期，頁53—55。
③ 同上注。
④ 清華大學出土文獻研究與保護中心編，李學勤主編：《清華大學藏戰國竹簡(壹)》，上海：中西書局，2010年。

已，爲母宗彝則

備，用遺母霝①

銘文所稱的"疾"，由於病況没有任何終止的跡象，因此説"疾不已"。"不已"讀如《詩·鄭風·風雨》"風雨如晦，雞鳴不已"的"已"。金文有"祐受毋已"(蔡侯盤)、②"毋疾毋已"(叔夷鎛、鐘，《集成》285、278)，"毋已"與《詩·魏風·陟岵》"予子行役，夙夜無已"的"無已"用法相當，而"毋疾無已"一語更是表達對永無疾病的祈求，與"疾不已"正好互爲説明。"不已"、"毋已"可讀爲"不止"、"毋止"，戰國私名璽所稱"疾已"、"病已"，其寓意自然是祈求"疾止"、"病止"，那是最明顯不過了。曾見西漢青銅酒鈁，其外底亦鑄"馬病以家鈁利"六字，③"馬病以"即"馬病已"，用意與私名璽所表達者並没有兩樣。

上述所見以"去疾"、"去病"爲名的私名璽，其用意已昭然若揭，事實上，"無疾、無病，生命始能延續不斷"。④ 他如以"瘳"爲名者，亦與"去疾"、"去病"意義相當。例如：

痲(瘳)疕(《古璽》2645)

痲(瘳)犢(《古璽》2647)

痲(瘳)丙(《古璽》2649)

"痲"，當即"瘳"字。《清華大學藏戰國竹簡(叁)·説命中》簡04："若藥，如不瞑眩，越疾罔瘳。"⑤"越疾罔瘳"，《國語·楚語上》則作"厥疾不瘳"。又《赤鵠之集湯之屋》簡13："殺黃蛇與白兔，發地斬陵，后之疾其瘳。"楚

① 張光裕：《西周遺器新識——否叔尊銘之啓示》，《"中央研究院"歷史語言研究所集刊》70 本 3 分，頁 761—778。

② 蔡侯盤："裡享是以，祗盟嘗啻，祐受毋已。"北京：科學出版社，1956 年，圖版拾叁；《商周青銅器銘文選》，頁 589。

③ 田煒：《新見西漢馬病以家鈁銘文考釋》，《古文字研究》第 28 輯，北京：中華書局，2010 年，頁 556—559。

④ 鄧佩玲：《天命、鬼神與祝禱——東周金文嘏辭探論》，臺北：藝文印書館，2011 年，頁 85—86。

⑤ 清華大學出土文獻研究與保護中心編，李學勤主編：《清華大學藏戰國竹簡(叁)》，上海：中西書局，2012 年。

簡"瘳"字書作"𤻲"，字形結體與璽文相當。"不瘳"一辭，亦見於《詩·鄭風·風雨》："風雨瀟瀟，雞鳴膠膠。既見君子，云胡不瘳。"《説文》云："瘳，疾病癒也。"徐鍇曰："忽愈，若抽去之也。"故此以"瘳"來命名，也有"除疾去病"的含義。

此外，單以"疾"、"病"爲名，或取義於"疾病名目"相關的私名璽也不在少數。例如：

> 王疾（《古璽》0466）
>
> 鄣疠（《古璽》0795）
>
> 長疠（《古璽》3958）
>
> 公孫疠（《古璽》3874）
>
> 東方疠（《古璽》3958）
>
> 西方疾（《古璽》3966）

漢印則有"吳病"（《吉大》301）。戰國古璽所用的"疠"即"病"字，楚簡及古醫方多見。又有私名璽自稱：

> 公孫生疠（《古璽》3885）

戰國人名又有稱"陳疾目"者，見《清華大學藏戰國竹簡（貳）·繫年》簡137："陳疾目率車千乘，以從楚師於武陽。"①漢印亦有"朱疾目"（《中大》242）。殷人嘗有"疾首"、"疾目"的記載，②但是由於西周以後，"疾"亦有"速"義，故戰國或漢以"疾目"來命名，或者可以視爲祈求"目明"或"目光鋭利"的意思，不必一定以"眼疾"作解。

以"疾"、"病"、"疾目"爲名，與"去疾"、"去病"、"棄疾"、"疾已"、"病已"的意義恰恰相反，個中原因固然有待深究。但是古人取"名"之後，亦有以"字"行者，而其取"字"，則往往選取與本名字義相副者爲主，但亦有

---

① 原簡注 30 云："陳疾目，齊國將帥。齊陶文有'疾目'人名，見《陶文圖録》二·四六二以下。"（清華大學出土文獻研究與保護中心編，李學勤主編：《清華大學藏戰國竹簡（貳）》，上海：中西書局，2011 年。）

② 胡厚宣：《殷人疾病考》，《甲骨學商史論叢初集（第三册）》，北京：北京圖書館出版社，1999 年。

名與字的意義彼此相反者,如嬰齊,字子蠱;韓愈,字退之;陶潛,字淵明;朱熹,字元晦;趙孟頫,字子昂。究其因由,應含有制衡的用意。今所稱某疾,某病云者,或許亦同樣暗藏制衡的用意,實則仍希望能"去病"和"去疾"。

至於選用與疾病相關名目爲私名的例子亦不在少數,例如:

> 事癰(《古璽》1789)
> 高癰(《古璽》1121)
> 魏癰(《湖南博》512)①
> 王癰(《古璽》0478)

"癰",《説文》云:"腫也。从疒,雝聲。"《戰國策·楚策四》:"夫癘,雖癰腫胞疾,上比前世,未至絞纓射股。"《後漢書·律曆志》:"驚蟄,晷長八尺二寸,……未當至而至,多病癰疽脛腫。"《經典釋文》:"癰,委勇反。"《集韻》亦作"臃"。又書作"𤺄"。《韻會》或作"雝"。

> 事瘄(《古璽》1791)
> 肙瘄(《古璽》2770)

"瘄",《説文》無此字,《玉篇》云:"瘄,膝病,與膒同。"卜辭所見殷人亦有"疾脛"、"疾膝"等症狀。②

> 長瘷(《古璽》0796)

"瘷",《説文》無此字,《玉篇》云:"瘷,同瘶,疥瘷。"《上海博物館藏楚竹書(四)·柬大王泊旱》簡5則有"瘷鼠疠(病)"之記載。③

> 長疢(《古璽》0794)

"疢",《説文》無此字,《玉篇》云:"疢,疾也。"

---

① 湖南省博物館編:《湖南省博物館藏古璽印集》,上海:上海書店,1991年。
② 李宗焜:《從甲骨文看商代的疾病與醫療》,《"中央研究院"歷史語言研究所集刊》72本2分,2001年,頁339—391。
③ 馬承源主編:《上海博物館藏戰國楚竹書(四)》,上海:上海古籍出版社,2004年,頁194。

郵疢（《古璽》1996）

"疢"，《説文》無此字，《玉篇》云："疢，痛也。"

郭瘍（《珍秦齋古印展》）①

"瘍"，《説文》云："頭創也。"

　　這類取義於"病症"的命名，竟對"疾病"毫不忌諱，究竟是爲了防患於未然，抑或別有其他用意？其心理狀態及個中原委，將有待進一步探究。②

　　要之，上述戰國私名璽印中，以"去疾"、"去病"、"棄疾"、"疾已"、"病已"、"生疢"、"疾目"、"痔"、"癰"及"瘳"命名等例子，其中既有上承西周及春秋時期的觀念，而多見用於戰國，下延兩漢，甚至逮及宋代，對探討時人由於設身處地的憂慮，藉助主觀的意願，意圖驅除或抵禦對疾病遺害的心態，當有一定的啓示，而這些實例的反映，都是祈求無思慮之憂，合乎"心氣和順"、"不治已病治未病，不治已亂治未亂"的醫理原則，這種心氣相通的感悟與期待，或許可以認同爲另類醫療心理的應用，同時也體現出他們本身的時代意義。

　　（原載《中醫藥雜誌》第 24 卷特刊第 1 期，2013 年，頁 35—39。）

---

① 《珍秦齋古印展目録》，澳門行政廳，1993 年 9 月。
② 從另一角度思考，其用意或許與近代民間父母爲了祈求兒女順利成長，所呼喊乳名，往往取象於犬、豕者，有類似作用。

附　編

詩　文　雜　詠

自　況　聯

自隨秋雁南來幾番吟嘯幾曲笙謌

得夕陽相伴不負斯勤

未許英雄老去滿目風塵滿身花影

惟金石共隨堪詒其樂

喜見吳湖颿書趙𦕈佛集宋詞聯，戲改數語，直似余一己之寫照

　　　　　　　丁亥小寒後十日，雪齋手識於澹煙疏雨樓

定 風 波

莫笑春風伴歸寧，萬里鄉心總關情。

得遇知音弦不輟，心蕩，四千年故舊相迎。

鼎鬲如儀三千載，親聆，曾侯鐘聲泛酕醄。

北望京華無盡處，長憶，鄭、安、春申、五羊城。

右調寄《定風波》。庚申春月，余與巴納博士獲澳洲外交部撥款，代表澳洲國立大學遠東歷史系，應邀訪華，作三周學術研究訪問。南北游訪，觸目所及，盡皆文物勝景。前輩風範，尤令人企念無已！冬日午晴，窗前遐思，偶得數語，用誌此行，并示不忘。

雪齋驚見上博竹書詩稿

余生也平庸，而幸獲上天青睞，屢遇金石奇緣，復又與楚簡結不解情誼。溯自鄭重先生撰《"上博"看楚簡》訪問稿見諸報端（1999 年 1 月 14 日上海《文匯報》"筆會版"），馬承源先生復於《上海博物館藏戰國楚竹書》第一册《前言》披露光裕嘗參與上博竹書收藏事以來，消息不脛而走，而失實之報道亦時有所聞，由是垂詢者衆，余一介書生，除厚顏頻稱運氣使然外，實無可奉復者焉。昔日初睹竹簡真容，心情激盪，似夢非夢，感慨萬千，嘗賦小詩數首以紀其實。去歲淵清兄誠意索閱，今一再懇邀發表，余感其厚意，乃不避拙陋之譏，藉詩寄意之餘，并誌歲月云爾。

一、仿古風兩首

其一　楚簡文字緣

舟自楚江來，載有出土物。

掀蓋驚睹時，墨書無與匹。

俯仰千百年，細審動心魄。

手澤挹書香，疑是夢中策。

其二　甲戌仲春喜讀新出楚簡

三五暮春夜，牖月迎佳墀。

微明未竟讀，慨嘆爲書癡。

案頭長短簡，出土存舊姿。

從容發一匣，手數十二支。

支支漫摩挲，確認荆邦遺。

乃識"立天子"，又訂"邵王"辭。

冰心懷楚國，行遠會有時。

合文有"孔子"，別簡則"止之"。

"義""信"存天地，未訴"神""鬼"知。

偉哉此神物，上蒼當護持。

二、七絕三首

其一　荊夢

秦火劫餘今日事，似隨荊夢入吾廬。

江陵文物幽光發，將續流沙墜簡書。

其二　喜見德道真言策

秦焚未厄溢光華，名世鴻篇敢自誇。

千策群中藏"五德"，"周公""正道"此傳家。

其三　荊楚遺簡"第三扎"夜訪澹煙疏雨樓

燭光掩映月籠紗，策有長短聚我家。

難捨只因"夫子曰"，可憐雙鬢夕朝華。

按：凡引號內文，皆當日所見簡文中令余心神一蕩者。"孔子"合文與"五德"內容已分別見於《上海博物館藏戰國楚竹書》(一)《孔子詩論》及《從政》篇。

（原載上海大學古代文明研究中心、清華大學思想文化研究所編：《上博館藏戰國楚竹書研究：續編》，上海：上海書店出版社，2004年。）

又見荆楚遺珍

丙戌仲冬，喜逢未見著錄楚簡八枚，所記乃彭祖及晉侯事，知神物也，惜無緣見其全豹。事隔兩載，時值戊子端月，終於得睹新出楚簡真容。簡數約二千枚，長短雜處，觸手率皆軟若柔夷，編繩契口，絲捆原跡，宛然俱在，荆楚遺珍，千載幽情，即物可及，觀止云者，誠非虛言。手捧竹書，接頌至精彩處，頻覺墨色動人，滿室生香。天地悠悠，異代蕭條，余竟又率先得讀前人未見書，快慰之餘，能不感慨萬千。欣悉神物得遇明主，且行將歸藏京華，澤被學林，因遂錄臨摹所得，以七言集句，用紀此曠代奇緣，并識歲月。

　　　　　　　　　戊子六月小暑中夜，雪齋擬稿於西沙帝琴軒

身隨白鷗向歸程[①]，孰料遺珍競相迎；
參同吉凶顯玄機，三子大夫修長城；
攻守二道言曲直，五紀之端天地盈；
方秋三月惟庚辛，帝命配享莫不敬；
大玄大龍示天意，五音秉德聚參星；
皇天上帝朝夕保，和民用政時曰聖；
敬信利民不忍人，喜見新書謙與誠；
溪浴百卉木不凋，相念相謀爾我情；
賓主既飲階升降，左還右客拜君迎；
桓公成楚諸侯會，五行相含思百姓；
四時西東南北中，師回黃池形勢明；
及地灌藥脹腫消，祝由方術意隱呈；
天地四方見南人，南極大山后稷名；
皇帝顓頊齊現身，山川百神護荆靈；
水木清華長永寶，今生不負湖海情。[②③]

澹煙疏雨

注　釋：

① 余於己卯年曾填小詞，有"荆門事，總覺歸程漸漸"句。

② 早年曾見吳湖帆楷書聯語，"湖海早知身汗漫，涼風吹散夢參差"，直似余十八年來之寫照。

③ 以上詩句下劃線者，乃竹簡原文。

（原載《清華大學學報》2009 年第 5 期。發表時編者擅自刪去下劃線，失真之餘，復令讀者如墮五里霧中，至以爲憾！）

書奉池田知久教授

　　時值端月佛誕後五日，宮本、廣瀨與余同游箱根，既盡覽湖光山色，復於雕刻之森美術館遍睹世界級大師作品，賞心悦目，獲益良多。

　　翌日於東洋文化研究所講學既畢，知久先生悉心安排懇親會，師生歡聚，盛意虔虔，感人至深。酒酣過後，先生意猶未盡，一衆遂折返研究室，實行二次會，是日適逢東京大學五月祭，校園喧嘩震天，喜氣洋洋，室内則觥籌交錯，酒泛紅酡，内外相和，別有一番情趣。賦歸當日清晨，又蒙五子相送，隆情厚誼，當永在念中。草草不工，用識此行。

其一

　　　　箱根雨後春意濃，海盜船頭意氣雄。
　　　　庭中像下稱"雄弁"，"畢索"尊前戲頑童。

其二

　　　　奢談楚簡兼青銅，細説康諧與善容。
　　　　書香室内相酬酢，纏綣離情又幾重。

　　　　　　　　　壬午五月廿五日，雪齋於日航機上

右呈
池田知久先生
在日期間厚蒙細意款待，謹此再謝。
大西克也、王守常、宮本徹、曹峰、廣瀨薰雄、近藤愛、松原史明、原田春子、名和敏光、津田量、伊藤彰洋及大橋修一諸位先生請代致意。
　　即頌
研安

　　　　　　　　　　　　　　　　光裕　頓首

東京七訪松丸道雄教授

　　癸巳冬月應小澤正人教授邀約，赴日本東京成城大學出席中國出土資料學會講座。翌日專程往馬事公苑拜訪松丸道雄教授，半日促膝頃談，前塵往事，彷如昨日，松丸先生既親自以昌碩草廬磁杯泡茶款待，又領觀庋藏金石圖書，親啓篋藏東魚先生刻橅印存，復出示昔日臨摹甲骨彙輯暨平廬先生眉批甲骨學商史論叢，並及東魚丈人與高羅佩先生往來書箋，拜頌之餘，於異國厚誼，回味不已。及夜，先生更早已預訂意大利晚餐款待，虔虔盛情，至爲可感。松丸先生酒量過人，余則不勝酒力，醉眠夜半，酣詠紀實，亦識扶桑因緣云爾。

　　　　　　　　　　　　冬至前十三日，雪齋光裕客次新宿

　　　　金石論交四十年，草廬茶香宛在前。
　　　　殷虛遺文越秦漢，心摹東魚羅佩箋。

　　返港前夕，厚蒙谷中信一、大西克也、名和敏光諸兄邀約，於余下榻華盛頓酒店八吉日本料理設宴餞行，席間暢談，歡愉忘年。夜半酒醒，復草七言，用誌情誼。

　　　　大西名和餞別筵，海老宮島最少年。
　　　　谷中少歲稱老弟，六子共醉八吉田。

丁亥秋月訪賓大

丁亥秋月，余忝以國際傑出訪問學人，作客賓夕法尼亞大學（University of Pennsylvania），嘗分別以金文研究及古文字材料爲題，於賓大及普林斯頓大學作三場專題演講。返港前夕，金鵬程教授（Prof. Paul Goldin）於其府上召集工作會議，討論新出土竹簡材料，余遵囑主其事，談次及新出土竹書之保存不易，衆皆唏噓。今日端視案頭日曆，偶有所感，草拈小詩兩首，用識鵬程教授對學術之熱忱與識見。工拙固不計也。

霜降後三日，滄煙疏雨樓擬稿

其一

泥屑餘韻小揚波，金家小敍嘆爬梳。
幸祈他日歸明主，化作春雷護漢戈。

其二

吉光片羽披史襟，遠涉重洋論古今。
雪橋月映今何在，無愧悠然一片心。

普林斯頓大學演講

其一

丁亥十月十七日，余應柯馬丁教授（Prof. Martin Kern）之邀請，自賓夕法尼亞大學轉赴普林斯頓大學東亞系作專題演講，因以"出土古文字材料與經典詮釋示例"與該系師生分享研究心得。是夕馬丁以豐盛晚宴招待，賓主言談甚歡，酒酣之餘，因紀所由，並嘆白馬過隙之無奈，急就草草，用識歲月云爾。雪齋時客賓城。

二十八載歲悠悠，重臨普頓又逢秋。
上庠斗膽呈所學，笑語諸生樂忘憂。

其二　又返港後重睹賓城照片有感
歷史名城堪自誇，自由鐘聲響雲遐。
剪取海天一小角，聊充家院補壁畫。

滿 江 紅

　　客中寂寥，臨窗小歇，偶有所感，乃拈禿筆，戲玩文字以自娛，調寄《滿江紅》，用識歲月。丁亥中秋後七日，雪齋時客美國賓城。

夕照雲天，臨江渚，
隆隆遠轍。①
抬望眼，斜陽遠眺，
老懷澄澈。
七十虛名塵與土，
八千里路雲和月。
細思量，
再披紹箕裘，②
毋急切。③

有終始，猶待接；④
無悔恨，緣不滅。
壯志饑餐胡滷肉，⑤
笑談渴飲晴時雪。⑥
駕長車，⑦
勇闖賓夕州關。
莫遲疑，重拾好心情，
朝天說。⑧

注　釋：
① 居所左傍雪橋河（Schuylkill River），距 30 街火車站僅兩公里。

299

② 秉承家父遺志。

③ 十年前已領略從容享受學術之道。

④ 余雖始終黽勉其事，然後繼又其誰耶？

⑤ 自製美國滷水牛肉。

⑥ 冰箱涷水。

⑦ 由紐約搭乘火車到賓夕法尼亞大學。

⑧ 凡事已盡心力，諒蒼天定必我知。

己丑春日游武夷

　　己丑春日，隨曹董一行遊武夷 。是日浴罷更衣，眼鏡碰落地面，驚聞碎裂之聲，檢視僅右目鏡片倖存，懊惱不已。是夕也，輾轉難寐。晨興，從游勝景，山明水秀，心曠神怡，衆皆讚嘆。獨余矚目所及，朦朧飄逸。無奈間，晦翁竟起而語余曰：戒慎！戒慎！俄而夢覺。受教之餘，賦詩識之，並博知者一粲。

　　　　朦朧武夷在眼前，遠望玉峰成一片。
　　　　誤將掩映九曲水，看作晦庵碧雲箋。

長 空 過 雁

　　我在中文大學任教二十五年，與其他同事獲頒長期服務獎，應公關處邀請，書寫感言一則。

　　　美好的日子很容易溜走，但也是最難以忘懷的。往還於時光隧道，隨處都會尋找到歲月留下的足跡，還有那長空過雁的感悟。

　　　教學與研究並重的樂趣，課堂裏神聖的靜謐，師生間學業的討論，真情的對話，加上工作上不同形式的歷練，一切一切都曾帶給我無比的信心和鼓勵。如果你問我最捨不得的是甚麼，我會毫不猶豫的告訴你，就是所有我教過的學生，他們優秀的表現，每每讓我感動與自豪。此刻呈現在我面前的，正是每一張純真和積極進取的臉孔。事隔多年，無論是清晰或模糊的身影，依稀仍跳躍在我研究與教學生涯的五線譜裏，奏著那知性與感性交織的醉人樂章。

　　　　　　（原載《中大通訊》第 338 期，2009 年 5 月 19 日。）

　　晨興，偶讀天衣義懷禪師提唱語：“雁過長空，影沉寒水。雁無遺蹤之意，水無留影之心。”浮塵歸棹，臨流靜觀，處處皆見禪心。捨得、捨不得，亦禪心也。

　　　　　　　　　　　　　　乙未七月望日武陵翁補識

《中日歐美澳紐所見所拓所摹金文彙編》
卷首語

金文拓本之著録，看似僅爲材料之剪裁，然欲求其完善，則非短時間内所能竟其功者。數載以還，余與巴納博士，即爲整理是項巨帙拓本，費盡心思。惟既欲考查原器所藏所在，根尋過去著録之歷史，更需正確判别同范異拓之著録，實誠非易事，雖反復檢核，校對再三，亦不敢自信全然無誤者也。至於與編排技術有關之困擾，更是紛至沓來，終成其書，未屬人意者，舉凡數端：

1. 頁數重複。由於新增材料之添入，頁數之次序，備受影響，甚而導致某頁出現空白，雖可自其他著録採用器類、字數相同之拓本以作填充，然增補之間，編中遂出現同頁號碼加添 a, b 頁數，如頁 32a、32b，頁 83a、83b 等是。

2. 隸定問題。由於部分難字，迄無標準之隸釋，故本書器名，未能全部統一以隸體標出。其並無確據者，惟一仍原文摹録。

3. 音讀處理。英文器名因係使用羅馬拼音系統，如遇難字，有音讀困難者，則多據偏旁發音爲準（參英文序第十頁），至於是否盡合原意，固仍有待探究者也。

4. 同形異字。爲减省添製新字之麻煩，對音義類同之異體字，間或採用最常見之形式，如"旅車"二字合文，今皆書作"旅"。

類此疏陋，幸祈讀者諒焉！

本編之輯録，係巴納博士所主持"古代中國考古資料總匯"研究計劃中之一部分，屬於澳洲國立大學遠東歷史系數項重要研究計劃之一。繼"彙編"十册之後將有"續編"及"考釋"之作。二十年間，經巴納蒐集之銅器銘文拓本及其他文物資料，經分類及照相處理者，已遠超一萬五千餘目（甲骨文資料並未包括在内）。其中金文部分，堪稱最爲完善。除包括數以千計經巴納手拓及收藏之原拓外，現藏坎培拉澳洲國立圖書館東方部之畢頓及葉慈兩教授生前所集金文著録亦已盡入“總匯”檔案。部分材料並經由巴納以首創之直譯隸釋系統予以處理。再者，比歲以來，光裕從事新舊諸家金文著録及單篇論文之收輯，自信已得其十之八九；又今春赴歐、美研究，既手拓公私所藏一千三百餘器，復奔波於各大圖書館中，查得罕見金文原拓兩百餘份，俱影印存之。放目寰宇，澳洲國立大學遠東歷史系所藏金文之豐富，中國而外，實難有能出其右者矣！

與“總匯”有關之金文研究計劃猶有“近五十年來新出土青銅器銘文彙輯”，該輯盡録新出土金文於一爐，依器形分類，每篇銘文之下，皆附中英文簡釋。合“彙編”、“彙輯”二書所録，傳世金文材料，已過其泰半。

又余年前所輯《僞及可疑商周彝器總目》，初稿分僞及可疑兩部，所收一千六百餘目，預計南歸後，可再增益百餘目。每目之下，俱條列著録、收藏，並列述僞及可疑之緣由。是書將係百年來唯一集僞及可疑器於大成之作。靡“總匯”計劃之推展，固勢難順利完成者也。

巴納博士對楚帛書之整理及研究同係與“總匯”有連帶關係之項目，屬於遠東歷史系數項重要研究計劃之一。其中楚帛書研究兩冊業已出版，另考釋兩册正計劃出版中。

要之，“總匯”之編輯，期對金石學之研究能提供最原始，最完備之素材，博雅君子，幸祈不鄙提供資料俾該計劃臻於至善，是所企盼。

陳夢家《殷商青銅器分類圖録》及周法高、張日昇、黃秋月合編之《三代吉金文存著録表》二書，皆在“彙編”成編後始行出版，故本編著録目未能及時引用及采録，今僅將前者列入索引總目，備作參考。

本編之能順利付梓，除巴納博士盡出所藏，又於全書之董理，殫盡心力有以致之外，馬雪芳小姐、林恩育君及内子瑞雲，一再爲本書之剪貼而分勞；銘文拓本之攝製，端賴澳洲國立大學攝影處同人之衷誠合作；索引總目後半部能及時完成，則係遠東歷史系秘書組同人不辭辛勞之結果。嚴一萍先生赴美後，一再關注本書之出版；屈萬里教授對本書資料之收集，鼎助良多，並時加鼓勵；臺靜農、孔德成、饒宗頤及金祥恒四位教授，又不鄙爲本書封面及主要卷册分賜題籤。余承巴納博士之命，幸與斯役，今本編出版有日，謹向上述諸位先生、女士敬致謝忱。

　　　　戊午六月張光裕識於美國聖路易大學城旅次

補記：

　　《彙編》兩函線裝十册，1978 年臺北藝文印書館出版。由於内容豐富，深具學術價值，兼且印刷精美，曾獲頒臺灣印刷界最高榮譽"金鼎獎"。驀然回首，倏忽四十年矣，期間出土及新見金文不知凡幾，學者從事金文編集更是後來居上。今將《彙編》卷首語重刊，旨在紀念巴納博士畢生奉獻學術之精神，並藉寄雪泥鴻爪之嘆思云爾！

《雪齋學術論文二集》自序

1989 年初夏，本著那份對學術的執著，滿懷一股虔敬的熱誠，還帶有半點的衝動，出版了《雪齋學術論文集》。一晃眼，十五年過去了，薪火仍在內心深處點燃，但是，向杏壇告別的日子已經不遠。回顧這段平凡的日子裏，學問雖然談不上有多大的進步，但卻完成了幾件極有意義的工作。1992 年，接受了上海博物館顧問一職，協助馬承源館長鑑定流散海外的青銅器，幾年之間，入藏國寶級的重器不下數十件。這是我學術生涯裏最值得驕傲和難以忘懷的事；至於作爲上博藏戰國楚竹書一千二百餘枚竹簡的發現者，心裏更有說不出的感慨。集中所收《雪齋驚見上博竹書詩稿》，可以看出當時內心的激盪。如果不是經過多年古文字學的訓練，加上三十多年來，鍾情於青銅器的鑑別和研究，秉持永不言棄的信念，我想這一切都不會在我身上發生。但是在學術上的專注和努力，並不意味會帶給我工作上的滿足和舒暢。己卯年（1998 年）的七月望日，時值我的生辰，當天夜裏，深宵難寐，勉強學步，填了一闋小詞，調寄《摸魚兒》：

> 問何年、雨霜風雪。匆匆月滿曾見。紅塵夢影更聲歇，芳草獨尋行遠。酬壯志。但浪跡、江湖空使豪情轉。愴然不語，恨幾度斜陽，落紅寸亂，雲過炊煙倦。

> 荆門事，總覺歸程漸漸。王侯猶記金篆。階前執賞笙歌舞，默默磬鐘聲斷。千秋歲、千萬載，灰飛飄落誰家院？華斑豈怨，對碧落茫茫，南天罔極，愁酌幾深淺。

時至今日，短短的幾行字，或許仍然可以強差表達部分個人的情懷。

近年新出土的古代文獻材料一再湧現，既擴闊了新視野，更不斷帶動學術的研究和發展，大家都意識到，先秦學術史非要重新估量不可。傅斯年先生說：

> 我們要能得到前人得不到的材料，然後可以超越前人；我們要能

使用新材料於遺傳材料上，然後可以超越同見這些材料的同時人。

陳寅恪先生也曾强調：

> 一時代之學術，必有其新材料與新問題，取用此材料以研求問題，則爲此時代學術之新潮流。治學之士，得預於此潮流者，謂之"預流"，其未得預者，謂之未入流。此古今學術史之通義，非彼閉門造車之徒所能同喻者也。

我們慶幸可以成爲"預流"的一份子，得以獲睹曠世難逢的新材料，驚嘆之餘，也許要問，歷史真的可以改寫嗎？問題是不難回答的，歷史改寫，需要材料與證據的支持，改寫歷史，則有賴嚴謹的思考與判斷。自澳洲返港的二十一年裏，有賴金石奇緣的牽引，親睹未經著錄的古文字材料實在不少，因此所寫的論文大都圍繞著新見的素材，而能率先將這些嶄新的發現加以考訂和介紹，雖然談不上有多少創新的見解，但總算能稍盡"預流"的責任，在學術的泥土裏，撒播了充滿生機的種籽。在文集裏同時收錄幾篇合著的論文，純粹是學術的福緣，而不少篇的論文都一再校對、修訂和補正，也有三數篇是未經正式發表的文章，其中《罕見金文原拓知見目》篇幅雖短，但卻是我多年訪查的心力所聚。編集的目的，是受著某種原動力的驅使和鼓勵；同時也深信"緣起，緣不滅"。轉眼間，又是月明人盡望的時節，一顆純真的心，還是跟十五年前一樣，率性與坦然。雪泥鴻爪，留痕與否？也就不必計較了。

　　文集出版前夕，驚聞我最敬重的馬承源先生不幸逝世，噩耗驟傳，悲慟莫名。人天永隔，今後將無法再親聆教誨。謹將本集呈獻，以表達誠摯的祝禱與無盡的懷念。

甲申中秋前一日，雪齋光裕謹識於西沙帝琴軒燈下

（原載《雪齋學術論文二集》，臺北：藝文印書館股份有限公司，2004 年。）

散采彪外　鎔鑄古今

——賀香港浸會大學饒宗頤國學院成立誌慶

余以書信問學於固庵教授，始於 70 年代初，時客澳洲坎培拉。1980 年有幸與先生聯袂赴四川大學出席第三屆中國古文字學年會，乃得親炙機緣。1982 年余轉職香港中文大學，時蒙指引爲學之道，每接聞教誨，益感佩先生學問之深邃廣博。今欣見浸會大學有饒宗頤國學研究院之設，意義確然非凡，主事者固深具睿智遠見者也。國學乃吾人國故之精華，而研究院之成立，國粹必將藉以傳承發揚，復結合近年新見簡帛佚籍資料，鎔鑄古今新知，散采彪外，開創嶄新恢宏氣象，可預期也。其惠澤後學，又豈可以道里計歟！謹綴數語，用表敬意，并申賀忱。

壬辰冬月，張光裕謹識

鏡 中 歲 月 長

——千石唯司先生《千石藏鏡》序

1998年夏季，一個風和日麗的晴朗天，驅車在日本大阪近郊加西的路上，兩旁扶疏掩映的農舍，襯托著綠油油的稻田，在自然遼闊中，散發著清新静穆的田園氣息。一個轉彎後不久，我們一行六人，當中有上海博物館馬承源館長、陳佩芬副館長，在千石唯司先生引領下，來到了千石家府。雅純舒和，明窗淨几，是我的第一個感覺和印象。但令我詫異和驚嘆的，當然是千石先生的青銅器收藏，先生除了對二里頭和二里岡青銅器情有獨鍾外，也醉心於青銅古鏡的蒐求，每遇特異精品，皆不惜重資購藏。爲了馬館長的到訪，主人早在一間大房間裏，並列了四五行與房間差不多等長的桌子，上面擺滿了數以百計不同時代的鏡中珍品。目驗摩挲既是難能可貴的學習機會，更是一種不可言喻的福緣。十多年後，千石先生新收的精選珍藏，更是精益求精，内心又再一次由衷的佩服。而在鑄華閃爍翻動中，當日與馬館長撫鏡共賞、暢論古今的情境，還不斷透過鏡面光影，清晰地浮現。

青銅鏡研究不是我的專長，奇珍精品的介紹，不容由我置喙，但那鏡中歲月長的悠悠思緒，始終緊扣著我的心弦。感謝千石先生的厚意，讓我有機會重拾昔日美好的時光。當我們翻閱每一頁圖片的同時，請別忘了，在斑駁色彩的背後，總凝聚著千石先生多年心力，他那過人的魄力，在這本珍貴的著錄中，亦已展現無遺。拜觀讚嘆之餘，謹綴數言，用來誌念人生難得一遇的金石鏡緣。

> 古鏡惟靈，千石集成，
> 鑑者是式，雅賞其榮；
> 美哉斯藏，異采含英，
> 唯司永保，世享康寧。

（原載千石唯司編：《千石藏鏡》，日本：株式會社ひまわりぷりんと，2013年。）

我與季融先生的金石緣

　　一晃眼我與范季融先生相交，已整整一十八年。我們的認識是經由馬承源先生的介紹。馬先生當年爲了籌建上海博物館新館，經常往來於香港與上海，當時范先生在香港中文大學擔任工程學院院長，他受到馬先生的啓發，對青銅器産生了濃厚的興趣，我們便在相互切磋中，開展了多年來的情誼。

　　那時候我們都住在同一校區，范先生興致來時，便就近邀我一起去逛荷李活道古肆。遇到心儀的珍品，便一起商討研究，凡是有銘文且有學術價值的青銅器，我會毫不猶疑地請他務必考慮留下。如有特別精彩的精品，他常會説這應該是博物館的東西，便主動地讓給公家收藏。他就是這樣一位豁達無私的謙謙君子。這次展覽的藏品，大部分我都有幸率先目驗，而且每件器物的背後都有一個小故事。例如秦公鼎三器便是因爲秦兩詔橢升的發現而一起購藏；鷹簋、鷹觶、和鷹瓠是同一人所鑄器，但卻分別在不同時地所得，文物的散聚就是這樣的奇妙。商鞅鈹是目前海内外僅有的一件屬於商鞅的鈹器，但難以置信，該器竟然是在"吃仙丹"的情況下入藏的，事實上這正是藏器主人的福緣；宴射刻紋畫像匜，入目之初，全器黝黑一片，但隱約中時可見花紋浮動，當時我們相視作出會心微笑，范先生不假思索便毅然購下，現在已成了藏器中最精彩的藝術精品之一，由此正可印證他的過人識力。

　　我們都記得馬承源先生曾經强調，頂級的青銅器固然是一件至高無上的藝術品，但是如果具備銘文的話，更足以見證及顯示歷史和文化的價值與意義，因此范先生特別重視有銘青銅器的收藏。展品中的盄簋和應侯見工簋便體現了青銅器銘文的重要，前者因爲一個"加（嘉）"字的出現，爲解決金文中聚訟已久的"蔑"一辭提供了重要的證據，後者器銘八十二字，主要陳述西周時王命應侯征伐"淮南夷"（一般金文只稱"南淮夷"）事，可以補充西周時期南征史事所未備。

　　這次展出的藏品，不少都是未曾見於著錄的帶銘青銅器，而新材料的展示，同時也樹立了探討中國歷史文化的另一個標杆，其意義非凡自然不在話下，對學術的推動和影響肯定也是深遠的。

　　（原載首陽齋、上海博物館、香港中文大學文物館編：《首陽吉金：胡盈瑩、范季融藏中國古代青銅器》，上海：上海古籍出版社，2008 年。）

"童叟無欺"

五六十年代初期，不同商鋪的內外，往往可以看到"童叟無欺"的牌匾或標貼，這簡單的四個字，帶出了商界對"誠信"的重視。而"誠信"正是今日商業人才培訓需要正視的問題。《管子·乘馬》："非誠賈不得食於賈。"從事商業活動而缺乏誠信者，不配立足於商界。一句振聾發聵的警語，充分體現了商業道德的重要，還有為商之道的互勉和自重精神。

從專業課程可以學到專門的知識和技能，但是當我們在接受專業教育的同時，千萬不要忽略傳統文化一直以來對我們的呵護。恒生管理學院同仁早有卓見，在《恒管語絲》裏，不止一次提過，商學訓練課程必須配合德育的培養和薰陶。商業管理固然要講求自主、問責和創新，但是與此同時，更需要注重個人內在德行的修為和提昇。香港教育局在小學和中學教育的指引裏，都有注意德育的提倡，但是反觀大學的教育卻鮮有強調品德情操的重要，每當論及為學與做人的關係時，也只當作是老生常談，欠缺積極的關注和推動。

其實先賢早已對"誠信"二字有深切的體會，並且為我們揭示語重深長的訓勉。例如說："人而無信，不知其可也。"（《論語·為政》）與朋友交往更是要恪守信用，故"子夏曰：'與朋友交，言而有信。'"（《論語·學而》）新出的《郭店楚簡·忠信之道》也說："信之為道也，群物皆成，而百善皆立。"凡事只要以"信"作為基礎，可以免除不少無謂的紛擾，也是成就事業的關鍵。"誠"則顯示了人性光輝的一面，"誠者，天之道也，思誠者，人之道也"。（《孟子·離婁上》）倘若缺乏了誠信，人際關係便容易變得爾虞我詐，社會又怎能安穩和諧呢？再者，"誠信"背後也蘊藏著人性的善良，人與人之間彼此的尊重，而"尊重"更是促進群體和睦相處的珍貴元素。

大學教育其中一項功能是冀望培育出來的人才，能夠勇於肩負社會的責任，因此無論教學與行政人員，行事立身，都應該以"誠信"為依歸，在潛移默化中，為扶植新生一代，推展優良的品性教育。倘若上樑不正則下樑歪，只會違道日遠，絕不是我們願意及見的。至於如何能將"童叟無欺"這塊金漆招牌擦得閃亮，便端賴主事者不斷自我省察和在涵養上好好下功夫了。

　　以上所談都是淺顯明白的道理，但更重要的是如何實踐力行，那才是最大的挑戰和考驗，否則我們徒然侈談崇高的理念，罔顧內在品德的修爲，那又與"緣木求魚"何異！

　　（原載恒生管理學院編：《商道與人道：恒管人語》，香港：中華書局（香港）有限公司，2013 年。）

半桶水的體悟

　　人生成長過程中,在不同階段,面對相同或類似的環境,都可以有不同程度的感悟,最淺顯的道理,也能咀嚼出深邃和雋永的滋味,作爲我們學習與成長的見證。

　　　　人生一開始,便擁有一個桶子。
　　　　天真無邪的孩子,就像一個還沒來得及盛水的桶子,
　　　　　　從盛水那一刻開始,是一種得著的喜悅。
　　　　在不斷成長過程中,注入的水越多,也就越發得意,
　　　　　　並且有了自我的期許。
　　　　半桶水的時候,有了神氣,便嘩啦嘩啦的響。
　　　　到了八九分滿,倘不懂得自我反省,
　　　　　　盛水過多,便容易滿溢,
　　　　　　出現了自滿,也就是人生事業裏最危險的時候。
　　　　有能力的話,便必須把水桶加大。
　　　　當你懂得水桶盛水只宜八九分滿,
　　　　　　明白"滿招損,謙受益",學會"唯吾知足",
　　　　才是你快樂人生的開始。

　　郭店楚簡《老子》云:

　　　　禍莫大乎不知足。
　　　　故知足不辱,知止不殆,可以長久。

　　古先聖賢早有訓戒,能毋慎乎!

作廬先生臨摹的望山簡小記

看來我這輩子和竹簡的確有著深厚的情緣。上博戰國楚竹書、清華戰國竹簡和岳麓書院秦簡，我都有緣率先目驗。但第一次接觸竹簡，還得要從作廬先生臨摹的望山簡説起。

已經是二十多年前的舊事，但至今還記憶猶新。當時我剛從澳大利亞回港，應聘在香港中文大學中國語文及文學系擔任教職，因爲外訪開會，有機會在山西太原拜訪張頷先生，張先生熱情地請我到他家裏作客。書桌上正擺著用繩子編好的幾枚竹簡，是張先生臨摹望山簡的仿製品，但是古意盎然，製作精美。一瞬間，腦子裏閃過一個念頭，於是便不假思索，很天真地懇請先生也替我仿製一兩枚，以作教學之用。

過了不到一年，陶正剛先生因事訪港，同時也捎來了幾枚竹簡，説是張頷先生送給我的。把長長的封包打開一看，倒讓我大吃一驚，那不就是原來在先生家裏看到的那幾枚竹簡嗎？先生還特意用牛皮紙黏製了一個長形封套，把四枚長達 65 公分的仿製竹簡妥加保護，封套左側外書："湖北江陵望山第一、二號戰國楚墓遣册竹簡仿製品四簡，張頷於太原。"原簡多歷年所，早已泛呈老黃，然簡文描摹逼真，契口編繩更是用心繫聯，每一簡背上端皆貼有紅簽，其一墨書"望山一號墓竹簡摹本共二□24"；另外三枚，亦分別寫上"望山一號 25"、"望山二號 2"、"望山二號 4"。又以塑料套及白紙裹包仰天湖一號簡（長 24 公分）及隸書漢簡（長 22.5 公分）仿品各一枚，一並附贈。陶先生説，張頷先生近年已没有太多精神重新替我製簡了，因此便把原來只有六枚精製的作品，抽出四枚，只留下兩枚自用。當時手捧竹簡，内心的激盪和感動，真是難以形容。其後多年的教學生涯裏，每逢古文字的課，我都不忘把它們拿出來讓學生摩挲欣賞，並述説張頷先生扶掖後學和嘉惠學子的熱誠。

作廬先生的道德學問，大家都尊崇有加，毋庸我的贅言。謹藉此短文,用賀嵩壽,祈頌介福康寧,并識不忘。

己丑十月,雪齋光裕謹識於西沙帝琴軒

補記:

壬辰夏月余曾專誠親赴太原拜謁先生,匆匆一會,倏忽三載有餘,遙
禱　先生

永康迪吉

　　嵩壽延年。

(原載張頷:《着墨周秦:張頷先生九十生辰文字集錦》,太原:山西
人民出版社,2009 年。)

輓慈母

　　家慈吳氏諱潤桂，祖籍廣東南海三水鄉。性聰慧，幼失怙恃，笄齡離家，自謀生計。後適家嚴勤銘公府君。終其一生，刻苦耐勞，持家有道。雖遭逢亂世，飽經時艱困頓，然專志育兒相夫，節衣縮食，雖含苦茹辛，多歷年所，仍甘之如飴，無怨無悔。洵爲女中豪傑，亦人間慈母之典範。母親爲祈求家中老少平安，許願茹素禮佛祈福，長達五十餘年，及八十高齡，終能一遂虔敬皈依心願，法號本慧。辛巳年六月二十六日榮登極樂，終年九十有一。不孝男光裕泣叩敬輓奉禱，永誌親恩。

　　　母親大人靈右
　　怎奈涼風冷露倚閭晝狄德繫三春永難報
　　何當繞膝承歡和丸調羹情牽九秩長使悲

輓鄧又同先生

敬悼
鄧公又同先生

無端又逢疏雨輕叩書樓聲聲細問何忍熱淚頻催空悵惘
有幸同見淡煙微飄學海裊裊長空那堪寒天久立獨蒼茫

　癸未冬日，南窗獨坐，俗慮未消，愁緒縈繞，忽奉巧兒來書，驚聞　鄧老先生已歸道山，憶昔先生於學海書樓耳提面命，倍感虛寂悲涼，感觸之懷，一時不能自已，匆草此聯，追念先生風範，并示不忘。

　　　　　　　　小雪後七日，雪齋謹識於澹煙疏雨樓

我與馬承源先生的金石緣

我與馬承源先生認識，是始於 1980 年在四川大學召開的中國古文字研究會第三屆年會，當時馬先生在上海博物館職掌青銅部，而我則在澳大利亞國立大學遠東歷史系任職。由於個人熱衷於中國古代青銅器研究，因此其後多次訪華，當然不會放過拜訪上海博物館的機會，沈之瑜館長和馬承源先生熱情的接待，加上上博學術開放的作風，讓我有不少摩挲館藏青銅器的機會，特別是馬先生豐富的學識，更是令我眼界大開，他不時地提點，讓我對青銅器真偽的鑑別有了更深刻的瞭解。事實上這些珍貴指引的積累，以及實物摩挲與經驗知識結合的體會和印證，爲我日後的研究工作增強了不少的信心，因此多年以來，我一直將馬先生視爲老師，對他的爲人與學問的敬重，完全是發自內心的景仰。

1990 年我有緣在香港獲睹保員簋一器，並將《新見保員簋銘試釋》一稿在太倉召開的中國古文字研究會第八次年會中宣讀。當時，馬先生已接任上海博物館館長，他對這件寶器極爲重視，希望上海博物館能有機會購藏，並請我代爲留意。回港後，幾經周折，復與范季融先生作最後商量，西周重器終於得以回歸祖國。

1992 年 12 月，馬承源館長在上海博物館安排了一個簡單而隆重的儀式，將上海市文物鑑定委員會榮譽顧問的證書頒發給我，自此我與上博便結下不解之緣。數年之間，協助馬先生鑑定流散海外的文物，入藏國寶級的重器不下數十件。對一個學者來説，能夠學以致用，同時又能夠爲上海博物館效勞，無疑是我學術生涯裏最值得驕傲的事。

除了保員簋外，最值得紀念的便是晉侯穌編鐘的鑑定和入藏。當我第一眼看到編鐘的時候，便爲那鑴刻的數百字銘文所震懾，西周的鐘銘爲甚麽會有刻款的呢！這個疑團，使我花了大半天的時間，水也沒喝一杯，一直蹲在狹小的房子通道上，把銘文一一摹録，一面描寫，一面審視形制、花紋、銹色、刻銘以及字畫的特徵，同時運用了馬先生教給我有關青銅器鑑別的常識，細加辨識和思考。最後在電話中經他老人家一再的確認，這套十四件的編鐘也找到了它們安穩的歸宿。過去這段日子裏，每次有重器出現，我自然會跟馬先生在電話裏討論，而馬先生往往在沒有見到原物的情況下，只憑我對該器特徵的描述，他便能作出精明的分析和判斷，這種深邃的識力與果敢的膽色，每次都令我心悅誠服，當然我還要衷心地感謝他對我無比的信賴。每當獲得寶器，馬先生一定來電，爽朗地說，心裏非常高興，晚上一定要喝一杯 XO 白蘭地，以示慶祝。馬先生對博物館青銅器收藏的那份深情，如果沒有親身感受，的確是難以用言語加以表達的。

馬先生不止醉心於青銅器的保護和研究，籌建上博新館的那份投入精神和魄力，更是令人欽佩。籌建新館期間，馬先生凡事皆親力親為，並且一再強調博物館事業是百年基業，要造福後代子孫。在他的精神和努力感召下，上海博物館同仁，上下一心，終於促使中國博物館的管理、展覽和教育事業，掀開了嶄新的一頁。而我從新館奠基所挖起的第一把土，和竣工前挖走的最後一把土，都能適逢其會，置身典禮臺上，這份欣幸與殊榮，都是基於與馬先生所結的金石奇緣。

去年六月下旬，我還跟馬先生一起應邀到日本大阪，觀摩當地私家收藏青銅器，多日相敘，得與馬先生暢談金石名品鑑藏，真是快慰平生。轉眼間又是蟬鳴荔熟時節，哲人已騎鶴歸去，但是他的音容、高尚的人格、無畏的精神、不撓的毅力、豐厚的學識，以及為文博事業所做出的重大貢獻，必將永留典範，傳誦百代。

（原載上海博物館編：《馬承源紀念集》，上海：上海博物館，2005 年。）

補記：

2017 年 9 月，蘇州博物館展出 2012 年湖北枝江萬福垴出土西周晚期楚季編鐘，葛亮兄以微信傳送其中一件照片，鐘鉦部與鼓左刻款“楚季寶鐘厥孫乃獻于公，公其萬年受厥福”。足證西周晚期鐘銘確有刻款存焉，而其鑿刻特徵與上海博物館藏晉侯穌鐘如出一轍。馬先生天上有知，定必為此浮一大白。

點 滴 的 回 憶
——懷念汪慶正館長

　　一談到汪館長，便不期然懷念起那滿頭亮白的銀絲，清癯的臉龐，還有那充滿睿智的眼神。大家都知道汪館長不僅在治學上有特殊的成就，還是一位不折不扣的美食專家。早年由他帶領著到"王寶和"，便有緣食到最好的蟹皇宴。汪館長既講究美食，對廣東的白糖糕也情有獨鍾。白糖糕是很普通的粵式甜點，但卻有一股獨特的地方風味，不過最好是吃新鮮做好的。我到上海的時候，曾爲他帶過一兩次，只是購買的時間很難與航班配合，往往影響了白糖糕的新鮮感，其後也就没再帶了。

　　20世紀90年代開始，汪先生爲了博物館事業，不時長途跋涉，陪伴著馬承源館長，到香港廣結善緣。兩位館長往往不辭勞苦，在文物市場上物色稀世奇珍，當時大家都稱譽他們兩位爲"最佳拍檔"。馬先生看到好文物便會愛不釋手，汪先生便從旁協助，擔當最佳理財顧問。由於兩位都是識貨之人，因此不時會吃到"仙丹"。也忘了是哪一年了，我陪著他們到澳門，就憑汪先生一句話，我用很便宜的價錢，買到一件明代的硯臺。對珍貴的文物，他們兩位都有一定的共識，碰到好東西，都堅持不會放過，這時候汪館長便會發揮最大的作用。

　　有一回，我告訴他們兩位，吳王夫差盉在香港出現了，於是他們便專程飛往香港，看到原器以後，便抱著捨不得放下來，但是馬館長知道館裏正缺乏資金，當時只能露出一臉的無奈，汪館長看在眼裏，便立下主意說："帶著吧！吃完晚飯後再談。"席間賓主言談甚歡，借機會便向主人坦言相告，能否把銅盉帶回上海再作商量。酒過三巡，主人還能說什麼呢？最後還是由香港朋友爲上博出資購下，並慨然相贈。這是我親身經歷的一次國寶回歸的前奏曲。

　　汪館長爲博物館事業奉獻了一生精力，在學術上的成就，也是大家有目共睹的。每次到上博，我都是懷著虔敬的心，凝神屏息，看著那八座守護神獸，在天圓地方的籠罩下，總覺得到處還閃爍著"銀白"的光芒。

（原載上海博物館編：《汪慶正紀念集》，上海：上海博物館，2006 年。）

衷心向巴納先生致敬

——《晉與三晉金文與史事彙考》代序

丙申正月初七日（2016 年 2 月 14 日）凌晨，巴納先生於澳洲寓所睡夢中溘然長逝，享壽九十有四（1922.2.23—2016.2.14）。噩耗傳來，悲慟無已，嗚咽飲泣，一時不能自已。

先生事母至孝，晨昏定省，數十年間未嘗一日稍懈。畢生以金石書稿爲伴，尤擅商周青銅器鑄造方法研究。早歲電子科技未見普及，其所論著，舉凡版面設定，照相貼圖，事必親躬。晚年費時二十載，專事三晉史事撰述。去歲先生曾抱恙愈月，康復後旋即投入工作，並立意將其早年力作《楚帛書》重新董理增訂，其醉心學術，於焉可見。

七十年代初，余自臺適澳，有幸追隨先生一十三載，親炙所見，其忠厚善良及樂於助人固每爲人稱道，堅毅奮進之治學精神，更是影響余日後之學術研究至巨。今年元月嘗去電稟告近況，並約定明年春日親赴南國爲先生慶祝九五眉壽，先生笑語呵呵，聲猶在耳，不意如今竟已人天永隔，痛何如之！憶昔余嘗得與先生籌謀，將渠畢生心血積聚之金石書稿，經磋商後交由吉林大學設立巴納圖書館作永久收藏，嘉惠後學，功德無量焉。先生之離去實已了無牽掛，是差爲幸耳！嗚呼！臨文傷懷，謹綴四言，不計工拙，藉寄哀思。

> 南國星沉一何悲，
> 空餘楚帛淚盈几。
> 執心不忘金石志，
> 長伴晉侯夢雲飛。

清和之月，春江來函稱先生撰述"Inscriptions of Chin and the San-Chin"（《晉與三晉金文與史事彙考》）總三巨册，合共 3 079 頁，行將付梓，索序於余。惟是書體大思精，集金文、文獻、青銅鑄造、考古材料及中山、燕國歷史,鎔於一爐,全書之編輯策劃,圖像描摹,率皆深思熟慮,無乃乎先生畢生學術心力之凝聚,自愧難以睹其堂奧,又何敢遽爾妄置一喙,謹借當日哀悼先生小文,復添四言,稍作申述,期能衷心表達對先生之敬意於萬一云耳!

> 晉楚煙月兩茫茫,
> 耄叟集鏤經八方。
> 尋繹補闕成丘典,
> 落英含笑發幽光。①

注　釋:

①"落英"原句作"諾應","諾"即"諾·巴納"。先生晚年,於學術路上踽踽獨行,雖屆耄耋之年,仍不辭辛勞,南北奔波,一心但求盡蒐晉國及三晉史事資料,乙未歲暮,《彙考》五百萬言終如願脱稿。今撫書懷人,追憶其堅毅情志,清標卓絶,挺拔學林,固足以啓迪後學,而臺北南天書局魏德文先生復毋慮盈虧,仍信守昔日承諾,不惜斥巨資負責印行,信義雙全,更是令人欽佩。先生("諾·巴納")理應含笑九泉,故曰:"落英(諾應)含笑發幽光。"雖未能與"落紅不是無情物,化作春泥更護花"相提並論,然異曲之意,又或可得而略説也。

老師……我還沒有停下來

那年大三，我十九歲。學期剛結束，正準備前往成功嶺，承蒙伯簡師和翼鵬師的推薦，加入了"《儀禮》復原計劃小組"，那是我第一次正式拜謁達生師。當時面對老師，剎那間的凝望，直逼心坎的威嚴，一直深烙在我的腦海。接過一函六册的《儀禮鄭注句讀》，輕翻書本，望著古奧難懂的文字，心裏除了驚喜參半，更多的是貧乏知識背後的惶恐與茫然。其後幾年，沉浸在老師講授《儀禮》研究、古器物學和金文研究的新天地，安躺於深厚篤實的學術搖籃，在豪邁爽朗的笑聲和諄諄善誘下，享受著備受栽培和呵護的喜悦。小組裏，師生間學問的切磋、真摯的鼓勵，更有著説不出的赤誠温情；課堂裏外，老師的身教言教，使我不僅認識了做學問的正確觀念和方法，更體悟到不少爲人的道理，這一切一切都影響著我一生。

將《士昏禮》搬上銀幕，乃中國學術史上的重大突破，成員們都懷念著那克難而甘美的日子。由於我職司儀節的研究，因而被指派擔當導演的角色，但亦同時承包了編劇、選角、塲記、剪接和配音的工作。這些不平凡經歷，無疑是我這輩子最大的榮耀。當然，凡此皆少不了老師從旁的提點和協助。拍攝工作煞科後，老師特地犧牲了農曆新年假期，陪著我在配音室工作，此情此景，如今猶歷歷在目。他老人家認真負責的態度，以及奉獻學術的偉大精神，一直都爲學生們樹立了良師的榜樣。

孔老師深知我醉心於青銅器的研習，閒中便講述一些鮮爲人知的古器物掌故，帶出的不只是人物與歷史，内裏的警世箴言和人生哲理，更是發人深省，這些在書本裏是永遠學不到的。此外，老師時常強調青銅器的研習必須與《三禮》結合，這樣才能窺見簡中的精妙道理，並透徹瞭解文化的深厚底蕴。我私底下曾向老師許下諾言，一定會全心全意走上這條"金光"大道。而每次從外地返國，向他老人家請安之餘，自然不忘報告外間的所見所聞，他必用心聆聽，時而嘿嘿！時而沉吟。至於個人研讀的心得，得到讚許固然高興，就算是挨訓，心裏總是充滿感激和慶幸，老師寶貴的意見和訓示，字字珠璣，菁華點滴的汲取，都時刻銘記在心，讓我受用無窮。

海外研究青銅器的學者誠然不多，而從事禮學鑽研的更少，但老師的諄諄教誨和鍥而不捨的治學精神，多年以來默默地支持著我，讓我雖身處廣袤荒原，仍能不斷穩步前進。每次遇到難得一見的青銅精品，我會打從心底，彷彿能超越時空，親自向老師作實地報告。您那凝重的神情，頓時浮現眼前。老師，您知道嗎？無論您老人家身處何方，我們都在一起分享著摩挲新材料的喜悅和興奮的啊！學生雖然生性愚魯，四十多年過去了，還切實奉行昔日的許諾，這份堅持和執著，完全是來自老師的啓迪和訓勉。今天，學生仍可坦然和自豪地告訴老師，請您放心，在青銅器研究的路上，我還沒有停下來。

（原載臺灣大學中國文學系主編：《孔德成先生學術與薪傳研討會論文集》，臺北：臺灣大學中國文學系，2009 年。）

圖書在版編目(CIP)數據

澹煙疏雨：張光裕問學論稿 / 張光裕著. —上海：
上海古籍出版社，2018.9
（商周文明探索叢書）
ISBN 978－7－5325－8705－6

Ⅰ.①澹… Ⅱ.①張… Ⅲ.①青銅器（考古）－中國－
文集②漢字－古文字學－文集 Ⅳ.①K876.414－53
②H121－53

中國版本圖書館 CIP 數據核字(2018)第 010715 號

商周文明探索叢書

澹煙疏雨
——張光裕問學論稿

張光裕 著

上海古籍出版社出版、發行

（上海瑞金二路 272 號 郵政編碼 200020）

　（1）網址：www.guji.com.cn
　（2）E-mail：guji1@guji.com.cn
　（3）易文網網址：www.ewen.co

上海商務聯西印刷有限公司印刷

開本 787×1092 1/16 印張 21.25 插頁 6 字數 305,000
2018 年 9 月第 1 版 2018 年 9 月第 1 次印刷
ISBN 978－7－5325－8705－6
H·192 定價：78.00 元

如有質量問題，請與承印公司聯繫